ミネルヴァ日本評伝選

新島襄

良心之全身ニ充満シタル丈夫

太田雄三著

ミネルヴァ書房

刊行の趣意

「学問は歴史に極まり候ことに候」とは、先哲荻生徂徠のことばである。歴史のなかにこそ人間の智恵は宿されている。人間の愚かさもそこにはあらわだ。この歴史を探り、歴史に学んでこそ、人間はようやくみずからの正体を知り、いくらかは賢くなることができる。新しい勇気を得て未来に向かうことができる。徂徠はそう言いたかったのだろう。

「ミネルヴァ日本評伝選」は、私たちの直接の先人について、この人間知を学びなおそうという試みである。日本列島の過去に生きた人々の言行を、深く、くわしく探って、そこに現代への批判を聴きとろうとする試みである。日本人ばかりではない。列島の歴史にかかわった多くの異国の人々の声にも耳を傾けよう。

先人たちの書き残した文章をそのひだにまで立ち入って読み、彼らの旅した跡をたどりなおし、彼らのなしとげた事業を広い文脈のなかで注意深く観察しなおす――そのとき、はじめて先人たちはいまの私たちのかたわらによみがえってくる。彼らのなまの声で歴史の智恵を、また人間であることのよろこびと苦しみを、私たちに伝えてくれもするだろう。

この「評伝選」のつらなりのなかから、列島の歴史はおのずからその複雑さと奥ゆきの深さをもって浮かび上がってくるはずだ。これを読むとき、私たちのなかに新たな自信と勇気が湧いてきて、その矜持と勇気をもって「グローバリゼーション」の世紀に立ち向かってゆくことができる――そのような「ミネルヴァ日本評伝選」にしたいと、私たちは願っている。

平成十五年（二〇〇三）九月

上横手雅敬
芳賀　徹

新島襄（アマースト大学に入学した頃）

男児志を決して千里に駆す、自ら苦辛を嘗む
豈家を思わんや却って笑う春風雨を吹く夜、
枕頭尚夢む故園の花

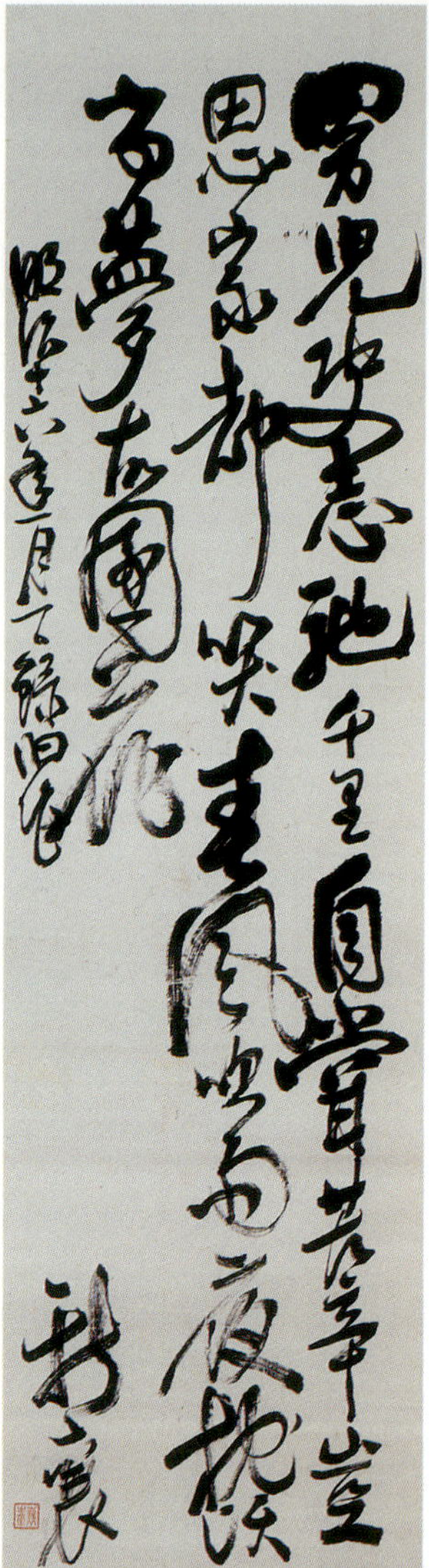

ワイルド・ロウヴァー号が香港に停泊中『航海日誌』に書き付けた漢詩を，1883年元旦に清書したもの。

新島が使用した聖書

アマースト大学内（現在）

アマースト大学ジョンソンチャペル内（現在）
奥右肖像は新島，左肖像はカルビン・クーリッジ第30代米大統領

同志社大学クラーク記念館（現在）

同志社大学正門にある良心碑（現在）

「良心之全身ニ充満シタル丈夫ノ起リ来ラン事ヲ　新島襄」とある

はじめに

新島襄（一八四三～一八九〇）というとまず読者の頭に浮かぶのは同志社の創立者ということであろう。一般の方に限らず、新島の死後百数十年たった今日では、同志社の学生や教職員の間でさえ、新島に対して無関心な人が多いらしい（河野仁昭『新島襄への旅』三三五～三五七ページ参照）。しかし、新島の持っていた強烈なカリスマは、生前だけでなく死後も働き続けて、同志社の雰囲気を形成する有力な要素の一つだった。ある時までは、同志社には「まるで自分たちが新島先生の遺言をうけて、新島精神の擁護と同志社の精神教育の番人になったかのような誇りをもち、月謝を払って勉強に来ている学生というよりも、同志社という小世界の志士をもって任じている」（山川均「ある凡人の記録」『日本人の自伝』第九巻、二九八ページ）学生がいたらしい。

今日では、これまでの新島研究史を概観した本井康博氏のすぐれた論文、「新島研究の系譜と動向――新島学への道」（伊藤彌彦編『新島襄全集を読む』一三～三四ページ）の一節に「「顕彰」から「検証」へ」という見出しが付してあることからうかがわれるように、新島が偉人であることを当然の前提として、そのエライ新島先生を「顕彰」するために新島研究に取り組むといった姿勢は、同志社関係の新島研究者の間でも過去のものになりつつある。しかし、手許にあるほんの二十数年前に出た『新島研究』五〇号（同志社新島研究会、一九七七年一一月二九日発行）を取って巻末に印刷されている「同志社新島研究会規約」を見ると、第二条に、

本会は新島襄先生並に先生に関係ある諸研究をなすとともに同志社の教学達成に協力し併せて先生の精神を広く社会に宣揚することを目的とする。

とあることから分かるように、比較的最近まで同志社関係者の新島研究は確かに「顕彰」に重点があった。それほど同志社関係者の間では新島は尊敬されていたのである。

しかしながら、ちょっと意外に思えることだけれども、同志社関係者以外の新島観をも考慮に入れれば、新島はむしろ評価の幅の大きい部類に入る人である。例えば、湯浅与三『新島襄伝』一ページには、

或人は彼を不世出の偉人と云ひ或人は感心な凡人と云ひ更に或人は愚《おろか》なる悪人と云ふ。

と書かれている。同志社関係者と思われる湯浅の場合は、「愚なる悪人」という否定的な新島評価もあるといっているだけで、湯浅自身がそのように新島を否定的に評価しているわけではない。しかし、

同志社とは特に関係のない著者による著作である『評伝内村鑑三』の中で、著者小原信氏が比較のために新島を持ち出し、

運のわるい鑑三にくらべると、同志社を創った新島襄はちょっとした山師であって、何となくつきがまわっている。（九五ページ）

とか、

新島は人に何もかもやってもらっても平気でいられる才能があり、名士に取り入ってうまく人の褌《ふんどし》で相撲をとるところがある。（同）

などと意地の悪いことを書いているのは、著者自身の見解を書いたものである。

小原氏が伝記を書いた内村鑑三自身も「同志社の創立者新島襄の悪口を盛んに云ってゐた」ことを、一八九六年に興津の基督教夏季学校に出席して、講師としての内村に接触する機会があった正宗白鳥が書いている（「内村鑑三――如何に生くべきか」『正宗白鳥全集』第二五巻、二一六ページ）。そして、公然と新島を批判したことでは、日本の生んだキリスト教指導者中の内村と並ぶ大立者、植村正久も同じだった。

新島については、かれを偶像化、神格化したとも見えるような高い評価と、辛辣な批判的な評価がただ共存してきたように見える。『新島研究』第四四号（一九七五年五月発行）の「巻頭言」で、当時の同志社総長・同志社新島研究会会長住谷悦治氏は、同志社創立以来過去百年間（一九七五年当時）に同志社及び新島襄に向けられた酷評に触れ、「いまこそ同志社人はこれら明治いらいの非難への反批判を果し、同志社と新島精神の擁護と発展に努力すべきではないか」（『新島研究』四四号、一ページ）と呼びかけた。それから四半世紀以上たったけれども、管見の範囲では、新島に向けられた厳しい批判はどのようなところから出てきたのか、それらの批判は当たっているのかといった新島評価の根本にかかわる問題は、いまだに十分に論じられていない気がする。本書において私は、新島の生涯の事跡をたどるだけでなく、今触れたような問題に思い切って踏み込んで書くことにしたい。

新島　襄——良心之全身ニ充満シタル丈夫　目次

第二部　アメリカ時代　77

NIIJIMA JÔ (1843–1890): A CRITICAL BIOGRAPHY by YUZO OTA

図版一覧

関係地図

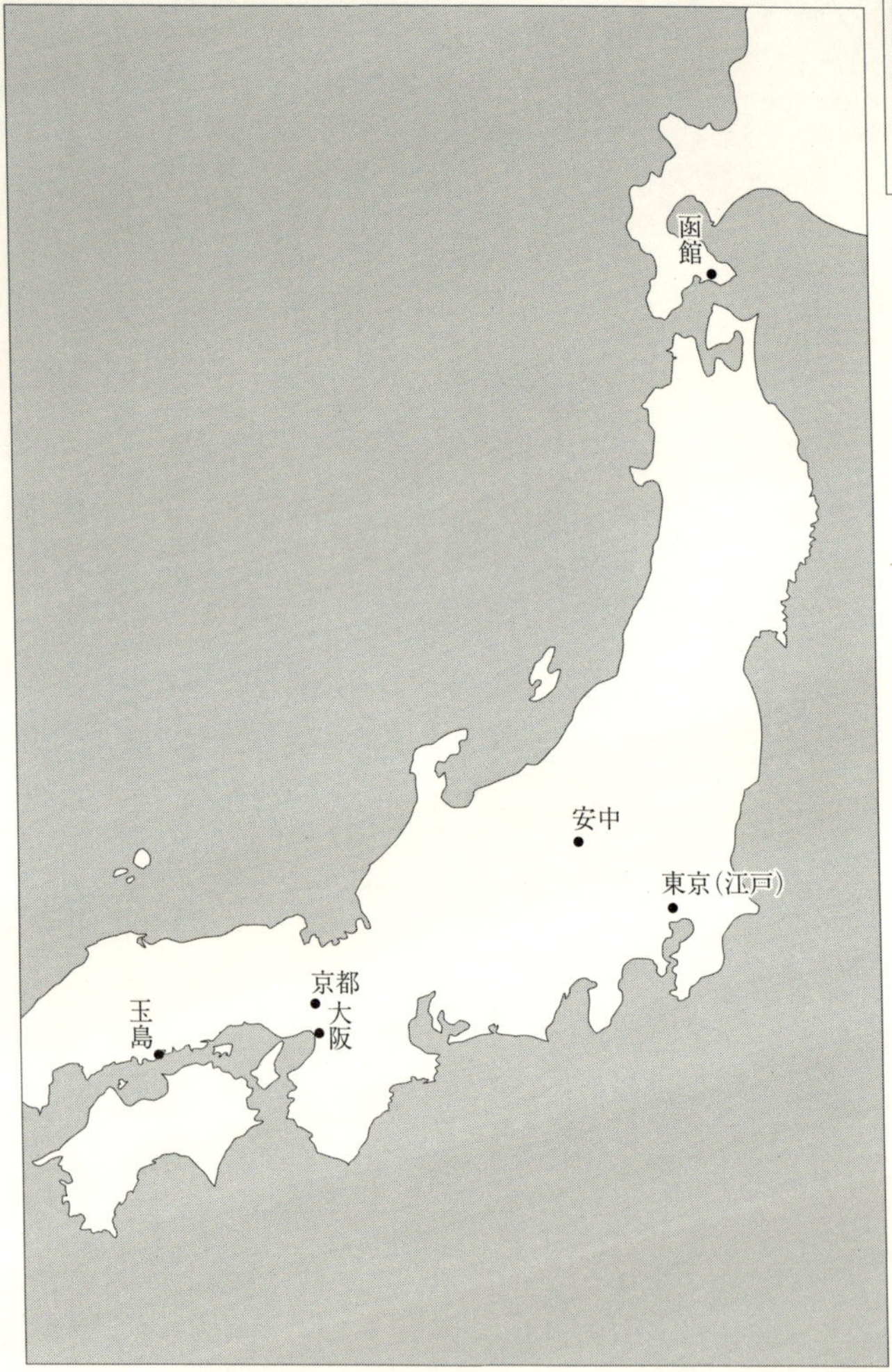

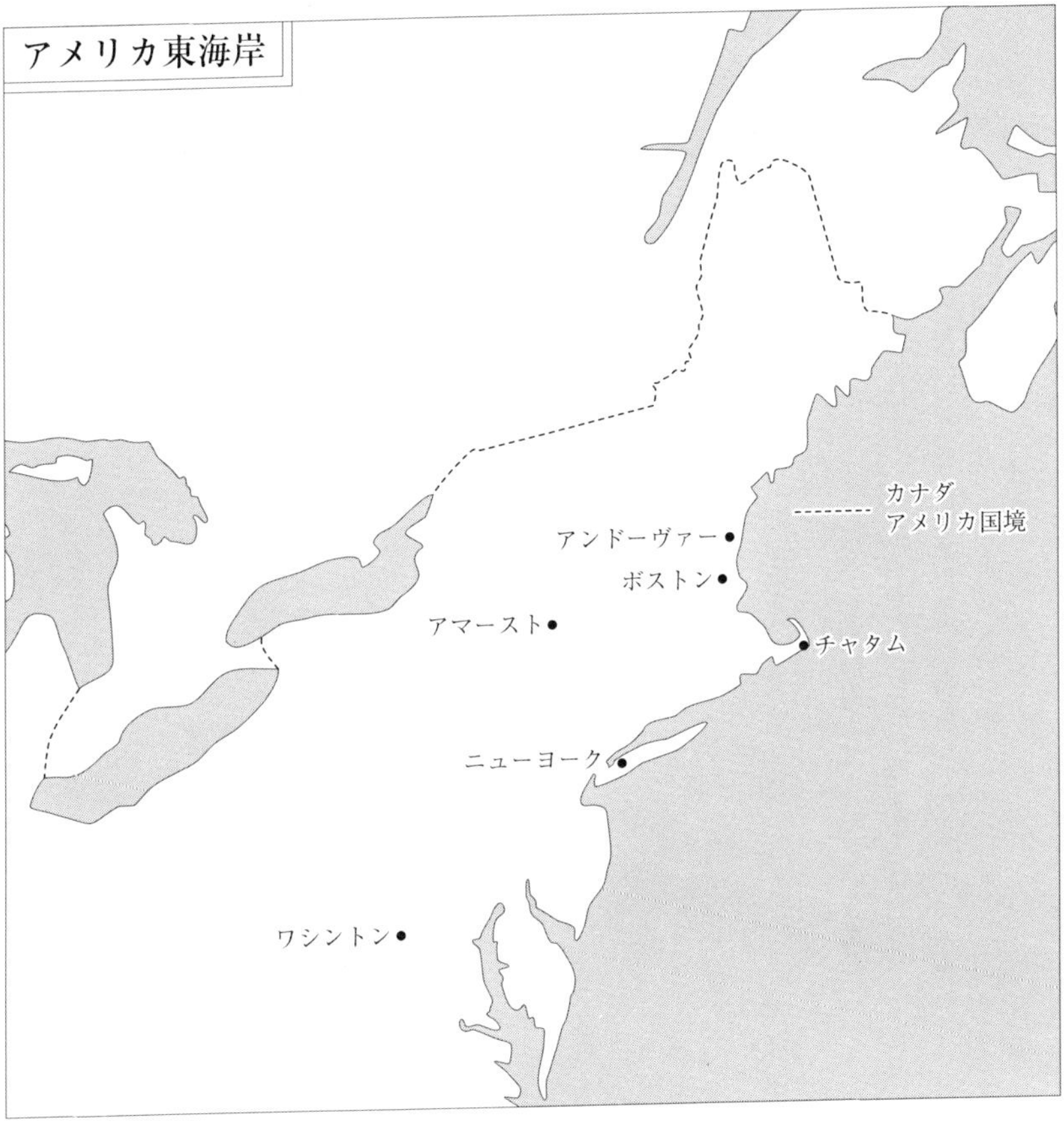
アメリカ東海岸
カナダ
アメリカ国境
アンドーヴァー
ボストン
アマースト
チャタム
ニューヨーク
ワシントン

凡例

○本書においては、引用文中などに使われている旧字体の漢字は新字体の漢字に直すことを原則とした（ただし例外はある）。難訓の漢字には振り仮名を付した。引用した文献の中にすでに振り仮名が付いている場合は、それをそのまま使わせていただいたことが多い。ただし、振り仮名の上下に付いている括弧などは省いた場合がある。こちらで新たに付けた振り仮名については、歴史的かなづかいが使われている文献からの引用文についても、現代かなづかいによった。

○引用に際しては原文に付された傍点の類いは省略したことが多い。また、促音を示す「つ」は、原文で大きく書かれている場合も小さい「っ」に直した。拗音の表記もそれに準じた。また、原文に濁音を含む語を濁点なしに表記してある場合は、濁点を補うのを原則とした。

○引用文中に読者のための説明を入れる場合は［　］の中に入れて挿入した。引用文の途中を一部省略した場合は、その個所に［中略］と入れるか、点線を挿入した。

○『新島襄全集』所収の文章の題に言及する時、その題が「［函館脱出之記］」というように［　］内に入っている場合は、その題が新島自身のつけた題ではなく、全集の編者の付けた題であることを示す。ただしその区別をする必要が特にない場合（特に二回目以後の言及の場合）は編者の付けた題でも［　］を付していない場合がある。

○『新島襄全集』からの引用については、引用文のあとに単に全五・三六というように引用個所を表示したことが多い。これは『新島襄全集』第五巻三六ページという意味である（引用だけでなく『新島襄全集』への言及の場合もこれに準ずる）。ほかの文献についても誤解を生じる恐れのない範囲で似たようなやり方で出典表示の簡略化をはかった場合がある。さらに、巻末の「参考文献」に挙げられている文献については、そこに出版社名や出版年が出てくるので、本文中の出典表示については、少数の例外は別として、出版者名と出版年は省略した。副題も本文中では省略し、「参考文献」中にだけ示したものがある。

○年代の表示は、本文中では新島自身が西暦を使い出した年（元治二年〔途中から慶応元年〕＝一八六五年）からは、西暦によるのを原則とした。ただし、多少の例外はある（特に、日本で太陽暦が使われ始めた明治六〔一八七三〕年以前については）。また、陰暦による月日などが出てこない場合は、一八六五年以前でも西暦だけによる年代表示で済ませた場合がある。「天保一四（一八四三）年」というように和暦による年代表示には西暦による対応年を括弧内に示した。巻末の「新島襄略年譜」では、西暦および和暦の両方によって年代を表示した。

第一部

日本時代

元治元（1864）年，21歳の新島はこの函館港より脱国した。

第一章　時代、家庭環境、教育

1　時代

毎年千数百万人の日本人が外国に出ていっている今日からは想像もつきにくいけれども、ほんの一世代ちょっと前でも、海外渡航者数は現在の百分の一以下で、外国に行くのはなかなか大変なことだった。そして、今から一五〇年くらいさかのぼると、漂流者は別として、日本人の海外渡航者が皆無だった鎖国時代に行き着く。

未曾有の大出奔

嘉永六（一八五三）年のペリー来航以降の出来事は江戸幕府に鎖国政策を放棄することを余儀なくさせ、日本は開国したのだけれども、渡航解禁令が出て一般の日本人が留学や商用のために外国に行くことが可能になったのは、開国後数年たった慶応二（一八六六）年のことである。新島の生涯にとって決定的に重要な出来事は、彼が元治元（一八六四）年に、函館［当時は「箱館」］から国外脱出を企て、それに成功したことである。幕府の遣外使節団の一員とか文久二（一八六二）年にはじまる幕府派遣の留学生などは例外として、まだ一般の日本人には合法的に海外渡航の道がなかった時の脱国であった。新島は脱国後アメリカから書いた、父、新島民治宛の一八六七年三月二九日付の手紙で、この脱国を「我朝開闢《かいびゃく》以来未曾有の大出奔」（『新島襄全集』第三巻　書簡編Ⅰ、三七ページ。以下、この全集に関する出典表示は外の巻についても二回目からは、全三・三七というように略記）と形容している。新島の脱国の前年の文久三（一八六三）年に伊藤博文を含む数人の長州藩士が、「一部の藩政指導者たちの了解と支援を受けた」（石附実『近代日本の海外留学史』、三二一ページ）ものの、「秘密裡に」（同）イギリスに渡航しているから、この新島の自分の脱国の形容は多少大袈裟である。しかし、彼の脱国という行為が、その時点において類例がまれな行為であったことは確かである。新島はそれまでに、大多数の日本人とはどこか違う人間になっていたのだ。その違いはどこから来たのだろうか。

一五歳の手紙

新島は激動の時代に生まれた。新島が満一五歳の安政五（一八五八）年七月上旬に書いたと推定されている安中藩家老尾崎直紀宛の手紙がある。『新島襄全集』に収録されている手紙（父親が彼に代わって書いたものを除く）の中では、もっとも時期的に早いものの一つである。この激動の時代を反映した手紙の冒頭の部分に次の言葉がある（原文は漢文であるが、森中章光編『新島先生書簡集　続編』、七一～七三ページにある書き下し文によって引用する）。

此コロ四方ノ風談ヲ聞き天下大乱アランコトヲ恐ル。此コロ亜夷［アメリカ人］数々来ッテ交易ヲ請ヒ、天下ノ評議紛々トシテ更ニ決セズ。

安政五年は徳川幕府が朝廷からの勅許を得られないままに、日米通商条約に調印した年であった。この問題にさらに将軍継嗣の問題がからんで激しい政治的対立が生じていたのが当時の情勢であった。マスコミの未発達の当時、一五歳の少年、新島には進行中の時事問題についての正確な情報が達するわけはなかった。しかし、新島もアメリカの求める通商を認めるかどうかについて鋭い意見の対立があること、そして、それがもとで日本に大乱の起こる危険があることを感じ取っていた。

この手紙で新島は交易を認めるべきであるという論者と、交易を認めるべきでないという論者の議論を紹介する。新島は彼自身がどちらに組するかは言わない。彼はただこういった意見の対立があれば、内乱が起こるかも知れない、そして諸侯が割拠して相争うといった内戦状態になれば、それに乗じてきっとアメリカ人も日本に攻め込んでくるだろう、という意味のことを言う。一五歳の少年、新島は自分がそういう非常に危うい時代に生きていることを強く意識していた。

新島襄生誕の地の碑
（東京都千代田区一ツ橋）

阿片《あへん》戦争（一八四〇～一八四二）が清国の敗北で終わった翌年に生まれ、一〇歳の時にペリーの一回目の来航、一一歳の時に日米和親条約の締結、と重大事件が続く時期に幼少期を過ごしてきた新島であるが、この一五歳の時の手紙には、新島がその結果として政治少年化したという徴候はない。内乱とか外寇の危険が日本を脅かしているという状況で新島の心を悩ますのは、日本の運命をめぐる問ではなく、自分自身のことである。一五歳の新島は次のように書いている。

此《かく》ノ如《ごと》クンバ僕ハ書ヲ学ブ能《あた》ハズ、然《しか》ルニ今幸《さいわいに》シテ乱未ダ起ラズ、今ニシテ学バズンバ時ヲ失ハンコトヲ恐ル。

要するに、内乱、外国侵攻といったことが起こってからでは、自分は学問が出来ない、幸いまだ乱が起こっていない今のうちに学問をしたいというのである。続けて、ただ自分は未だ若年で俸禄を受けていない身なので、自力では儒家について勉強を始めることが出来ない、だからどうかあなたから父に手紙を書いて自分が勉強を始めることが出来るように配慮してほしい、と依頼するのが、幼い時から自分に目をかけてくれた尾崎への手紙の眼目だった。（なお、この手紙だけを読むと、新島がそれまで儒家について学んだことがなかったように見えるが、それは事実ではない。新島の漢学の師、添川廉斎が前月に死去（全八・八）したため中断した漢学を再開するために、この手紙を書いたものと思われる。）

非政治的反応

ここには時代に対する、政治的というより、ごく自己中心的な反応がある。「今ニシテ学バズンバ時ヲ失ハンコトヲ恐ル」という言葉は、新島がこういう危機的な状況のもとにある日本を救うための特別の学問を念頭に置いて言っているという解釈を誘うかもしれない。しかし、「故ニ儒家ニ託シテ書ヲ学バンコトヲ欲ス」という言葉は、彼がそんな特別なことを考えていたわけではないことを示している。

明治維新の主な指導者は大半天保（一八三〇〜一八四四）生まれの人々である。天保一四（一八四三）年生まれの新島も、年齢的にはペリー来航などの諸事件の刺激によって政治に目覚め、国事に奔走する幕末の志士となっても不思議はなかった。彼がそうならず、脱国という、ある意味で孤独な行為を選ぶ青年になったのは、この一五歳の時の手紙に現れているような自己中心的、非政治的な時代への反応と関係があったのかもしれない。

2　家庭環境

出生　新島は天保一四（一八四三）年一月一四日（陽暦二月一二日）に、江戸の安中藩邸内で武士の子として生まれ、七五三太《しめた》と名づけられた。父は新島民治、母はとみ、六人の子供のうち、上から五番目の長男であった。新島の父方の祖父は新島弁治といった。こういったことを含めて、新島襄についての事実関係を確認するには、『新島襄全集』第八巻、年譜編を参照するのが便利である。この巻所収の「新島襄年譜」は各項目ごとに出典が明示されているので、何か問題を感じた項目については、出典資料に当たって確認することも比較的容易である。以下、事実関係については、基本的には、この「新島襄年譜」に依拠して記述を進めることにする。

森中章光「新島先生誕生当時の家庭」（『新島研究』第五号（一九五五年五月）四ページ）に

祖父と父

新島が「生まれた時は民治が三十七歳で、弁治は五十八歳であったが、その男盛りの民治はおとなしく背後に控えていて、隠居たるべき弁治が、一切をきり廻していた」と書かれている。鏑木路易《かぶらぎるい》「安中藩制と新島家の人々」（北垣宗治編『新島襄の世界』二〇ページ）を見ても、新島の祖父の弁治はほとんど死ぬまで現役を続けたようだ。そういうわけで、新島家の中心的存在は父の民治よりは祖父の弁治であった。

新島は後に英文で二つの重要な自伝的文章を書いている。これが『新島襄全集』第七巻　英文資料編に収録されている“Why I Departed from Japan”[「脱国の理由」]（全七・三〜七）および“My Younger Days”[「青春時代」]（全七・八〜二八）である。題名とその邦訳は全集の編者によって付けられたものである。この二つの文章は、もともとは Arthur Sherburne Hardy, *Life and Letters of Joseph Hardy Neesima*（1891）に収録されていたものである。このA・S・ハーディーの新島伝そのものも北垣宗治氏による訳が『新島襄の生涯と手紙』という邦訳のもとに、『新島襄全集』第十巻として出版されている。（本書ではこの二つの自伝的文章を含めてA・S・ハーディーの新島伝からの引用は、全集所収の邦訳からではなく、この新島のアメリカでの恩人の息子によって書かれた、新島の死の翌年出版の伝記からの拙訳によることにする。ただし、題名の邦訳は新島襄全集中のものをそのまま使わせていただいた。なお『新島襄の生涯と手紙』は以下『生涯と手紙』という省略した形を使うことにする。）

ここで、新島の祖父と父の話に戻ると、『生涯と手紙』所収の「青春時代」ほかの自伝的回想を見ると、新島の場合は、父の民治とより祖父弁治との方が人格的結びつきが密であったように見える。この祖父が新島を非常にかわいがってくれたことを、新島は後年にも強い感謝の念を持って思い出している（Hardy. p. 43）。

新島の祖父の弁治は長年中間頭・小頭として中間・足軽を監督する仕事をし、父の民治は長年書役、ついで祐筆として勤めた（鏑木路易「安中藩制と新島家の人々」『新島襄の世界』一七ページおよび二二ページ）。このように、安中藩での二人の仕事が大きく違っただけでなく、森中氏が「新島先生誕生当時の家庭」ですでに指摘されているように、祖父弁治と父民治は性格がずいぶん違っていた。森中氏はこの論文では、弁治については、「稀に見る才物であり腕利《うできき》であった」（四ページ）とか、ひとの「操縦術に長じ」（五ページ）ていたといった形容を使い、民治については「生一本で正直者」とか「謹直にして小心」（六ページ）といった形容を使っている。新島の「複雑な人格」（深井英五「新島襄先生の思ひ出」『上毛および上毛人』第二一七号（一九三五年五月号）四六ページ）は、彼が祖父と父に見るような相矛盾

父・民治　母・とみ

するような性格をともに受け継いでいる面があることによるのかもしれない。新島が「生一本で正直者」に見えながら、同時に、したたかで「操縦術」ないし人心収攬に長《た》けた人間という一面をも持っていたことについては本書の記述から自ずと明らかになるはずである。

一家の寵児

新島の家庭環境で注目すべきことは、新島が、女ばかり続けて四人生まれたあとのはじめての男の子だったことだ。跡取りがいることが非常に大切な武士の家にとって生まれた子供が女ばかりだったことは深い失望を生んだ。『新島研究』第一五号（一九五七年一一月発行）に載った新島八重子夫人談「新島先生逸話（一）」には、新島の父の民治は「男子がないので大変に落胆をしまして、三女の「みよ」が生まれると、男子の衣服を着せて「三代吉」と呼んで居《お》ったそうであります」（二六ページ）とある。それだからこそ新島が生まれたときの一家の喜びは大きかったわけである。彼が甘やかされたことは確かであろう。新島自身、「青春時代」の中で「私は一家の寵児でした」（Hardy. p. 14）と書いている。要求したものは何でも与えられるに近い幼少時の経験は、新島の性格にかなり影響を持ったように見える。普通の人間が平気で受け入れるようなことを自分に対する抑圧として不満を感ずる傾向とか、公務をなおざりにすることを上司や祖父などに叱責されながら、それでもなお仕事から脱け出して蘭学を学びに行ったこと（Hardy. pp. 4-5. pp. 26-27）に見られるような、新島が時に示した不思議なほどの強情さ、自分の意志をどこまでも押し通そうとする傾向も新島の幼児体験と関係がありそうだ。

四人の姉に囲まれて育ったことは、新島が同時代の日本人の男性との比較においては、珍しいほど女性とのコミュニケーションの得意な人間だったこと（新島の女性とのコミュニケーション能力はことにアメリカ滞在中に発揮された）、また彼が涙もろさ、その他の点で女性的な印象を与える人間になったこととも関係があるかもしれない。同志社の男子学生のある者には、新島は「女々しく涙を流す男」（湯浅半月「見えざる神の御手」『新島先生記念集』一二九ページ）と映った。

しかし、よく泣くということからただちに新島が自分の感情を素直にあらわす天真爛漫なタイプの人間だったかというと、そうとも言えないようだ。新島は人に抱く不満とか怒りとかの負の感情の処理の仕方も、どちらかというと「女性的」だったようだ。つまり、彼は自分の不満なり、怒りなりを相手に正面からぶつけるというより、そういった感情を内向させる人間だったようだ。高橋虔「宮川経輝と金森通倫——信仰と人間」（同志社大学人文科学研究所編『熊本バンド研究』所収）の中に、初期の同志社に大挙入学してきたいわゆる熊本バンド出身の学生達（後に詳しく触れる）に対して新島が抱いた感懐を宮川が伝えている言葉が引用されているが、その中に、「自分は彼らを三年の間教育したのであるが、幾度自分は寝床に入って涙を以て枕を濡らしたことがあるか知れない、実にあの熊本から来た連中のために自分は泣いた」（同書、三一〇ページ所引）という言葉がある。

新島の生家

武士の子として生まれた新島は士農工商という江戸時代の四民の中では一番上の身分に生まれたわけである。しかし、同じ武士といってもその中にまた細かい身分的階層があって、下級の武士になればなるほど、社会的に欲求不満になりがちだった。新島よりちょっと年上の同時代人で、同じく私学の創始者として、『国民之友』第一七号（一八八八年三月二日発行）に載った「福沢諭吉君と新島襄君」（藤原正人編、覆刻版『国民之友』第二巻所収）に見るように、生前から新島と並び称されることのあった福沢諭吉が、中津藩の下級武士の子供として、「封建の門閥制度」を憤ったことは「福翁自伝」からうかがわれる（福沢諭吉「福翁自伝」、『日本人の自伝』第一巻、六ページ）。

新島も強い欲求不満を感じて不思議のないくらいの家柄の生まれだった。『新島襄全集』第八巻の年譜では、祖父と父について、「弁治は安中藩板倉家に仕え、徒士格。民治は藩の祐筆職を務め、家では書道塾を開いていた」（全八・三）という説明がある。森中章光編『新島先生書簡集　続編』に付されている「改訂増補新島襄先生詳年譜」一ページでは俸禄額に触れて、新島が生まれたとき、祖父は「五両二分外三人扶持」、父は「六両外二人扶持」とある。安中市誌編集委員会編『安中市誌』（一九六四年）、二四四ページに出てくる「江戸安中諸士席順役録」を見ても、新島の祖父や父は三万石という小藩の安中藩士の中でも、せいぜい中ぐらいの位置を占めるにすぎず、身分が生まれによってほぼ固定していた徳川社会の中では新島に栄達の道が開けるといったことはまず考えられないことだった。（もっとも幕末は一種の非常時だったので、例えば、勝海舟などのように生まれからは予想されなかった高い地位を占めるようになる人間もかなり出てくるが、それは脱国前の新島の視野に入ってはいなかったと思われる。新島自身を含めて新島家の人々が安中藩の中でどのくらいの地位を占めていたのかの詳細は、鏑木路易氏の「安中藩制と新島家の人々」（北垣宗治編『新島襄の世界』所収）にゆずってこれ以上は触れない。）ともかく、新島は生まれ相応、身分相応の人生を送ることを脱国の時までには堪え難く感じるようになっていた。新島が脱国後アメリカから父親に送った一八六七年三月二九日付の手紙の中に次の言葉がある。

碌々《ろくろく》阿母《ボ》の目下に侍り僅か六両二人扶持の為に光陰を消し候ハヾ当時の形勢辛甘、黒白、馬か鹿も弁ぜず、ほくち箱のすミにて、此広大なる世界を僅か三寸四方の物と思ひ候ハん、小生不肖と雖《いえども》臥櫪《がれき》千里に駆るの志いかにも禁じ難く、　（全三・三五～三六）

ある境涯にひとが不満を感じるかどうかは、一つには個人の内面の問題である。新島家の人々が藩からもらう俸禄はわずかだった。新島の父が家で書道塾を開いていたというのも、藩からの俸禄だけでは暮らしを立てるのが困難だったからであろう。しかし、新島の家は藩からの俸禄以外の副収入のおかげで経済的にゆとりがあったようだ。「貧乏がつらくて泣いたという形跡はまったくない」ことを和田洋一氏が指摘している（和田洋一『新島襄』三四ページ）。「青春時代」に、

私はどんなに父が書道塾の後継者・助手になることを望んでいるかは知りすぎるほど知っていました。私はあの退屈な仕事に一身を捧げるのが本当にいやだったのです。　(Hardy, p. 17)

という言葉があるけれども、父親が満足していた（少なくともそんなに不満を感じていなかった）と思われる境遇が、新島には我慢の出来ないものに感じられたのには、前に触れた彼が甘やかされて育った

ことから来る堪《こら》え性のなさとも多少は関係があったように思われる。新島は脱国のためアメリカ船に乗り移ってから一週間後の日記に、

今は襦半三枚を洗ふ。我家に在《あり》し時自衣を洗らわず、然し今は学問之為とは申《もうし》ながら自ら辛苦を知るは是又学問之一と明《〔諦〕》らめり。乍去《さりながら》父母をして此の辛苦を知らしめば必らず四行の涙潜々ならん

（「航海日記」『新島襄全集』第五巻、日記・紀行編、三八ページ）

と書いている。自分で洗濯をせざるを得なくなった時、新島がそのことを大変な辛苦として受けとめているのが注目される。

右の新島の襦袢三枚を洗った時の感想を読んでから、「福翁自伝」で福沢諭吉が安政元（一八五四）年、オランダ語を学ぶため長崎に出て、山本物次郎という砲術家の家に食客として住み込んで、下男同様の仕事でも何でも「上中下一切の仕事、私一人で引き受けて遣って居た」（『日本人の自伝』第一巻、一七ページ）記述を読むと、同じように微禄の武士の家に生まれた二人のたくましさがまるで違うという印象を受ける。甘やかされて育ったことからも来たように見える一種のひよわさは新島にずっとついてまわった。

3　学問修行

学問に目ざめる

新島は満五歳になる弘化五（一八四八）年に習字を始めた（全八・四）。これが彼の広い意味での学問修行の始めであったであろう。「脱国の理由」や「青春時代」を見ても、いまの小学生くらいの年令の時は、タコあげや、コマまわしに熱中したり、剣術や馬術を習ったりということが勉強のことよりたくさん出てきて、新島が特に勉強好きだったとも見えない。しかし、少し世の中のことが分かってくる満一三歳くらいの時になると、新島は急に非常に勉強に熱意を示すようになった。「青春時代」に「十四歳の時に私はこういったけいこ［剣術や馬術のけいこ］をやめて、漢文の古典の勉強を一生懸命やるようになりました」（Hardy, p. 23）とある。この一四歳というのはおそらく数え年であろう。「青春時代」ですぐ続けて「ちょうどこの時」という言葉で書き始められていること、つまり、藩主に選抜された三人の藩の若者の一人（その中の最年少者）として、藩召し抱えの蘭学者についてオランダ語を学び始めたのは、安政三（一八五六）年の正月のことらしい（鏑木路易「新島襄の蘭学研究」『新島研究』三二号、一九六五年八月、三四ページ）。

新島がある時から学問に熱心になったのは、学問だけが、欲求不満でいっぱいの境涯から抜け出すことを可能にするように思われたためであろう。新島は自分が頭角を現わして人に認められるとしたら、それは学問によってだと思い始めたのかもしれない。先述の藩主によって蘭学を学ぶ三人の若者の一人として選ばれたこと、安政四（一八五七）年ごろに漢学の進歩が認められて藩主に藩の学問所助勤（assistant teacher）にしてもらったこと（Hardy, p. 24 全八・八）などは、彼にそう思わせるきっかけになったかもしれない。

このように早くから学問に心を向けるようになった新島だが、学問する環境に恵まれていたとはいえない。学問に対して理解のない微禄の藩士の息子であれば、そんなにゆうゆうと学問をするわけにはいかなかったのは当然ともいえるけれども、新島にとって不運だったのは彼に目をかけたり、彼を認めたりしてくれた人が相次いで死んだことだった。その一人は安中藩主板倉勝明だった。彼は学問好きの名君といったタイプの人だったようだ（森中章光「時勢と安中藩主――板倉伊予守勝明について」『新島研究』八号（一九五六年一月）、九号（一九五六年三月）参照）。勝明の死んだのは、安政四（一八五七）年四月だが、翌年六月には新島の漢学の師、添川廉斎《そえかわれんさい》が死に、さらに七月には尾崎直紀が死んだ（全八・七～九）。この三人の死が生み出した失望は「青春時代」の中の次の言葉からもうかがわれる。

私はしばしば心の中で叫びました「私の主君は亡くなられた。私の先生もだ。私が最後の望みをかけた安中の友も私から取り去られてしまった。私は何と不運な人間だろう。誰が私が勉学を続けることが出来るようにと助けてくれるだろう。私の将来はどうなるのだろう」私はこの世の中でほとんど一人ぼっちで無力なように感じました。

（Hardy, p. 25）

新島はそれでも学問を続けることが出来た。しかし、それは決して楽なことではなかった。「米国ニ趣《ママ》カザル前十年間ノ苦学、父ノ意ニ反対シ、主君ノ意ニ反対シ、全藩士ノ誹謗ニ無鈍着ニ勉学セシ事」（「漫遊記」全五・三四七）という晩年の回想の言葉からもそのことがうかがわれる（なお、この引用中の「主君」は勝明ではなく、彼の後を継いだ弟・勝殷《かつまさ》（全八・七）を指すと思われる）。

新島が当時の武士の子弟の学問として普通だった漢学に加えて、蘭学（さらに脱国前には多少の英語も）を学んだことは重要である。安政三（一八五六）年一月から藩主の命により、蘭学を学び始めた新島だが、安政四（一八五七）年八月になると、その先生（田島順輔《たじまじゅんすけ》）が幕府の命により長崎留学に行ってしまったので、新島は蘭学の師を失ってしまった。それで新島は今度は手塚律蔵《てづかりつぞう》を師として蘭学を続けた。漢学の先生（添川廉斎）に、蘭学をやっても、漢学を怠らないようにと注意を受け、蘭学と漢学の勉強を両立させようと努めたが、その無理を感じて、一八五八年になると、蘭学を一時中断してしまう。そして彼が蘭学を再開したのは翌年一八五九年のことだったようだ。その時の蘭学の師は杉田玄端ではないかといわれているが、必ずしもはっきりしない。その後、数学や航海術を勉強する必要を感じた新島は、万延元（一八六〇）年一一月に幕府の軍艦操練所へ入学して文久二（一八六二）年までそこで航海術や数学を学んだり、そのあと文久二（一八六二）年一一月から甲賀源吾《こうがげんご》の塾で数学などを学んでいる。（いま述べたことはごく大ざっぱに述べたので、詳しい事実関係に興味のある方は、新島の蘭学研究についての厳密な史料批判にもとづくすぐれた史実確定の試みである、『新島研究』三一号（一九六五年八月）と三二号（一九六六年四月）に連載された鏑木路易「新島襄の蘭学研究」などを参照していただきたい。)

蘭学から英学へ

新島の蘭学研究との関係で注目されるのは、彼がスムーズに蘭学から英学に移っていったことである。オランダ語を通じて西洋の学問を学ぶ蘭学が江戸時代に起こったのは、西洋人の中では、オランダ人だけが鎖国時代の日本に来て通商することが認められていたためである。開国後オランダ語だけでは不十分なことが判明したとき、いまさらまた苦労して英語を学ぶのなどはいやだ、と蘭学から英学への移行を拒否した人間もいたことが「福翁自伝」に書かれている(『日本人の自伝』1、六九ページ)。

新島が蘭学から英学に移っていったのは「ほぼ文久二・三年(一八六二・六三)」と重久篤太郎「新島先生と洋学」『新島研究』三二号、一〇ページでは推定されている。この移行がスムーズに、別に心理的抵抗もなく行われたように見えるのは、重久氏の論文にも書かれているように、中国在住のアメリカ宣教師が漢文で書いた本を読んで、新島の関心が西洋諸国の中でも、特に英語国であるアメリカに向かったため、また新島の友人の中に早くから英学に心を向ける人間がいたためであろう。

新島のアメリカに対する一種のあこがれをめざめさせたのは「青春時代」に、「北中国伝道団所属の宣教師ブリッジマン博士の書いたアメリカ合衆国についての歴史的地理の本」(Hardy, p. 30)として出てくる著作のようだ。この本を読んだ時の新島の反応が、「脱国の理由」では次のように書かれている。

ある日、私の親友が北アメリカ合衆国の地図書を貸してくれました。それはあるアメリカ人の牧師が漢文で書いたものでした。私はその本を何度も何度も読みました。そして私は大統領、建物、無料の学校、救貧院、刑務所、機械使用等のことを知って、驚嘆のあまり脳が頭からとけ出しそうに感じました。そして、私は我が国の統治者もアメリカ合衆国の大統領のようであるべきだと思いました。そして私は心の中でつぶやきました。ああ、日本の統治者よ。なぜ私達を犬や豚のように押えつけるのか。私達は日本の国民だ。私達を統治するなら、あなたは私達を我が子として愛さなければならない。この時から私はアメリカ学を学びたいと思いました。（Hardy, pp. 3-4）

アメリカが新島にとって一種の理想国になったことは、「脱国の理由」の少しあとで、徳川幕府に対する不満を述べた個所に次のように書かれていることからもうかがわれよう。

私は内心で叫びました。政府よ、なぜだ。なぜ、私達に自由を許さないのか。なぜ、私達を籠の中の鳥、袋の中のネズミのように扱うのか。否！　私達はこんな野蛮な政府を倒してしまわなければならない、そして私達はアメリカ合衆国のように大統領を選ばなければならない。しかし、悲しいかな、こんなことを実現させることは、全く私の能力を超えたことでした。（Hardy, pp. 6-7）

新島が自認したように、非現実的であっても、日本を大統領制の国にするという考えを持った日本人は外には皆無に近かったのではないだろうか。

4　キリスト教との接触

漢訳聖書抜粋を読む

西洋に対してめずらしいほど開かれた態度を新島が早くから持っていたことを示している別の事実は、彼が脱国前から示したキリスト教に対する興味である。新島とキリスト教との最初の接触については「脱国の理由」の中に次のように書かれている。

ある日私は友人を訪問しました。私は彼の書斎に、あるアメリカ人牧師［宣教師］が漢文で書いた小さな聖書を見つけました。もっともそれは実は聖書の中の最も重要な出来事だけを説明した本［以下ではこの本を「漢訳聖書抜粋」と呼ぶことにする］でした。私は友人からその本を借りて、夜こっそりと読みました。（Hardy, p. 7）

右の引用に関連した津田仙《つだせん》の次のような回想（初出は「津田仙氏の信仰経歴談」『護教』第三四四号、一八九八年二月二六日発行）がある。

余が若年の頃は、耶蘇《やそ》教《きょう》とし云えば、一般に悪しざまに罵るもののみなりしが、友人に杉田廉卿なる人あり。氏は名家杉田鶴斎《すぎたいさい》（玄白）の遺跡を継げる人にて、成卿の養子なり。当時廉卿は翻訳方にて福地源一郎氏及び余などと務向の同じかりしまま、至って親しかりき。廉卿は英書と蘭を解ししが、元来宗教心ふかき人とて、解剖学など究めゆくに従ひ、遂に神を認め、而して之を奉ずるには基督教ならざる可《べか》らずと信ずるに至りぬ。新島襄氏即ちそのころの七五三太《しめた》君に、斯教《しきょう》をすすめしもこの廉卿なり、かくて廉卿は漢籍に通ずる吉田賢輔らと共に、英訳、漢訳の教書を調べ、まことに神こそ天地の主宰なれと主張しぬ。

（「津田仙翁の語る若き日の新島先生」『新島研究』第二二号、一九六〇年四月、二八ページ）

これを見ると「脱国の理由」の中に出てきた「友人」とは杉田廉卿のことと考えてよさそうだ。新島の渡米後の初期の手紙にはよく杉田という名前が出てくる。そして、この杉田が新島にとって信頼できる特別な友人だったことは、一八六七年一二月二四日の、母新島とみ宛の手紙に「先生は私の親しき友達」（全三・四三）とあったり、弟双六宛の一八六七年一二月二四日付の手紙の末尾に「此書ハ飯田君、杉田君之外余人の妄覧を禁ず」（全三・四〇）とあったりすることからも明らかである。これらの手紙に出てくる杉田が杉田廉卿であることは、新島の父新島民治宛の一八六九年六月一六日付の手紙に「杉田廉卿先生」（全三・七七）と一個所ではあるが彼の名前が出てくることからも確実である。

右に言及した一八六七年一二月二四日付の弟宛の手紙に「余人之妄覧を禁す」とあったのはその中で新島が禁制のキリスト教の研究をすすめているのが理由だと考えられるが、杉田が禁制のキリスト教について自由に語ってもよい人物だったということは津田仙の回想に信憑性があることを感じさせる。

新島が杉田廉卿の家で見つけた本などを通してはじめてキリスト教に触れたのは、文久三（一八六三）年のことらしい（全八・一六）。文久三年といえば、キリスト教関係の本がかなり日本に入り込んでいたことが、小沢三郎『幕末明治耶蘇教史研究』の中の「中国在留耶蘇教宣教師著作の切支丹禁制下における日本への移入――特に破邪書を通してみたる」の章に説明されている。同書一四三ページに引用されている文久三（一八六三）年の一史料によると「噫今ヲ距ルコト五六年前マデハ、片言雙《ママ》字モ見ルコト能ハザル耶蘇ノ書類、今日密行スルモノソノ数ヲ知ルベカラズ」というほど盛んにキリスト教関係の本が日本に密輸入されていたようだ。自由貿易が始まるともうこういった本の日本流入をくいとめる手段がなくなったためらしい。小沢三郎氏の同書、一四四ページによれば、禁制のキリスト教文献は、敵情視察といった目的から、ことに仏教僧侶によって盛んに読まれたようだ。

キリスト教への肯定的反応

だから、注目すべきは、新島が「漢訳聖書抜粋」を読んだこと自体よりは、彼が読んだものに対して非常に肯定的に反応したことにあったと言えそうだ。「脱国の理由」に戻ると、新島ははじめて「漢訳聖書抜粋」によってキリスト教の教えに触れた時の自分の反応を次のように書いている。

私は最初に神を理解しました。地を天から分け、地上に光を生じさせ、草、木、生物、鳥、魚を創造したのは神でした。それから、神は自らのかたちに似せて男を創造し、また男のわきの骨をとって女を創りました。宇宙の万物を創造しおわると、神は休息しました。その日を私達は日曜日、または安息日と呼ばなければなりません。私はイエス・キリストが聖霊の子であり、全世界の罪のために磔《はりつけ》にされたこと、だから、私達は彼を救い主と呼ばなければならないことを理解しました。それから私はその本を置いて、身のまわりを見回して、自問自答しました。私を創ったのは誰だ。私の両親か。いや違う、神だ。私の机を作ったのは誰だ。大工か。いや違う。私の神だ。地上に木を生えさせたのは神だ。そして、神は大工が私の机を作ることをお許しになったのだけれども、机は本当は木から生まれたのだ。それならば、私は神に感謝しなければならない。私は神を信じ、そして、神に対して正しくなければならない。（Hardy, pp. 7–8）

新島が聖書抜粋を読んだ時からほぼ一世紀半前、新井白石は日本に潜入してきたカトリックの宣教師シドッチからキリスト教の説明を聞いたとき「一言の道にちかき所もあらず」（新井白石著・宮崎道生校注『新訂　西洋紀聞』一六ページ）というように非常に否定的な感想を抱いた。新井白石のキリスト教批判の論点の一つは、もし、神が天地万物を創造したというのならば、では、神を創造したものは誰か、もし、神は誰が創造したわけでもないというのならば、天地万物も自ら成ったと考えてもよいではないか、といったことであった（同書、九四ページ）。新島はこれに類した疑問を抱かなかったようだ。

キリスト教の魅力

はじめてキリスト教の教えの内容についてある程度の知識を得たときに示した新島の反応が、キリスト教に対して非常に開かれた好意的なものだったことはどこから来たのだろうか。

まず注意すべきことは、新島が西洋文明の優越に圧倒されるような思いをしたあとで、「漢訳聖書抜粋」を読んでいることである。「青春時代」では、多分一八六〇年に（全八・一一参照）江戸湾に停泊しているオランダ軍艦を目撃したときに受けた印象について次のように書かれている。

それらの威厳ある海の女王のような軍艦と我が国の不細工で不釣合な帆船を比べた時、私にはそれだけでこのような軍艦を作った外国人は日本人よりも頭のよい、よりすぐれた人々であると確信させるに十分でした。（Hardy, p. 28）

優秀な西洋文明を作り出した「日本人よりすぐれた人々」の信ずる宗教として、新島がキリスト教をはじめから一種の好意的な色メガネをかけて見たということは考えられる。

次に、キリスト教には、新島のその時強く感じていた「実存的」欲求を満たしてくれるものがあったことが考えられる。新島のような武士の子弟に子供の時から教え込まれたのは、忠孝を中心とする儒教道徳である。親に孝といえば、具体的にはそれは新島が父親の言う通り、父親の目からは別に必要とも思えない勉学などはいい加減にして、父親の跡を継ぎ、祐筆としての公務を勤め、そのかたわら家で習字の先生をして生きていくことを意味した（Hardy, pp. 24–25）。六両二人扶持といった境涯に安んずるのが忠孝の要求する生き方であったといえる。

新島が「忠孝道徳」の要求に反抗したありさまは「青春時代」で見るかぎりずいぶん徹底していた。新島は次のように書いている。

私の新しい学問［蘭学］にたいする興味が深まると、私は主君と父によって許しがたくも私に押し付けられた自分の職務を怠りはじめました。［中略］私がしばしば休むことは主君の留守中、主君の屋敷を預かっていた上役に非常な迷惑を及ぼしました。彼は私に書かせることがあったのに、役所に来てみると、私がいませんでした。それでしばしば私を叱りました。しかし、私は彼の叱責を気に留めませんでした。私はただ彼にただちに私を役目から免じてほしいと頼みました。私が手に負えないので、彼はしばしば私の祖父を役所に呼んで、祖父をも叱りました。そういうわけで、祖父も私の勉強に干渉し始めました。しかし、私は以前にもまして強情で押し通しました。そして、こんな苦しい仕方ではあっても勉学を続けました。

（Hardy, pp. 26–27）

安政六（一八五九）年一月二八日（全八・九）に藩士として正式に召し出され俸禄をもらうようになっていた新島としてはある意味で当然な自分の職務を、「主君と父によって許しがたくも私に押し付けられた」と感じたり、封建的価値観を身に付けた武士だったら恐らく名誉と感じたであろう主君の供を命じられることを「苦役を強いられた」（Hardy. p. 27）といった受け止め方をした新島は江戸時代の武士が身に付けることを期待された価値観を自分のものにすることが例外的に少ない人間、徳川社会での反逆児で、その意味では全然「日本武士の醇乎たるもの」（山路愛山「現代日本教会史論」、山路愛山著・山路平四郎校注『基督教評論・日本人民史』、四七ページ）ではなかった。

このように、新島は封建社会の忠孝道徳を束縛と感じた。そして、ある程度まではそれに反逆もした。しかし、忠孝道徳以外の教えを知らないうちは、彼は自分の反逆を正当化する論理を持たなかったから、反逆にはうしろめたさが伴ったし、また一定の限度があった。新島はキリスト教の神という観念を知ることによって、両親、主君といった低次の忠誠の対象を制限し、それから解放してくれる高次の忠誠の対象に出会ったのである。そこに、キリスト教が新島の目にはじめから魅力のあるものとして映った一つの理由があった。「脱国の理由」にあった「漢訳聖書抜粋」を読んだ直後に新島が発する自問自答の冒頭に、「私を創ったのは誰だ。私の両親か。いや、違う。神だ」という言葉があったのは意味深い。

孝の要求とアンビション

忠孝道徳の課す義務、特に孝の要求する義務がアンビションを持った武士階級の若者にとってどんなに束縛と感じられたかは、新島と関係のある人々の間でも多くの例がある。アンビションを持った武士の子弟はしばしば、学問をするために親元を離れようとした。すると、そういう子と、学問などどうでもよいから自分のもとに留まって孝養をつくしてほしいと望む親との間に、対立・葛藤が生じることがあった。新島の弟の双六も、学問修業への強い意欲を持ちながら、祖父や両親が彼を手許に置きたがったために思うにまかせないでいるうちに病気で夭折してしまった。新島の母とみ宛の一八六七年一二月二四日付の手紙（全三・四六）や双六宛一八七〇年四月二二日付の手紙（全三・七〇）に、この問題に関して双六を支援する新島の言葉が見られる。

右に述べたような学問修業をめぐる親子の対立がいかに劇的な対立でありえたかをよく示しているのは、いわゆる熊本バンドの一員で同志社の第一回卒業生（一八七九年六月卒業）の一人、海老名弾《えびなだん》正《じょう》（一八五六～一九三七）の回想である。海老名は福岡県柳川出身だが、熊本洋学校で勉強していた。そして、洋学校卒業後はアメリカに留学したいというようなことまで考えていた。海老名の父はこのように彼がどんどん自分から離れていく気配を察したのか、熊本洋学校の一年次を終えて帰省している海老名に熊本洋学校に戻ることを禁じた。海老名はどうしても熊本洋学校での勉強を続けたかった。この父子の対立は結局、海老名の強情が通る形になるが、それを述べた個所から少し引用してみよう。

海老名弾正

> 予は、断腸の苦を嘗《な》めた。親不孝と、世間や親類に見られるのは、尚《なお》忍ぶべしである。親から不孝者と見られるのは、堪《た》まらなかった。二週間にして、父の屈強な体は痩せて、急に年老った。予は之を見るに忍びない。親の生命を短かくするのかと、実に苦しかった。［中略］遂に予は、土下座し、平身低頭して、父に許可を

乞ふた。父は、『おれはお前を縛って、叩いて、熊本へ行くのを止めさせたかった』と嘆じ、『お前は到頭《とうとう》折れなかった。斯《こ》んな父を持ったから仕方ないと決心するやうにそれを待ったが、斯んな子を持っては、仕方がないと、この父をして云はしむるやうになった』と、悄然として語った時、予が腸は寸断した。その夜、予は家でよくも眠られず、翌日改めて父に暇乞ひして、親不孝者との宣告を負うて熊本に行った。

（渡瀬常吉『海老名弾正先生』八九ページ）

海老名は親に逆らうことに伴う「断腸の苦」に触れていたが、新島が同じような切実さを持って親に逆らう苦痛について書いている個所は見当たらない。それは儒教道徳の考えを新島が本当に自分のものとして身に付ける度合いが、海老名に比べると低かったためであろう。後年、同志社卒業後新島校長を自宅に訪問した海老名は、そこで目撃した新島の両親に対する態度が孝徳に欠けるものと感じてショックを受けたようだ。海老名は師である新島に宛てた手紙であえて次のように書いている。

先生ノ父母ニ事《つか》フル、其道ヲ尽ザルガ如シ、先生ハ父ノ言ヲ重ゼス、又彼ヲ侮リ彼ヲ愚弄スルガ如シ、若《も》シ父愚ナラバ何ゾ哭セザル、何ゾ生［私］等ノ前ニ笑フヤ、先生ノ短所最モ家族ノ政治上ニ見《アラ》ハル、生失敬ヲ慮ラズ明白陳ズル如斯《かくのごとし》

（新島宛、一八八二年三月七日付の手紙、『新島襄全集』第九巻、来簡編上、一一三ページ）

5　広い世界への始動

新島にとって長い間、江戸の安中藩邸とそこから歩いて行けるくらいの所が世界だった。新島は安中藩士の子供だったけれども、一八歳になるまでは安中に行ったこともなかった。しかし、空間的広がりの狭い世界に住みながら、知的精神的には新島の世界は蘭学、キリスト教との接触などにより同時代の平均的日本人の世界を越えた広がりを持ち出した。そして、やがて新島の世界が空間的にも広がる時がやって来た。その始まりが、文久二（一八六二）年一一月一二日から文久三（一八六三）年一月一四日までの、備中松山藩が文久二年に購入した木造帆船快風丸に乗っての江戸から玉島への往復の旅である。

玉島への旅

松山藩主は安中藩主の本家に当たる関係で両藩の間にはかなり密接な交流があった。「年譜」を見ると、安政五（一八五八）年九月二二日の日付のもとに「備中松山藩の川田剛、安中藩で漢学を教える」（全八・九）とあるのが、両藩の交流の一例である。新島にとって「いろいろな人々と交わり、いろいろな土地を訪ねる初めての経験」（「青春時代」Hardy. p. 29）であったこの玉島航海に参加できたのもこの関係のためであった。

新島はその生涯にわたって旅に出ると、紀行・旅日記の類いを書いているが、その最初のものと思われる「玉島兵庫紀行」（『新島襄全集』第八巻所収、題は全集の編者の付けた題）が書かれたのもこの時のことである。この「玉島兵庫紀行」はこの旅行中に書かれた文久二（一八六二）年一二月五日付の父、民治宛の手紙（『新島襄全集』第三巻所収）とともに満二〇歳前後の青年新島の姿をうかがわせて興味深い。

元気な好奇心旺盛な若者

まず気付くのは新島が若者らしい元気さを十分に持った青年だったことである。父親宛の手紙を見ると分かるように、玉島への航海は強風に悩まされたり、反対に無風で船が進まなくなったり、難渋することも多い航海だったけれども、新島はあまり苦にしなかったようだ。「玉島兵庫紀行」に出てくる、「六時五十六七分比より北風益《ますます》強く吹来《ふきき》り、雪驟々漱々と飄り、幾ケの島に当れる風声は普賢《ふげん》の軍を驚かし、船に激する荒浪は豊太閤《ほうたいこう》の勢を支へるかと思われ、独快《ひとりかい》のみ覚ゆれど、」（全五・四）という言葉が示しているのは、自然の威力を感じさせる強風、巨浪といったものを前にしたとき、新島が恐怖よりも爽快感を感じるような元気さの持ち主だったことだ。それから父親への手紙に出てくる須磨付近で上陸して、平敦盛《あつもり》の墓を見に行ったとき敦盛蕎麦を「六杯程」（全三・八）食べたとか、一二月三日玉島に上陸した直後のことを書いた言葉、「無恙《つつがなく》到着仕候得ば安心仕候故か一両日は大めしを喰而《て》は眠り候得共、今日は労《つか》レも抜ケ上陸仕諸々見物」（全三・八）なども当時の新島の若者らしい元気さを感じさせる。

また、新島は一二月六日に風呂に入る目的で兵庫に上陸したとき、湯がわくまでの時間を利用して湊川神社、生田神社、平清盛の墓を見に行っている（全五・五〜六）。青年新島が名所旧跡をはじめ、ひとが見物に値するというものが近くにあれば、まずそれを見に行く好奇心の持主であったことがうかがわれる。新島のこの種の好奇心は健康の許す間はずっと消えることはなかった。

いま述べたようないわば観光客的、見物人的好奇心の外に、新島の一生を通じて顕著だったのは雑学的好奇心といったものである。これが彼に、新しく目にしたものを注意深く観察したり、スケッチしたり、土地の人から聞いたことを書き留めたりさせた。雑学的といったのは、その好奇心が向けられる対象が雑多だったこと、さらに、その好奇心がたいてい新島を一歩進んで系統的な調査・研究にまで駆り立てることなく終わっているからである。

船掛し以南ニ水島と申す小島有リ。此処ニ甚奇トス可《べ》きハ、三四月此ニおゐて、たい《［鯛］》此島の沖一二里四方ニ集りしを取るニ、背ニ金色を帯て他ニ疇《［たぐひ］》なき結構なる味なり、而して一二里以外のたいは金色も帯びず味も大ニ減ずる由、水夫共より聞及べり　（全五・三）

とか、

玉島港え《［へ］》の入り口より少し東ニ、白石に［て］築たる石垣ありて、長凡《およそ》二里程もあれり。此は備前ニ而近来開きし新田なる由、水夫共話せり　（全五・四）

といったことを「玉島兵庫紀行」中に書き留めているのが新島の雑学的好奇心の反映といえよう。

まだキリスト教の影響見られず

この玉島への旅の時の新島で注目すべきなのは、まだキリスト教の影響が感じられないことである。例えば、父親宛の手紙に出てくる、自分の留守中の家族の無事を祈っての「毎朝塩水をかぶり今日様を臥拝仕候」（全三・八）という言葉は、当時の新島が日本人の普通の宗教的習俗に従っていたことを示している。「玉島兵庫紀行」に出てくる「此に於て手洗ひ口そゝき廟前に拝すれば」（全五・五）といった言葉で表されている湊川神社や生田神社に行ったときの新島の行動にも普通の日本人と変わったことはない。後年の恩人ハーディー追悼の講演の中の新島の言葉、「一七八年ノ比ヨリ窃《ひそ》カニ基督教ニ関する支那ノ書類ヲ得〔読〕ミ大ニ心ヲ養フ所ガアリマシテ」（『新島襄全集』第二巻、宗教編、四一六ページ）、にもかかわらず、新島が数え年一七、八歳の頃、つまり、安政六（一八五九）年、万延元（一八六〇）年ごろからキリスト教の影響を深く受けていたわけではないことが分かる。

玉島航海に行った頃の新島は酒だとか女性への態度とかについても、まだそんなにピューリタン的ではなかった。文久二（一八六二）年一二月八日に新島は兵庫に上陸して、土地の人に「いちばん盛んなる所」はどこだと聞く。柳原という妓楼のあるところだと教えられた新島は、見物に行っている。「妓楼立並、随分立派ニして、酒宴を開き歌舞を為さしめば楽み深かるべしと思わるゝノミ」（「玉島兵庫紀行」、全五・六）というのが柳原を実際に見たときの新島の反応だった。

脱国への道

玉島航海を通して新島は生まれてはじめて、自由を味わい、それを通していわば自由に対するあこがれを持った人間になった。玉島航海から帰ったのは、文久三（一八六三）年一月九日だが、この文久三（一八六三）年は、翌年の元治元（一八六四）年六月の箱楯〔函館〕からの国外脱出との関係で意義深いことがいくつもあった年である。

まず、全集第八巻の「年譜」のこの年の三月一八日の項に「「英吉利《イギリス》文典直訳」の筆写を始める」とあり、七月一五日と七月二三日の項に、それぞれ英語辞書や文法書購入費用の拝借を藩庁に申し出て、許可されることが出てくる。新島の英語学習が本格的に始まったのはこの年だった。さらにブリッジマンの本を読んでアメリカについて一種のあこがれに近い気持ちを抱きはじめたのも、漢訳の聖書抜粋を読んで、キリスト教に強い関心を抱きはじめたのもこの年だった。さらに文久三（一八六三）年のことと考えられるのが、デフォー（Daniel Defore）の書いたのロビンソン・クルーソーの漂流記を和訳で読んだことだ。「それは私に外国に行ってみたいという願いを持たせました」（Hardy, p. 30）と「青春時代」に書かれている。

　そして、脱国のチャンスは意外に早くやって来た。その第一歩となったのは、元治元（一八六四）年三月に新島に箱館〔函館〕に行く機会が急に生まれたことである。その事情は『新島襄全集』第五巻所収の「函館紀行」（この題は編者がつけた題）に詳しい。三月七日にたまたま会った備中松山藩の知人から、前に玉島航海に同乗させてもらった快風丸が四、五日中に箱館に向けて出帆することを聞く。一緒に行く気はないかという誘いを受けた新島は自分の主君と両親の反対があるのではないかという懸念はあったが、それから奔走して、同藩の先輩、飯田逸之助の助けで、出帆予定日三月一一日の前日には藩主からの正式の許可が下りて箱館行が決まった。「俸禄之他修行料として一ケ年に十五員」（全五・九）もらえることになった。新島は、三月九日に飯田から藩主からの許可が下りたことを内々知らされた時の自分の反応を、「欣喜ニ堪兼不覚《たへかねおぼえず》大声をして曰《いはく》、嗚呼《ああ》天我を棄てざるか、我業の成否此一挙にあり」（全五・九）と「函館紀行」に書いている。この「我業」というのは国外脱出ということだったのではないか。後に書かれた「青春時代」の中の、「私はこの函館に行き、さらにそこから外国に脱出することを企てるために、この好機を逃がすべきでないという考えが稲妻のように心にひらめきました」（Hardy, p. 32）という言葉はこの解釈を誘う。

藩主も親もそれに反対することが予想される状況の下で、この函館行を実現させた新島はなかなかのやり手といえるのではないか。後年の新島もやり手、策士という印象を人々に与えることがあったが、この時が新島の策士的手腕が発揮された最初の機会だったかもしれない。新島はまず安中藩主の本家に当たる備中松山藩主の許可を得、彼の援助によって自藩の藩主の反対を封じ、自藩の藩主の賛成を得ることによって親の反対を封じるのである（Hardy, pp. 32-33）。

函館までの旅

新島は四月二一日に箱館に到着するが、それまでの道中のことは「函館紀行」および函館から出した父親宛の四月二五日付の手紙と飯田逸之助宛の同じ日付の手紙（全集第三巻所収）に出ている。三月一一日出帆の予定だったが、快風丸が実際に品川沖から出帆したのは三月一二日で、その後浦賀、総州興津《おきつ》、砂子浦《さごのうら》、奥州盤前郡中之柵《いわさきなかのさく》［いわき市］、南部鍬ケ崎［宮古市］、霜風呂《しもふろ》に寄って箱館に行っている。「函館紀行」に、新島は持ち前の好奇心と記録癖を発揮して、いろいろな情報を仕入れ書き留めている。ことに安藤侯の居城と城下のありさまは詳しく書いている。「函館紀行」では士族の困窮のことや内職、田租、土地の産物などいろいろなことに触れられているが、多くは自分自身の観察というより聞き書きである。同じ「函館紀行」に、馬子が馬に乗ってくるのに出会ったが、自分達士人〔さむらい〕を見ても、馬から下りようとしなかった、それで、自分たちが厳しく下りろ下りろと言ったらようやく渋々下りたという意味のことを書いたところがある（全五・一四）。後の同志社時代には小使にも名前に「さん」をつけて呼び、人を地位や身分で差別しないと感心させた新島だけれども、この時期の彼は武士の一員として平民に対して露骨な優越意識を持っていた。後の新島と違うといえば、興津港口で危うく暗礁にぶつかりそうになったけれども無事だったことを祝う祝宴を勝浦でやったことを書いた中に、次の言葉がある。

幸に昨日江戸より到着せし芸娼ある由。依而《よって》酒肴と彼尤物《かのゆうぶつ》とを命じ、無間《まもなく》して酒肴調《ととの》ひ且《か》つ二個尤物参り、鄭声《ていせい》を発し我等をして酔《よわ》しめり、此時之心地再び地下を出し計《ばかり》なり　（全五・一二）

現代語では、「幸に昨日江戸から着いた芸者がいるというので、酒肴とその美女を命じると、まもなく酒肴の用意が出来、かつ二人の美女がやってきて、なまめかしい声を出して、我々を酔わしめた。この時の心地は、死んで地下に葬られたのが、また生き返ったようだった」とでもなろう。このころの新島がまったくの堅物というタイプではなかったことがうかがわれる。

ニコライの家に住み込む

新島は安中藩からは、武田斐三郎の塾で航海、兵学等を一年間学ぶという名目で函館行の許可を得た。新島は四月二一日に函館に着くと、すぐその日のうちに入塾の手続きのために武田塾に行った。長岡藩の菅沼精一郎という人が親切に世話してくれたが、「先生は江戸表へ御越ニ而御留守、且懇意之者も皆々不在」（全三・一一）であった。新島はその後も二、三回武田塾に行ってみるが、菅沼精一郎の話などから判明したのは、武田塾は先生が江戸に行ってしまったため、塾としての実質的な意味をほとんど失ってしまっていることであった。そこで新島は武田塾に入塾するかわりに「西洋人の家に至らんことを企て」（全五・一九）た。「西人の家に食客たらん」（全五・二〇）という新島の望みは、普通はそんなに容易にかなうことであったとも思えないけれども、新島は運がよかった。この件を菅沼精一郎に相談したのが四月二八日だったが、菅沼は五日後にロシア領事館付のロシア正教会の司祭ニコライ（一般には東京神田駿河台のニコライ堂と結びつけて記憶されているニコライ）の家に連れて行って紹介してくれ、新島は五月五日には早くもニコライの家に住み込むことになったのである。ニコライが非常に新島を好遇してくれたことは、「函館紀行」の、

> 彼、予の英学に志し遠路を嫌わず単身此地に来るを喜びしにや、予を待〔遇〕する事実ニ至れり尽セりと云ふべし　（全五・二〇）

という言葉からも分かる。中村健之介氏の『宣教師ニコライと明治日本』には、「ニコライの師・木村謙斎」という見出しを付けた四四ページに始まる一節があるが、日本語学習に熱心だったニコライの函館での日本語教師のうちとりわけ重要だったのが、この木村謙斎だったようだ。実は新島が函館

に着いた元治元（一八六四）年四月が、謙斎一家がニコライに惜しまれながら函館を引き揚げた月だった（『宣教師ニコライと明治日本』、四七ページ参照）。ニコライは一緒に『古事記』（全五・三四〜三六参照）などの日本語の文献を読んでくれる日本人をさがしていたのである。

先に、ニコライが新島を好遇したことに触れたが、その好遇のうちには新島の学習に対する援助も含まれていた。ニコライが新島の希望に応じて代数学の本を貸してやったり、英語の先生を見つけてやったりしていることは「函館紀行」中の言及（全五・二〇〜二一）からも分かる。しかし、このような好遇にもかかわらず、新島はニコライのもとに一月半も留まらず、元治元（一八六四）年六月一四日には新島はベルリン（Berlin）号というアメリカ船に秘かに乗り込み日本脱出を敢行した。全集第五巻所収の「航海日記」（編者の付けた題）に、

元治元甲子年六月十四日

富士屋宇之吉［正しくは福士宇之吉（成豊）］の周旋ニ依而、此夜九時過密に宇之吉と共に小舟ニ乗し、米利堅《メリケン》商船に乗得たり（全五・三七）

と書かれてある通りである。

第二章　新島の脱国の動機

1　二種類の説明

聖書研究のため？

なぜ国外脱出をはかったかという動機に関連して、新島は、アメリカ到着後彼の恩人になるハーディーに言われて書いた「脱国の理由」で、漢文の聖書抜粋を読んではじめてキリスト教に対する強い関心が芽ばえたことを述べたあとで、次のように書いている。

その時以来、私の心は英語の聖書を読みたいという願いでいっぱいになった。そして、私は英語の聖書を教えてくれるイギリス人またはアメリカ人を見つけるため函館に行こうと思った。

(Hardy. p. 8)

脱国時の新島の肖像

そして「脱国の理由」の少し後の方には次のように書かれている。

> 函館に着いた時私は英語の教師をさがした。しかし、どうしても見つけることが出来なかった。それで、私は考えを変えて国外へ脱出することにした。（Hardy. p. 9）

新島は函館で乗り込んだベルリン号の船長セイヴォリー（William B. Savory）にも似たような説明をしたようだ（Hardy. p. 2）。新島はアメリカ人にはキリスト教に関連した宗教的動機を強調していたといえよう。

しかし、新島が日本人に向かって日本語でした説明の中で脱国の動機として強調しているのは「国家のため」ということで、宗教的動機ではない。例えば、アメリカからの家族宛の第一信である一八六六年二月二一日付の新島民治宛の手紙では、新島は脱国の動機については「全く国家の為に寸力を竭《つく》さんと存じ、中心燃るが如く遂に此挙に及び候」（全三・二七）と書いている。

山路愛山の説

では、新島が自分の脱国を、ある時は宗教的な動機に基づくものと説明し、またある時は愛国的動機に基づくものと説明しているのはなぜだろうか。山路愛山は「新島襄先生の伝を読む」の中で、デイヴィスの新島襄伝が新島の「脱藩渡航の動機を以て英語の聖書を読まんが為なり」と言っていることを「宣教師に固有なる一種の僻見」（『中央公論』一九〇七年一一月号、六九ページ）としてしりぞけている。しかし、山路も「脱国の理由」の中に、デイヴィスの解釈を支持するように見える言葉があるのを否定出来なかった。それで、山路は新島の脱国の動機を論ずる際に「脱国の理由」は資料として価値が低いとして、次のように書いている。

されど余輩は之と共に先生がハーディー氏に寄せたる書簡［「脱国の理由」――太田］を以《もって》詐《いつわり》を書きたるもの、若《も》しくは所謂《いわゆる》方便を用ひたるものなりとするものにあらず。渡航の当時に於ける先生の英語は甚だ乏しかりしを以て此書簡の如きも思ふに何人《なんぴと》かの代作若しくは潤色を待たざるを得ざりしならん。

（『中央公論』同、七二ページ）

この山路の説明は間違いと言ってよい。「脱国の理由」が潤色というほどの潤色も加えられずに印刷された新島の手記であることを示しているのは、アメリカ人の書いた新島についての最初の著書である Phebe Fuller McKeen, *"Upright against God": A Sketch of the Early Life of Joseph Hardy Neesima*［『神に対して正しく――新島襄の前半生の素描』］(1890) である。この本は新島がアンドーヴァーのフィリップス・アカデミーの学生だったとき通っていた教会の日曜学校の先生をしていた女性マッキーンが、新島の手記と彼女自身が直接新島から聞いたことをもとに一八六七年に書いたもの（巻末に「一八六七年」と完稿の時期が示されている）が、執筆後二〇年以上たってから、その女性の姉妹の序言（Introduction）を付して出版されたものである。そして、本文を読んですぐ気がつくのは、著者が新島自身の書いたものを各所に引用して、それを核に叙述を進めていることである。そして、「脱国の理由」とマッキーンの本の新島の手記からの引用を比べてみるとき判明するのは、マッキーンが使った新島の手記とハーディーが彼の本に収録した「脱国の理由」とは同じものだということである。それは、マッキーンの著書に現われる新島の手記からの引用に対応する個所が「脱国の理由」に見つかる上、それらは句読点、大文字と小文字の使い分け、冠詞、前置詞の使い方といった細部では違っても、大筋においては全く同じ内容を持っているからである。大筋において完全に一致するのは、それらがともに実際に新島の書いた同一の手記に基づいているためとしか説明のしようがない。細部の違いは、文法、つづり等々で間違いの多い新島の原文をどの程度まで、どのように直すかで、ハーディーとマッキーンの間に多少の違いがあったためだと説明出来る。マッキーンの本に出てくる新島の手記からの引用とそれの「脱国の理由」の対応個所（本書一九ページにある「脱国の理由」の該当個所——四二ページに引用されている個所——の全訳参照）の違いが一番目立つ個所といっても、次に挙げる例くらいのものである。

A day my comrade sent me a atlas of United States which was written in China-letter by some American minister. I read it many times and I was wondered so much as my brain would melted out from my head because I liked it very much - picking out president, building free school, poor-house, house of correction, and machine working and so forth. And I thought a governor of every country must be as President of United States, and murmured myself that O, governor of Japan ! why you keep down us as a dog or pig ? We are people of Japan; if you govern us you must love us as your children.

(McKeen, p. 28)

A day my comrade lent me an atlas of United States of North America, which was written with China letter by some American minister. I read it many times, and I was wondered so much as my brain would melted out from my head, picking out President, Building, Free School, Poor House, House of Correction, and machine-working, etc. And I thought that a governor of our country must be as President of the United States. And I murmured myself that, O Governor of Japan ! why you keep down us as a dog or a pig ? We are people of Japan. If you govern us you must love us as your children.

(Hardy, pp. 3–4)

方便を使う

結局、新島が自分の脱国を日本人に向かっては自分の国家のために尽くしたいという思いを強調し、欧米人には聖書を学びたいといったキリスト教的動機を挙げて説明しているのには、（山路の表現を借りれば）「方便」を用いたという面があることを否定できないであろう。

例えば、自分が函館から出奔してしまったことに対して定めし「不幸の働」（全三・四三）と思っているだろうなと気にかかっている母親に対して、あれはキリスト教を学ぶためだったといっても納得してくれるはずはない、「全く御国の為、かつおまえ様の御為」（全三・四二、新島の母親とみ宛一八六七年一二月二〇日付の手紙）といえばまだしも分かってくれるだろう、逆に欧米人、特に「脱国の理由」の第一の読者であるハーディーのような熱心なキリスト教徒に対しては、聖書を学ぶためといった理由を強調することが彼らの同情や援助を得るために有利だ、といった類いの計算はあったのではないか。後に触れる有名なラトランドでの訴えに顕著な例があるように、新島には相手によって一つのことを違うように説明するという方便を用いることを辞さないところがあった。

二〇年近く後に書かれた「青春時代」と違って、「脱国の理由」では函館でニコライの世話になったことには一言も触れていない。これも新島が方便を使った一例と見てよいだろう。ニコライに触れると脱国の理由をすっきりと説明しにくくなる、もしかしたら、そのためにハーディーの援助をうけそこなう恐れもある、だからニコライのことについては黙っているほうが賢明だ、と彼は思ったのではないか。

では、どういう意味で、ニコライのことに触れると脱国の理由の説明が簡単にすまなくなるのか。それは、「青春時代」に書かれている、脱国の意図を新島から打ち明けられたときのニコライの次のような反応のためである。

彼は私に彼の許に留まるよう強く勧めました。そして私に聖書も英語も喜んで教えてあげるから、

と言いました。（Hardy, p. 35）

つまり、新島の脱国の動機が彼が「脱国の理由」に述べたことに尽きるならば、ニコライとの出会いは日本脱出の必要をなくさせたはずだからである。

それならば、なぜ新島は脱国したのか。そして、つじつまを合わせるため、「函館に着いたとき私は英語の教師をさがした。しかし、どうしても見つけることが出来なかった」と事実に反することを「脱国の理由」に書いたのか。

それは脱国当時、キリスト教について学びたいと思っていたのは事実としても、彼の願いはそれに尽きるものではなかったためであろう。彼には漢文で書かれたアメリカについての本をはじめて読んで以来の、アメリカに対する（広く言って欧米に対する）あこがれがあった。新島は日本で十分キリスト教が学べたとしたところで、やはり世界の最も文明の進んだ地域と彼がうすうすながらも感じるようになった欧米に行ってみたかったのである。欧米に行きたいという願いは、新島の脱国からほんの四、五年のうちには、日本中に蔓延し、ニコライが一八六九年発表の論文で、

日本の青年達が外国へ出る機会を獲んとしてどれほど必死になっているか、日本に住んでいる人なら知っている。もし物理的に可能であったら、日本人全体の半分が外国へ学びに出て行く、そう言っても決して過言ではない。

（ニコライ著・中村健之介訳『ニコライの見た幕末日本』一八ページ）

と書くまでになる。新島の脱国には多数の日本人にほんの一歩先んじて欧米への洋行熱に取りつかれただけという側面もあったことは否定出来ない。

新島が「聖書も英語も教えてあげるから」と親切に言ってくれたニコライのもとに留まらなかったことは、ある意味で象徴的である。

ニコライとの違い

新島もキリスト教に接する以前は、すでに引用した文久二（一八六二）年一二月五日付の父親民治宛の手紙にあった「毎朝塩水をかぶり今日様を臥拝仕候」（全三・八）という言葉の示すように、日本人の普通の宗教心ないし宗教的習慣をある程度までは身につけていたようだ。しかし、アメリカに着いてからの新島の日本の在来の宗教に対する態度は全く否定的になる。中村健之介氏のすぐれた著書『宣教師ニコライと明治日本』の教えてくれる興味深い事実の一つは、ニコライの日本の在来の宗教や民俗信仰に対する態度が、新島などに比べると、ずっと肯定的な、しばしば共感のこもったものだったことだ（同書、一三六〜一四〇ページ参照）。例えば、同書からニコライの日本の民間信仰に対する反応を述べた言葉を次に一つ引用しよう。

そして後に日本各地を旅して、日本の庶民の間に稲荷信仰や地蔵の信仰が盛んであることを見ても、少しも軽蔑の色はない。それは「宗教的感情が生き生きとしている」ことの徴《しるし》だと捉え、むしろ

民間信仰の盛んな土地はキリスト教の伝道に適していると考えた。（同書、一二三七ページ）

『ニコライの見た幕末日本』の中で、ニコライは浄土真宗の教えとキリスト教の教えの間に見られる顕著な類似について驚きを表明し、

寺院に入って長い間説教を聴いているうちに、ふと我を忘れてしまい、キリスト教の説教を聴いているような気がしてくることがある。（同書、五一ページ）

と書いている。キリスト教徒としての新島はこういった感想を日本の宗教に対して決して抱かなかった。

一八六七年一二月二五日付の飯田逸之助宛の手紙に次の言葉がある。

然れば我《わが》日本何を以て教えを立《たつ》るや、孔孟の道を去、仏道をこぼち、至聖純粋の耶蘇教を奉ゼねばならぬ事、論を用ひずして知るべし、此教は日本の申［す］魔教には之なく、かつポルトガル人の教へし天主教とも違候、此天主教は、国人の奉ずる聖教に比すれば甚愚にして、殆ど日本人の孔子の道と仏道とにひとし、先生何卒、メリケンの政教日に盛なり、風俗月に改まる事、何故かを御推察可被成《なさるべく》候、是は全く教の然らしむるところ（全三・五二）

要するに、新島にとってはある宗教がいかに信者の内面的宗教的要求に応えてきたかということには大して意味がなかった。宗教は、政教を日に盛んにし、風俗を月に改めるといった工合に社会の進歩と文明化に顕著に貢献するところがあって、はじめて信奉に値したのである。新島のカトリック諸国に対する否定的な評価は、それを奉ずる諸国が概して近代化においてプロテスタント諸国に後れを取っていたという事実に強められていたことは確かであろう。

羅馬〔ローマ〕法皇の「キリシテヤン」宗門を奉する者、益《ますます》其勢を失へり。例令《たとえ》ば羅馬、「イタリヤ」、「スペイン」、「オーストリヤ」、「ポルチュギース」〔ポルトガル〕、佛郎西〔フランス〕等の国は、一時強大なりしも、今は遥に英国、亞国〔アメリカ〕、「プロイセン」〔一八七一年成立のドイツ帝国の中核となるプロイセン王国―引用者注〕などの下に居れり。

と新島は一八七一年二月二五日付の飯田逸之助宛の手紙（根岸橘三郎『新島襄』一四〇ページ）に書いている。

ニコライの考えでは、文明化などということは本当のキリスト教とはほとんど無関係のことであった（『宣教師ニコライと明治日本』二三四ページ）。そして、ニコライはプロテスタント〔キリスト教新教〕への改宗者達が求めたものは、宗教の衣装をまとっていても、多くの場合、本当は宗教ではないと思っていたようだ。このことは、中村氏の『宣教師ニコライと明治日本』、二三五ページに引用されているニコライの次の言葉からもうかがわれよう。

「何百人もの外国人宣教師が日本のあらゆる町に、津々浦々に広がっている。外国人だらけだ。かれらはいたるところで文明と実利性と上昇志向の魅力をふりまいている」（一八八九年八月一六日）

新島のキリスト教が、ニコライのロシア正教と違って「明治の日本の庶民のいわば前近代的な宗教心、宗教的感情に接合しうる信仰」（『宣教師ニコライと明治日本』二四〇ページ）ではなく、大いにニコライのいう「文明と実利性と上昇志向の魅力」をふりまくものであったことは確かだろう。要するに、新島とニコライはお互いを本当に知りあう前に別れてしまったが、二人の間には本当の接点があったとは思えないのである。

古屋安雄氏の著書『日本のキリスト教』二二ページを見ると、氏は、日本のキリスト教が民衆、大衆の宗教と「殆ど無縁」だったことが、それが知識階級だけのものにとどまり、いまだにキリスト教人口が日本の総人口の一パーセントに満たない理由だと考えていられるようだ。日本の民衆の信仰に対して尊敬の念を持ったニコライの布教が非常な成功を収め（『宣教師ニコライと明治日本』九〇ページ）、反対に、日本の民衆の信仰を軽蔑した新島（第五章第三節参照）の創立した同志社では結局のところキリスト教はあまり広まらなかった。同志社法学部教授伊藤彌彦氏が新島の宿志のうち案外実現しなかった事柄として「キリスト教の普及」を挙げ、キャンパスに見られる「キリスト教への圧倒的な無関心」（伊藤彌彦「なるほど新島襄（21）」『チャペル・アワー案内』一五五号、二〇〇〇年一一月一日、同志社大学キリスト教文化センター）に言及されているのを思っても、古屋氏の見解は示唆に富む見方といえよう。

2　「成功したる吉田松陰」？

松陰の動機

新島襄より前に国外脱出を企てた人として一番有名なのは、吉田松陰であろう。松陰は嘉永七（一八五四）年三月二七日の夜に同志一人と小舟で下田に停泊中のペリーの船に漕ぎ寄せ、アメリカに連れて行ってくれと頼んだが、断られてしまう。その経過は「三月二十七日夜の記」（『吉田松陰全集』第十巻、四五九〜四六六ページ）に書かれている。この事実を踏まえて一九〇六年に初版が出た『基督教評論』中の「新島襄論」で著者の山路愛山は新島を「成功したる吉田松陰」（山路愛山著・山路平四郎校注『基督教評論・日本人民史』四六ページ）と形容している。しかし、「成功したる吉田松陰」という言葉は新島の形容としてたいして適切とも思われない。二人を比較すると、共通点よりもむしろ違いの方が目立つからである。

吉田松陰の場合は、彼がペリーの船に乗って海外に行こうとした動機は、第一に敵の情勢をさぐるスパイ（松陰自身の使った言葉では「間者」）の役割を果たそうという意図からであったようだ。「戦争でスパイを使うのは、ちょうど人間に目や耳がありそれを使うのと同じことである。［中略］だから戦争になれた者は、味方がスパイを放たないのを憂えるが、敵がスパイを放つことには恐れを抱かない。今の日本はそうではない。スパイを外国に放つべきであるのに、日本の国のことが漏れると心配してそれをしない」（奈良本辰也編『吉田松陰集』中の現代語訳を引用）と松陰は彼の国外密航の企てが失敗に終わった数カ月後に書き上げられた「幽因録」で言っている。その脱国の企ての動機が敵情視察にあった松陰の場合は、日本を脱出してアメリカに行こうとしたのも、別に彼が西洋（アメリカ）に引かれていたことを意味しなかった。同じ『吉田松陰集』所収の「回顧録」には「海外に往き万国の情形を詳審し、以て国家の為めに膺懲《ようちょう》の大策を立てんと欲す……」とある。

新島の西洋へのあこがれ

新島の場合には、脱国当時すでに西洋（特にアメリカ）に対する強いあこがれの気持ちを持っていた。秘かに函館を出発してから半月後の元治元（一八六四）年六月三〇日に、船の高級船員（メート）に西洋人に似ていると言われて大喜びの新島は、「予之喜高於富士山」（「航海日記」、全五・四一）と書いている。「自分の喜びは富士山よりも高い」というのだから、よっぽどうれしかったのだろう。

吉田松陰の場合は西洋から学ぶものがあることを認めたとしても、それは和魂洋才といった枠組みの中においてであった。西洋がすぐれているのは科学技術など形而下のことだけで、倫理、道徳、宗教など精神文化の面ではかえって日本の方がすぐれているとするのが、和魂洋才的な考え方だが、新島の考えは日本にいるときから違っていた。新島が函館でニコライの家に食客として住んでいるとき、ポルトガルの領事が死んだ。それに関連して元治元（一八六四）年五月二二日の日記に新島は次のように書いている。

各館及び港の異船ニ而《て》は、葡国［ポルトガル］コンシルの悔ミと申事ニ而、国旗ヲ頂上より少し下げ候。然しながら日本船の黒船は一切其の様な事致さず。是れ同盟国の礼を知らざると見ゆ、実に嘆息の至也

（全五・二三五）

ここで問題となっている半旗にして弔意を表すという「礼」は単なる形而下のこととは言えないだろう。そして、ここでは礼を知るのは外国、知らないのは日本となっている。

西洋人に対する偏見のなさ

新島の場合、同時代の日本人との比較で目につくのは、西洋人、日本人という違いよりも、同じ人間としての共通性の方が彼の心で大きな比重を持っていたように見えることだ。例えば、「函館紀行」を読んで驚くことは、新島が実に簡単に「西［洋］人の家に食客たらん」（全五・二〇）と心に決めることだ。ジョセフ・ヒコ（Joseph Heco）こと、浜田彦蔵（一八三七〜一八九七）は幕末の漂流者として、中浜万次郎とならんで有名だけれども、彼の自伝 *The Narrative of a Japanese*［一日本人の物語］を見ると、アメリカ船に救助された彦蔵とその仲間の日本人漂流者達は、アメリカ人に食われてしまうのではないかという恐怖をなかなか払いのけることができなかったことが分かる。新島は、浜田彦蔵などと違って、西洋人に対して同じ人間として信頼の念を抱いていたに違いない。死んだポルトガルの領事について、新島は「函館紀行」の中

に「妻の年二十二にして子二人あり、且《かつ》近々に出生もある由、実に愍然《びんぜん》の至りなり」（全五・二四）と書き、また元治元（一八六四）年五月二三日の日記に「コンシルの年末ダ二十八なるよし。此人羅甸［ラテン］、英、仏、班［スペイン］、独乙［ドイツ］、自国語に通ぜし由、実に惜《おしむ》べき事なり」（全五・三五）と書いている。これらの外国人に対する哀惜の言葉も、新島が吉田松陰に比べて、はるかに西洋および西洋人に対して開かれた精神を持っていたことを示しているようだ。

新島のこのような西洋人に対する偏見のなさは、当時にあっては珍しいものではなかったか。鶴見俊輔『御一新の嵐』（『記録現代史日本の百年1』改訂版、四九ページ）に、幕末の日本人の外国イメージの一つの源流となった俳林淡二著『画本万国誌』の内容が、「鎖国をといてこんなバケモノの国とつきあうのでは、かなわない」というコメントを付して紹介されている。新島は外国をバケモノの国視するような見方と無縁だった。江戸時代後期の国学者、平田篤胤は、「天文地理のことを始め。万の細工もの。医療のことなども。万国最上に委《くわし》く」（「伊吹於呂志上」、『新修　平田篤胤全集』第十五巻、一三八ページ）とオランダ人の科学技術においてすぐれていることを評価するようなことを書いて、一見西洋や西洋人に対して開かれた精神を持っていたように見える。しかし一方では、オランダ人がいろいろな点で犬に似ている、例えば、「溲尿をするに。片足を挙て致す所も。犬の仕ざまで御座る」（同、一三七ページ）などと書き立てている。結局においては、オランダ人を獣に近い、人間以下の存在と思わせるように努めているようにすら見える平田篤胤に見られるような外国人に対する偏見とも新島は無縁だった。

西洋が基準

日本では、明治になって西洋が世界の中の最も文明の進んだ地域であるという見方が広まると、万事において西洋を価値の基準とする傾向が見られるようになった。新島などは幕末期からすでにそうだったと言えるかも知れない。例えば、「函館紀行」の中に函館にある遊廓に言及し、「是れ男児の足を容るべき地ニあらず」（全五・一八）と述べ、さらに梅毒の恐ろしさについて「嗚呼《ああ》男子一［た］び此毒を得ば生涯血を損じ其毒子々孫々に伝ハり、其の子生するや否腫物を発し、或ハ愚鈍なる由、是れ男児の尤も恐るべき所なり」と述べている個所がある。「玉島兵庫紀行」の中の［文久二年］一一月八日の項にわざわざ遊廓を見物に行ったことが出ているし、「函館紀行」でもはじめの方に出てくる遊廓や娼家などに対する言及は別にとりたてて断罪の調子を伴わずに書かれている。「氏［新島］の伝記などを読んで見ると、始めから品行方正なる君子人の如く書いてあるが、それは事実に相違している」と津田仙が言っている（「津田仙翁の語る若き日の新島先生」、『新島研究』第二二号、二八ページ）。

「函館紀行」の中に函館へ向かう途中、南部鍬ケ崎港へ立ち寄ったことを書いた個所がある。新島全集では鍬ケ崎の娼妓の多さについての言及の二行ほど後に「以下一丁裏から次丁表にかけて、各約三分の二欠損」（全五・一五）と編者による注記が見られる。「函館紀行」の原本を見た和田洋一はその欠損個所が意図的に切り取られたもので、そこには「港町の商売女の強引さに負け、思いきり金をふんだくられた」ことを告白する記事があったのではないかと推定している（『新島襄』、七六ページ）。

このように、津田仙の言葉通り「函館紀行」の旅の途中までは、特に「品行方正なる君子人」でもなかったと思われる新島が、「函館紀行」の後半になって、急に性に関してピューリタン的だったように思わせることを言いはじめるのはなぜだろう。その答は新島が梅毒の恐ろしさについて書いた部分に自分で付した注「此癰毒《ようどく》之甚《はなはだ》恐るべき事ハ、魯国僧官ニコライの談なり」（全五・一八）が示している。つまり、新島は西洋人の意見を自分の意見にするのが実にすばやい人間だったのである。

3 複数の動機の使い分け

動機の複合体

新島の脱国の動機はいくつかの動機の複合体と見ることができるだろう。一番表面に来るのは国のためという動機である。脱国当時の新島がそれなりに国を憂える人間という一面を持っていたことは、「函館紀行」の中に出てくる、函館にあるロシア政府設立の病院と日本政府設立の病院との比較論（全三・二一〜二二）からも分かる。新島が眼の治療を受けたロシア政府設立の病院の方が、ずっと設備もよく、患者の待遇もよく、乞食のような者にも病気によっては高価な薬を与えて、ただで治療してくれる。新島はこのロシア病院を、ロシア政府が函館の日本人民を手なずけ、日本よりもロシアに忠誠心を持たせるための手段だと見て、日本政府が早く対策を立てなければ大変なことになると心配している（全三・二二）。

新島は「函館脱出之記」の中で、函館で彼を親切にしてくれ、直接間接に彼の脱国を可能にしてくれた三人（菅沼精一郎、沢辺数馬、宇之吉）の名前を挙げて次のように書いている。「嗚呼此三人の深切丁寧実に言語を以て謝し難し」（全五・七〇）。この三人が新島になぜそれほど親切だったのか。これはやはり新島の国を憂える愛国者的姿勢に心を打たれたからではないか。新島が外国へ行きたい理由としてキリスト教や英語の聖書のことを挙げたのだったら、果たして彼らがそれほど新島を助けてやろうという気持ちを起こしただろうか。

沢辺数馬との出会い

このことは特に沢辺についてははっきりしている。新島は元治元（一八六四）年五月八日にはじめて沢辺に会った時のことを「函館紀行」の中に次のように書いている。

> 午後、菅沼の親友神明社の神主沢辺数馬なる者来りて予を尋ねり、予此人の非常なるを察し、礼譲を止め旧知の如く世間の事を談せり（全五・一二三）

新島が沢辺の「非常なるを察し」と言うのは、彼に人を見る目があったといえるだろう。新島と同じように、沢辺が尋常の人間でないと見抜き、彼と親しく交わった人間には、新島より数年早く武田斐三郎に航海術を学ぶために函館にやって来た前島密《ひそか》（一八三五〜一九一九）がいる。日本における近代的郵便制度の創設者として記憶されている人である。前島は自伝「鴻爪痕《こうそうこん》」に、金に困って飯炊きの下男になっていた沢辺に会って、「余は一見して尋常奴僕《ぬぼく》の類に非ざるを知り、親交を結べり」（『日本人の自伝』第一巻、三六一ページ）と書いている。

沢辺は日本人の中で最初にロシア正教へ改宗した人であるけれども、新島の脱国を助けた一八六四年には、沢辺はまだキリスト教に何の好意も持っていなかった。中村健之介氏によれば、ニコライとはじめて出会った翌一八六五年にも、「沢辺は、ニコライに論戦を挑み、その答によっては一刀両断にしてくれようと心に決め」（『宣教師ニコライと明治日本』六一ページ）て、ニコライを訪問したという。だから、彼が新島に援助を与えたのは、キリスト教に心を傾けている人間だったことを知らなかったからだと思われる。アメリカ船で函館を出てから一〇日後の元治元（一八六四）年六月二五日の日記に新島は、

今日セーロルより借りたる耶蘇経典を読む事少し許《ばかり》なり。実に帰郷之上再び父母に逢たる心地恰《あたか》も如此《かくのごとく》かと思ハれ、心の喜斜ならず

（全五・四〇）

と書いている。新島はニコライ、セイヴォリー、（アメリカ到着後の）ハーディーなど外国人には、自分のそういった親キリスト教的側面を現して援助を求めたけれども、脱国前には日本人にはその側面を隠していたようだ。

新島の脱国の動機として国の為という面を強調する見方は、新島も幕末の志士の一人であったとする見方と言ってもよいだろう（山路愛山著・山路平四郎校注『キリスト教評論・日本人民史』四六ページ参照）。

確かに新島には志士的メンタリティの持主（例えば、沢辺）に自分たちの仲間だと感じさせる一面

があったようだ。新島が後に志士上がりの明治政府の指導者（木戸孝允、伊藤博文、大隈重信、井上馨、陸奥宗光など）に、概して好感を与え、彼らからしばしば意外なほどの好遇を受けているのもそのせいかもしれない。しかし、彼には、また普通の志士のイメージから大きくはみ出してしまう側面もあった。まず、「脱国の理由」に、日本も大統領を選ばなければならない、という意味のことを書いた新島が、多くの志士のような尊王思想の持主だったとは思えないし、「脱国の理由」を見ても、志士の大多数と違って、早くから航海術を学んだ新島は攘夷ではなく開国の支持者だった。そして、新島の志士のイメージからの逸脱のもっともはっきりしている点が、彼が水戸学だとか平田神道だとかいった日本のユニークさと優越を強調する思想ではなく、キリスト教という外国の宗教に引かれていたことであった。

それから、新島の脱国には、国のためでも、キリスト教のためでもなく、伊藤彌彦氏が『のびやかにかたる新島襄と明治の書生』の第一章「抑圧と飛躍の青春――幕末の新島襄」で書かれたような、狭い窮屈な世界からの解放を求めての青年の旅立ちといった側面もあったことを否定出来ないだろう。「青春時代」の最後に出てくるハーディー夫妻のおかげで若い頃の夢をかなえることが出来たという意味のことを述べた部分で、その夢の内容が漠然としていたことを示唆する表現――「故国で若き日々に繰り返し全く漠然と夢見たいくつかの夢」（Hardy, p. 42）――が使われていることも、そのことを示唆している。結局、新島の脱国の動機は愛国的動機、キリスト教への関心と結びついた動機、最後に述べたような自我の充足感を得るため（それは功名心といったものとも多分無関係ではなかっただろう）といった三つくらいの動機が、新島自身にもよく見通せない工合に結びついていたといえそうだ。

第三章　海上の一年

1　上海到着まで

試練の時

元治元（一八六四）年六月一四日の夜半に秘かにアメリカ船に乗り込んで日本を離れた新島は、それから明治七（一八七四）年一一月二六日帰国までの一〇年以上の年月を海外で過ごした。新島の伝記はみな彼の死後に出たものなので、生前は同時代の日本人は、新島の一〇年余りの海外生活について、うわさ程度の不確かな知識しか持たなかったようだ。そのうわさが新島の名声を高めるように働いたことについては、植村正久が次のように書いている。

彼の伝奇的の洋行談やその後の苦学、また彼が岩倉、大久保、伊藤等の大使一行に重く用いられた評判等が、いかに彼の価値を昂進せしめたか。実に非常なものであった。

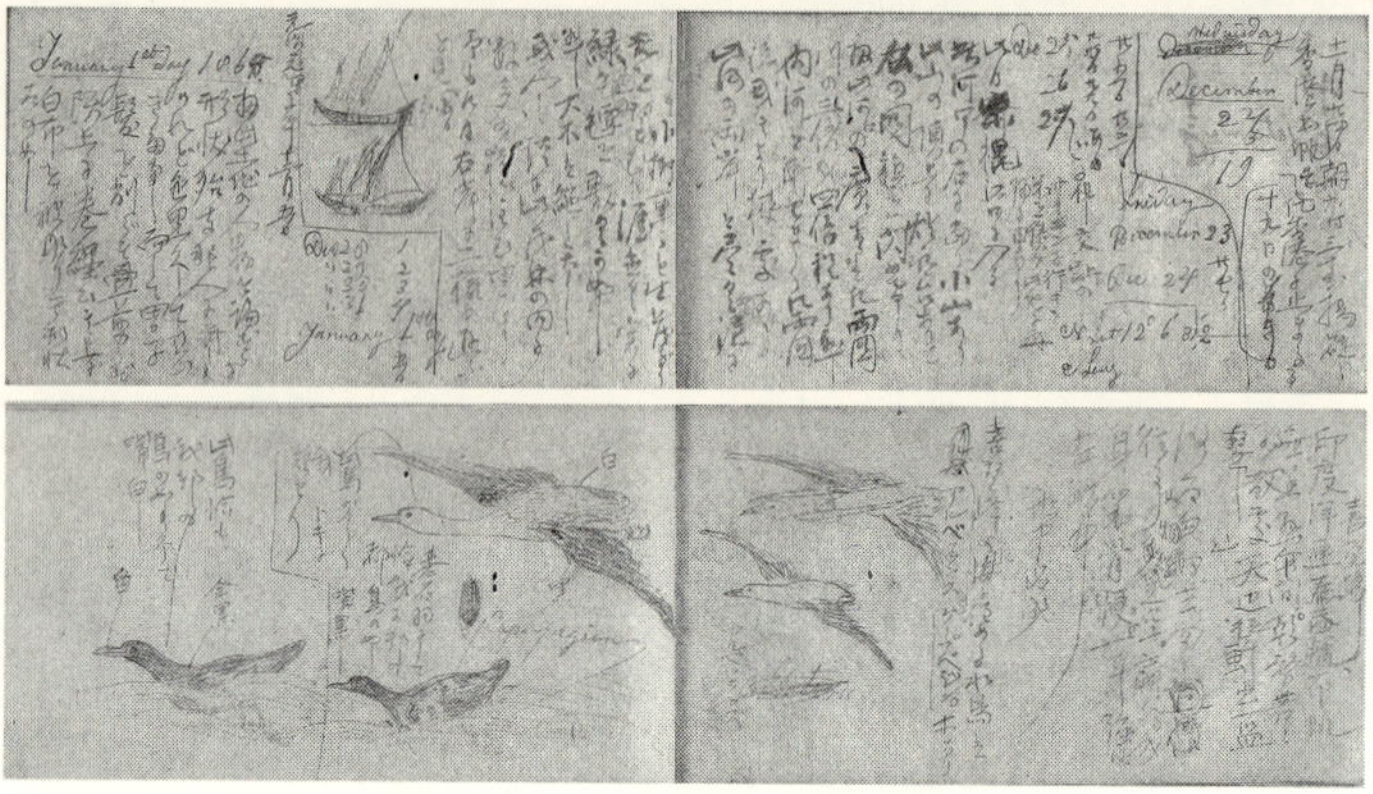

海上の一年で綴った『航海日記』

（佐波亘編『植村正久と其の時代』第三巻、復刻再版、六二六ページ）

右の引用文中に「その後の苦学」という言葉があったけれども、後に見るように、実は新島はアメリカで決して苦学などしていないのである。新島にとっての試練の時というべきは元治元（一八六四）年六月の日本脱出から一八六五年一〇月にハーディーの庇護をうけるようになるまでの一年半近くの期間である。

その最初に来るのがこの章で扱う、函館で秘かにアメリカ船ベルリン号に乗り込んでから、一八六五年七月アメリカのボストンに着くまでの、主に海上で過ごした一年あまりの期間であった。

所持金の乏しさ

ベルリン号に乗り込んだ元治元（一八六四）年六月一四日に新島の所持金は四両だけだった。三カ月ちょっと前に家を出た時は、藩主から函館での修業料としてもらった「一カ年に十五員」

（全五・九）を含めて、二五両の金を持っていた。微禄の武士としてはなかなかの大金である。それが、日本を出る時には、「物件等をうりようやく四両の金子にあり付けり、嗚呼我何ぞ金に縁なきや」（「函館脱出之記」、全五・七〇）ということになった。いまの引用の直前に来るのが、金の減った理由を説明する「海路に長く日を費やし、時に港の怪物に奪取られ、今は如此困窮し、」（同）という言葉である。「時に港の怪物に奪取られ、」というのは、函館に行く途中の寄港地のどこかで商売女にひっかかって金をまきあげられたといったことを指しているのであろう。

所持金が乏しいままに、日本脱出を敢行したベルリン号での新島は相当の金を船賃として渡して乗客扱いをしてもらうわけには行かなかった。彼はボーイないし雑役夫として働いて、ただで船に乗せてもらっていることの代償としなければならなかった（全五・七二参照）。

ベルリン号　ウィリアム
T・セイヴォリー船長

新島がベルリン号に乗っていたのは、元治元（一八六四）年六月一四日から七月九日までの二五日間であるけれども、外国人の男ばかりの環境の中で、慣れない仕事をするのは神経の繊細な新島にはこたえたようだ。彼は自分をこき使う中国人に特に敵愾心《てきがいしん》を抱いていつか見返してやると、乗船後一週間目の六月二一日の日記に次のように書いている。

吾今言語通ぜざる故空《むなし》ク支那人之指揮を受けり、然し他

年彼等をして豚犬之如くならしめん（「航海日記」全五・三八）

船中の西洋人が彼をいたわりをもって扱ってくれるわけでもなかった。同じ日に作った漢詩には、西洋人にこき使われていることをつらく感じる新島、それを苦労も国の為だと思って必死に耐えている新島が出ている。

自従辞箱楯　空被役洋人
憂国還憂国　憤然不思身（全五・三九）

船中での英語学習

船中の新島にとってほとんど唯一の有意義な活動は英語を学ぶことだった。しかし、船長は教えてくれなかったし、一人いた乗客は少しは教えてくれたけれどもその教え方は新島にとっては相当屈辱的なものだった。六月二二日付の日記に、「真似出来ざれば怒声を発し、或は鼻と頤《おとがい》に手を掛け口を開きて、doと云へと申せし事も有之候」（「航海日記」、全五・三九）と書かれている。

なお、この英語を教えてくれた乗客については「青春時代」の中に次のようなエピソードが書かれている。ある時その乗客に頼まれたことが理解できなかったため、その乗客に殴られた、激怒した新島は自室に刀を取りに行って、その乗客を斬り捨てようと思ったけれども、部屋で考え直して思いとどまったというのである。しかし、これは人に読ませることを予想せずに書かれた当時の記録「航海日記」には出てこないので後の潤色で、事実ではなさそうだ。

新島の潤色癖

新島に潤色癖があったことの一例を挙げよう。後にまとめて父親宛の手紙に添えた（全三・二八）「箱楯よりの略記」（一八六六年二月二一日付）（全五・七九）では、新島が秘かに函館港内のベルリン号に乗り移った元治元（一八六四）年六月一四日の夜のことは次のように書かれている。

此夜四ツ半過に一《ひ》とからげの荷物を負ひ、大小を懐中にかくし魯人の家を去り、彼の築島に参り、岸に繋げる小舟を掠《かすめ》取り亜国の商船へこぎよせしに、曾て試みざる仕事故[必]死の力を竭《つ》くし、よふやく其船に乗込む事を得たり。（全五・七二）

この記述では、新島は脱国の夜は協力者もなく一人で出かけたことになっている。そしてベルリン号まで乗っていった小舟は、所有者に断ることもなく「掠取」ったものである。そして、死力を竭くしてベルリン号までこぎよせたのも新島である。

ところが、脱国の直後に書かれた「函館脱出之記」ではその夜のことは次のように書かれている。

扨《さて》宇之吉と半時程も縷々《るる》之談判をなし、人定後に於而、窃《ひそか》に裏口より荷物を負い出て岸に繋げる

新島は，アマースト大在学中，級友の求めに応じて脱国時の姿を披露した。

小舟（箱楯にてはチッポト呼ぶ）に乗移り、宇之吉楫《かじ》をかき予は頰被りを為し臥居り、恰も商船に忍び通ふ婦人の有様なり（但し此小舟は、今日宇之吉或人よりかり受け、而して此港内を試みの為或人をのせ漕ぎし由）（全五・七〇）

これを見ると、脱国の夜新島は一人ではなく協力者の宇之吉と二人で小舟に乗ったのである。その船は掠取ったものではなくある人より借り受けたものである。そして、小舟をベルリン号までこいでいったのは新島ではなく宇之吉である。宇之吉はその日練習のためある人を乗せて港内をこぎまわるといった周到な準備をしたのだから、「箱楯よりの略記」の記述にあるほどの苦労もなくベルリン号までこぎよせることが出来たと思われる。要するに、後で書かれた「箱楯よりの略記」の記述の方がずっと新島自身の姿を劇的に見せる記述になっている。

髪を切る

函館から脱国後の新島はほどなく和服から船で支給された洋服に着替えたものと思われる。新島の外見は急速に変わっていった。ベルリン号に乗り込んでから一〇日あまりの元治元（一八六四）年六月二五日付の日記に「昨夜髪を斬る事五寸強」（全五・四〇）と書かれている。

そして、それから五日後の六月三〇日には新島は思いきって髪を短く切ってしまった。その日の日記には、「今日、予髪を斬れり」と言ったあと、感慨の言葉をはさんで、少し後に、また、

但揚子江口ニ於予髪を斬れり
干時元治元甲子年六月晦日也　（全五・四〇）

と書かれている。日付を書いているのは、それが記念すべき日と新島に感じられたためであろう。前に触れた（五一ページ）船の高級船員（メート）に、西洋人みたいだと言われて大喜びしたのは、この日のことである。それが髪を切った一つの効果であった。明治時代の日本は、国として脱亜入欧を目指した。新島は個人のレベルで国よりも早く幕末から脱亜入欧の道を辿り出した一人であった。その道の一里塚ともいうべきものが、この髪を切った日であった。

2　ワイルド・ロウヴァー号上の新島

上海で移乗

新島の乗ってきたベルリン号は七月一日に上海に到着した。新島は七月七日にベルリン号はまた日本に戻ることになったことをある水夫から聞いた（「函館脱出之記」、全五・七三）。

この時が新島にとってまた一つの危機であったと言える。その日にイギリス人の水夫がやってきて、よい船長がいるから、彼の船に移るがよい、自分が紹介してやる、という意味のことを言った。夜に迎えに来てくれると言うので、待っていたけれども、その水夫はついに迎えに来なかった。新島はその日の日記を「然し英人不来、於此初知人難信」（全五・四二）（然し、英人来《きた》らず。此に於て初めて人の信じ難きを知る）という言葉で結んでいる。だが結果から見ると、そのイギリス水夫が約束を破って迎えに来なかったことが実は新島にとっては大きな幸いだったと言えそうだ。

新島の「航海日記」に、元治元（一八六四）年七月九日「午後五時、他ノ船に移レリ」（全五・四二）とある。この新島が乗り移った船がワイルド・ロウヴァー号、船長はテイラー（Horace S. Taylor）といった。その日のことは、編者によって函館から脱国した時の第一の協力者福士宇之吉宛と推定されている現存の新島の最古の英文の手紙（同日付）（全六・三）に説明されている。この手紙の英語は不完全なものだけれども、読む者に文意はちゃんと伝えている。それによると、船長が別の船長を連れて船にやって来て、「この船長が君を雇いたいといっている、彼の方が私より先にアメリカに行くと思うし、君が長崎に行くのは危険だから、君は彼とアメリカに行くのがいいだろう、彼は君に自分の召使いとして働いてもらいたいと言っている、彼は君を教えてもくれるだろう」と言ったのに対して、新島が「函館からあなたと来たのですから、アメリカにもあなたと一緒に行きたいと思いますが、もし長崎にあなたと一緒に行くことが、私にとってとても危険だと言うのなら、彼に雇われるより仕方がありませんね」（全六・三）といったそつのない言葉で、テイラー船長の船に移ること

新島とテイラー夫妻

を承諾したことが分かる。

テイラー船長との出会い

テイラー船長との出会いは新島の一生の大きな幸運の一つだった。一八六九年一二月一一日に東ボストン港で不慮の事故死をとげるまで、テイラー船長が新島に示した何の見返りも求めない無償の親切は、彼がすばらしい人だったことを示している（井上勝也『新島襄　人と思想』三一〜三二ページに訳出されているボストンの新聞の死亡記事からもテイラー船長が人々に尊敬される人格者であったことが分かる）。新島もテイラー船長の人柄をすぐに感じ取ったようで、やはり福士宇之吉宛と推定されている、ワイルド・ロウヴァー号に移った翌日（元治元［一八六四］年七月一〇日付）の英文の手紙（全六・三）に次のように書かれている。今度は、綴りその他の誤りを訂正せずに、英文のまま引用してみよう。

I think new captain is much better than old captain. I tell to new captain it 'As you see me, I am very block, but I wish go to Amerika, and I wish to read much books. Please! Let me reach my *aim* he answered yes, and he had laughed with good face.

引用文中の "block" という言葉はそのままでは文脈上了解不可能なので、それを新島は "blockheaded" という意味に使っていると想定すると、引用個所の文意は次のようなことになろう。

新しい船長は前の船長よりずっといいと思います。私は新しい船長に言いました。「ごらんの通り、とても愚かな者ですが、私はアメリカに行きたいのです。そして、たくさんの本を読みたいのです。お願いです。私の目的を遂げさせてください。」彼は「よろしい」と答え、人のよい顔をして笑いました。

新島はテイラー船長において脱国後はじめて人間的なあたたかさを感じさせる人間に出会った。

新島の言語的欧化志向

右に引用したのは、元治元年七月一〇日付の英文の手紙の前半だけれども、後半になると、新島の英文の不完全さは大分ひどいものになる。ここで起こる疑問は、この手紙が福士宇之吉宛なら、なぜ新島は日本語で書かないで、わざわざたどたどしい英語で書いたのかという疑問である。これは新島の頭の中に、文明度といったものを基準にした世界の国の序列がすでにある程度出来ていて、欧米（その中でも英語を国語とするアメリカとイギリス）が日本より上に置かれていたためではなかったか。髪を切ったことと同じように、これも新島の欧化志向のあらわれであろう。『新島襄全集』第六巻、英文書簡編は、アメリカに帰化した浜田彦蔵を除いても、一二人の日本人宛の英文書簡を含んでいる。

元治元（一八六四）年七月九日（西暦一八六四年八月九日）にワイルド・ロウヴァー号に移乗した新島は、ほぼ一年後ボストンに着くまで、この船の一員として過ごした。七月一一日には新島の脱国後の変身の過程でのもう一つ重要な要素が付け加わった日だった。その日の日記に新島とテイラー船長との会話の内容を英語で記した中に次の言葉がある。

I shall call your name Joe.　（全五・四三）

（私は君の名前をジョウと呼ぶことにしよう。）

新島七五三太《しめた》として生まれた新島、二日前に書かれた英文の手紙でも"753ta"（全六・三）と署名していた新島が、今日では新島襄として知られているのは、ここにその淵源があったわけである。髪を切り、洋服を着、名前までジョーとなって、一見日本にいる時とは別人のようになった新島だけれども、もちろん彼の人間としての実質が急に変わってしまったわけではない。日本を離れて心細い境遇に置かれた新島は、日本にいる間はその権威から解放される

航海中の郷愁

ことを望むことが多かった主君や父親を、自分を保護してくれた人々として感謝の念をもって思い出すようになったようだ。甲板で留守番をさせられたらしい（全八・二七）ワイルド・ロウヴァー号に移る前日、七月八日の日記に次の言葉がある。

船主吾をして甲板の間にをらしむ。船底の臭気鼻を襲ひ、今にも病を得ると思われ、実に辛苦の至り、君父の恩不浅を感ぜり　（全五・四二）

主君はともかく、両親はこれからもボストンに着くまでの期間くりかえし懐かしさをもって思い起こされている。そして、新島はその思いを散文だけでなく、

父母は今如何ありけん不如帰《ほととぎす》　（元治元（一八六四）年八月二一日の日記、全五・四七）

といった俳句、ケープタウン近くの富士山を思わせる山を見たとき作った

我は今雪なき富士を詠《なが》めれど
父母は雪ある富士を見つらん　（全五・六二）

のような和歌、元治元（一八六四）年九月一三日の日記中に出てくる「寄父母〔父母に寄す〕」（全五・四九）といった漢詩に表現している。それらに表現されている感懐は個性的というより月並みなものだけれども、それだけに一層当時の新島がその感情生活において、過去の日本人を含めて、一般の日本人とつながるものをかなり持っていたことを示している。

横浜鎖港使節団から身を隠す

ワイルド・ロウヴァー号に乗り移ってからの新島は当時の日本の置かれた厳しい情勢を反映するような出来事と直接間接にいくつかの接点を持った。

まず、ワイルド・ロウヴァー号に乗り移ってから二日後の上海滞在中の元治元（一八六四）年七月一一日付の日記中に、英語で書き留められているテイラー船長との会話の中に次の言葉がある。

「君は気を付けないといけないよ。日本使節団が上海にいるからね。」
「私は使節団員中、三人を知っています。そのうちの一人は私の親友です。だから、私はこの船の中に隠れていなければなりません。」

この使節団は「新島襄年譜」（全八・二七）で指摘されているように、横浜鎖港使節団だと思われる。開国に伴う国内の混乱を緩和するため、横浜鎖港談判のためにヨーロッパに派遣された外国奉行池田長発以下の使節団である。注目されるのは、今のようにマスコミがなく、一般の人々は知らなかったと思われるこの横浜鎖港使節団のことを、新島がよく知っていたことである。「鎖港使節の随員の中には田辺太一、尺振八らがいた」と「新島襄年譜」（全八・二七）に注記されている。尺振八《せきしんぱち》（鈴木振八）の名前は父親宛の一八六七年二月二九日付の手紙の中に「親友」（全三・三八）として名前が出てくる。新島が下谷の漢学者田辺信次郎（田辺太一の父）の塾に通う尺振八ほかの外国通の人々二、三と文久二、三（一八六二、三）年の頃親しく交わっていたことは、『新島襄全集』第三巻の注（全三・七四五〜七四六）の中に、青山なを『明治女学校の研究』四四五ページに引かれている木村熊二の手記に基づいて説明されている。

厳しい国際環境への反応

新島の日記で次に日本の置かれた厳しい国際環境への言及があるのはそれから一〇日もたたない七月二〇日付の日記である。その日のテイラー船長との会話の内容が次のように書かれている。

今日、船主吾に話す事に如此《かくのごとし》
一値日[箇月]之後に於而、英国兵を遣し日本を打つならん
予問、英国如何名有りて日本を打つ哉。船主答、日本人英船に向ひ砲撃し、且ツ或ル英人ヲ斬殺せしニ依而《よって》也。其のみならず、日本国を鎖し外国人を近けざる箇条も有りしニ依而、日本と兵端を開け［る］也

（「航海日記」、全五・四四）

これはこの時から半月あまり後の八月五日に始まった英・仏・米・蘭の四国艦隊による下関砲撃のこ

とについての、やや不正確な伝聞をテイラー船長が話したものであろう。

一カ月後に英国が日本に戦争をしかけてくるだろうという意味のことを聞いた新島は、右の引用部分に続けて、長い感想を漢文で書き記している。それ（全五・四四）を見ると、イギリスが日本に攻めてくるということを日本人としてひどいと憤慨するよりも、新島はこんなことになったのも日本の上にたつ役人達が悪いからだと思ったようだ。

新島は戦備が十分でなく、とてもイギリスと戦える状態にない日本が、このような日本にとって名誉といえない理由でいくさをする破目になっていることを嘆く。しかし、反面では、こういったことになったのも日本では有能な人間を挙用せず、無能な人間を大事な地位につけてきたりしたためだから、こういった弊風が打破されるきっかけになるならば、いくさもむしろ喜ぶべきだと新島は考える。徳川三〇〇年の太平の生み出した一時しのぎの悪風を正し、人々が力を尽くしてイギリス軍と戦うならば、たとえ個々の戦闘でイギリス軍が日本軍を破っても日本人は降伏しないだろう。そして、イギリス人は日本人を殺しつくすことも、日本を征服することも出来ず、日本はいくさを経てやがて一つの強国になるだろう、というのが新島の日本の将来に対する見通しであった。

この感想には、新島の精神主義的な側面が出ている。一度はイギリスと戦った長州や薩摩の指導者は身をもってイギリス軍事力の強大さを知ると、負けることを覚悟で戦い続けるのでなく、すみやかに和平を結び、今までの攘夷の方針を一転してイギリスと友好的な関係を作り上げた。新島は政治や社会の問題に関心は持っていても、本当に政治の世界で活躍するために必要な正確な現実把握を欠いていたようだし、また直接に現実の政治世界に関わりたいという願いも持たなかった。この点で自藩による下関での外国船砲撃のことを聞いて「攘夷論を覆す」ため（石附実『近代日本の海外留学史』三四ページ）わずか半年で留学生活を切り上げて元治元（一八六四）年に帰国した伊藤博文や井上馨のような後年の明治政府の指導者とは違うタイプの人間だった。

第二部

アメリカ時代

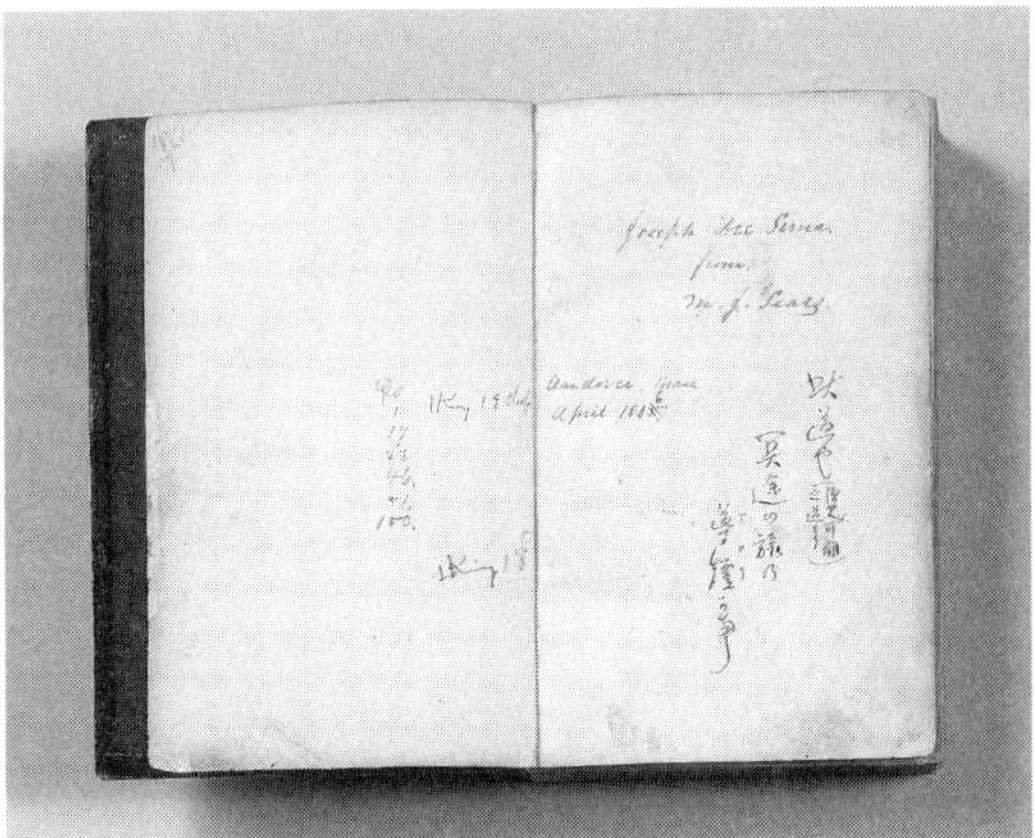

新島が使用した聖書の見返し

第四章　ボストン到着後の危機的時期

1　船番生活をした期間

新島の乗ったワイルド・ロウヴァー号は一八六五年七月二〇日に無事にボストンに入港した。しかし、新島にとって一番苦しかったのが、その時からワイルド・ロウヴァー号船主ハーディーが新島の世話をすることに決めるまでの二、三カ月のいわば宙ぶらりんの期間ではなかったか。

苦しい不安な時期

新島の一八六五年七月二六日の日記（「航海日記」全五・六七）に書かれているように、親切なテイラー船長はボストン到着後新島のために必要な衣類を買いあたえてくれた。しかし、まもなく船長は家族と休養するため（「改訂増補新島先生詳年譜」『新島先生書簡集』続、四〇ページ）しばらく船から姿を消したようだ。その間新島は船番として船内の掃除をしたのであるが、彼がどんなにそれをつらく思

ボストン港（現在）

ったかは、「箱楯よりの略記」の中の次の言葉から分かろう。

日々の働にて、夜分寐間に入ればさっそく眠り、朝目覚むれバ総身いたみ、自由に我が身を動す事能ワず。辛苦之あまり

かく迄と兼ねて覚悟はせしなれど

かくかく〳〵とかくとハ思ハじ（全五・七八）

洋上で一年過ごした時期、はじめのうちは新島はひどく肉体労働をいとう人間だった（元治元（一八六四）年七月一〇日と七月一七日の日記、全五・四二および全五・四三参照）。洋上での一年が新島を鍛えた一面はあっただろう。一八六五年五月三〇日付の日記に書かれている「船中偶成」（全五・六四）という漢詩の中には、自分が船での生活を通じて筋骨たくましい人間となったと自負するような言葉がある。小川与四郎著『新島襄の漢詩』四五ページでは、

贏《か》ち得たり我が身筋骨骾《こう》なるを、

一年強半、船中に在ればなり。

と読み下されているところである。しかし、脱国後の船上での「一年間ノ労働ト堪忍」（全五・三四七）が新島を鍛えた程度がそれほどでなかったことは船番としての仕事の辛さに触れた新島の言葉からも分かろう。

新島は肉体的にだけでなく、精神的にもたいしてたくましくなっていたわけではない。新島は、南北戦争が終わり、リンカン大統領が暗殺された一八六五年四月から三カ月あまりたった頃にボストンに着いたけれども、新島は船番をしている頃の自分について「脱国の理由」の中に次のように書いている。

私がここ〔ボストン〕に着くと、船長は長い間私を船の番をしている荒っぽい神を信じない男達と船の上で過ごさせました。そして、波止場の人間はみな私を脅かしました。陸の上の人間はだれもお前を助けてはくれないだろう、戦争が始って以来物価はみんな上って不景気だからな。ああ、お前はまた海に出ていかなければなるまいよ、と。私もまた食物や着る物を得るためにかなりの労働に従事しなければならないだろう、だから学費を払えるだけの金をかせがないうちは学校に入ることも出来ないだろうと思いました。こういった考えが私の頭を圧迫すると、私はもうよく働くことも、快活に本を読むことも出来ませんでした。そして、狂人のように長い間あたりを見まわすばか

りでした。　(Hardy, p. 10)

依頼心——中浜万次郎との比較

まだボストンへの航海中テイラー船長から船主のハーディーがもしかしたら、彼を学校に入れてくれるかもしれないことを聞いて、新島が書いてテイラー船長に渡した一種のメモがハーディーの『生涯と手紙』に載っている。新島はそれを聞いて一時はほっとしたのかも知れないが、すぐまた心配しはじめるのである。その心配の内容は、学校に入れてくれるといっても高等教育までは受けさせてくれないかもしれない（"perhaps he will not send me to school so long as I may reach my great aim"）(Hardy, p. 10)、また教育を受けさせるということはお金のかかることだから、自分はその代償として相当な労働をしなければならず、十分勉強する時間がなくなるかもしれないといったことである。新島はこのことで取り乱すほど心配し、結局テイラー船長に自分の頼りになるのはあなただけだから、どうにか自分が「志」(my aim) を遂げることが出来るような方法を見つけてほしいと頼んでいる。このメモも自分で努力奮闘して目的を達成しようとするより、他人に頼って他力で目的を達成しようとする新島の傾向を反映している。

無人島に仲間と漂着しているところをアメリカ船に助けられ、やがてアメリカに渡って教育を受けるところなど、その体験においてやや新島と似ている中浜万次郎の場合と比べてみよう。

「かくして船長の手厚き庇護を受け、日々何の不自由もなく勉強を続け居《お》るは、この上なき幸福なれど、いつまでも他人の世話になりて生活するは男子の本懐にあらず、何か適当な職業を習ひ得て、独立の生活を求むるに如かず」（中浜東一郎『中浜万次郎伝』八五ページ）と考えてまず桶屋の徒弟となった万次郎の生き方には自分の運命を自力で切り開いて行こうとする、すがすがしさがある。働きながら勉強するという可能性にも恐怖して、ひたすら他人の援助にすがって勉強一途の道を求めた新島の態度は、労働蔑視の武士的儒教的教育にたたられた無力さを暴露しているようだ。そして、同じメモにある「もし、私が立派な知識を身に付けないなら、私ははずかしくて、日本に帰って主君、家族、友人達に顔を合わせることが出来ません。」（Hardy, p. 11）という言葉から見ると、新島が働きながらの勉強では不十分だと思ったのは、そんなことでは故郷に錦を飾ることが出来ないという恐れからであったように見える。

「子供子供しくなった」新島

自身長期のアメリカ留学体験者である片山潜に次のような新島についてのコメントがある。

由来われわれが異境に彷徨うと言語が通じない、人情風俗に暗らいということから誰でも子供子供しくなる。幼稚になる。ことに強く現れるのは依頼心の増長することである。これは故新島襄氏の伝（アルフッエス・ハーデー氏著）を読んでもよく分る。

（片山潜「自伝」『日本人の自伝』第八巻、一〇四ページ）

右の引用中に「子供子供しくなる」とあったが、確かに、アメリカに着いてからはじめの二、三年間の新島の英文の手紙は、同じ時期の彼自身の日本語の手紙より少なくとも数年若い筆者によって書かれているような感じを与える。

二〇代半ばの新島には自分をすでに成人に達した一人前の人間として扱ってくれと要求する態度は見られない。彼はむしろ無力な十六、七の少年のようにふるまうことによって彼らの同情心に訴えようとしたようだ。例えば、一八六六年七月二四日付のハーディー夫人宛の手紙に新島は次のように書いている。

O, be cheerful to help me（a poor boy, like a wingless bird）　どうか喜んで私を助けて下さい（翼のない鳥のような、かわいそうな少年の私を）　（Hardy, p. 56）

そうかと思うと、新島の手紙には、ハーディー夫人に自分を援助することが彼女にとってもいかによいことであるかを「論証」しようとするような奇妙な言葉がところどころに見られる。例えば、一八六六年一〇月二七日付のハーディー夫人宛の手紙に出てくる次の言葉である。

あなたは私をこんなにも助けてくれますけれども、あなたは私から何の報酬も望んでないと思います。というのは、あなたは私が貧しいことを知っているからです。したがって私は確かにあなたの天における報いはより大きなものになるだろうということが出来ましょう。主イエスが「与えるこ

とは受けることよりももっと幸いである」と言われた言葉を思い出して下さい。（Hardy, p. 58）

自分が完全にある人の好意に依存していながら、その人に聖書を使って説教している奇妙な言葉である。こんな言葉に現われている新島の精神は決して美しいものでも高いものでもない。

他力に頼っての事業

明治維新を目前にした頃に書かれた新島の父親宛の一八六七年一二月二五日付の手紙に次のような言葉が見える。

私の世話いたし呉候人は私の大切なる友達に御座候間、何卒其者の機嫌を失［な］はわぬ様いたしたくぞんじ候（全三・四八）

この言葉には新島のハーディー夫妻との関係のように一方が他方に依存するような関係の秘める危険性を示しているようだ。一つは計算ずくで他人を手段として利用するようになる危険であり、もう一つは「機嫌を失なわぬ様」卑屈にふるまうようになる危険である。後年においても、自力というより他力に頼って事業を進める傾向のあった新島は、最後までこの二種類の危険から全く自由になることはなかったように見える。松村介石《まつむらかいせき》の「凡ての人を自己の目的の犠牲としやうと考へた」（『中央公論』一九〇七年一一月号、八三ページ）という新島評は、恐らく自身新島に利用されたと感じた人の言葉であろう。また、同志社大学設立運動のために当時の日本の最高権力者の一人に「血涙ヲ灑《そ》ソギ再ビ閣下之御賛助ヲ哀求」（井上馨宛、一八八九年四月二二日付の手紙、全四・一〇三）している新島に一種の卑屈さを感じる人もあろう。同じく在野に終始した教育者といっても、新島は福沢諭吉のように時の権力者から距離を保っていたわけではないのである。

2　ハーディー夫妻の庇護のもとに入る

「脱国の理由」執筆時期

新島の恩人となったハーディー（Alpheus Hardy）夫妻の息子の書いた『生涯と手紙』では、彼等が新島を世話することに決めるにあたっては新島の書いた「脱国の理由」が決定的な役割を果たしたことになっている（Hardy, p. 4）。当時の新島の英語の会話力が貧弱なため、新島にいろいろ聞いてみてもなぜ彼が日本を脱出してきたのかよく分からなかった、それでハーディーは新島を水夫の泊まる宿屋に遣って「脱国の理由」を書かせた。そして、それをハーディーが受け取ったのが一八六五年一〇月一一日だったというのが『生涯と手紙』（Hardy, pp. 2-3）の記すところである。

新島自身が一八六六年になって書いた「箱楯よりの略記」では、「脱国の理由」執筆への言及はなく、ハーディーとの出会いについては次のように書かれている。

ハルデー君は、此船ワイルド・ロウアル之持主にして、或日船見聞に参り我の志如何を尋し故、我

仔細に吾の志願を談ぜしかば、彼深く吾の志を愛し、早々上陸せしめ、（全五・七八〜七九）

会話力の不足のためハーディーに自分の脱国の理由を分からせることが出来なかったといったことは出ていない。もっとも、「箱楯よりの略記」にも、何のためという説明はないもの、右の引用個所にすぐ続けて、「波士頓《ボストン》の船宿に三値日之間逗留せしめ」（全五・七九）とあり、かつ一八六五年一〇月一一日付の日記からその日ボストンに上陸し、「ポルチュス街の船子家」に行った（「航海日記」、全五・六八）ことが分かるので、全集第八巻の「新島襄年譜」をはじめとして、「脱国の理由」は一八六五年一〇月一一日から一四日までの三日間に書かれたという見方が一般的のようだ（例えば、河野仁昭『新島襄の青春』一四二ページ参照）。

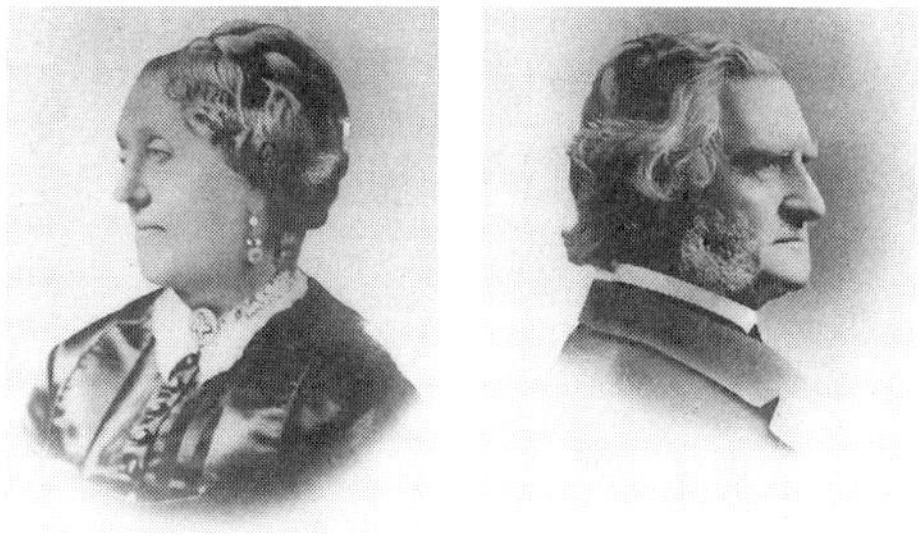
ハーディー夫妻

通説への疑問

「脱国の理由」が「船子家」滞在中の三日間に書かれたという通説を受け入れるのを躊躇させるのは、まず「脱国の理由」が印刷して正味七ページ以上、語数にして約二四〇〇語のかなり長い文章の上、英語の間違いはあるにしろ全体として見ればよく書けた文章だからである。二四〇〇語の内容のある文章を三日間で書くというのは、英語を母語とするアメリカやイギリスの大学生にとっても必ずしもそんなに易しいことではない。ましてや英語を学びはじめてほんの二、三年で英語学習の環境に恵まれてきたわけでもない新島に出来たとは思えない。

『生涯と手紙』を見ると、

ボストン到着後まもなくテイラー船長は、船主［ハーディー］に、船に教育を受けることを熱望している日本人の少年がいることを伝えました。それでハーディー氏の依頼で新島は彼のもとによばれました。（Hardy. p. 2）

と書かれている。ワイルド・ロウヴァー号のボストン入港は七月二〇日である。右の引用中に「到着後まもなく」とあるのだから、ハーディーは遅くとも七月末までには新島のことを耳にしたと考えるのが自然である。「新島襄年譜」には、一八六五年一〇月一一日のところに、

テイラー船長から話を聞いたのであろう、この日、ワイルド・ロウヴァー号の船主アルフイーアス・ハーディ Alpheus Hardy が船へやってきて、新島に、アメリカへ来た理由、将来の希望等について聞く。しかし英語が不十分のため、さっぱり意を通じなかった。（全八・三三六）

と書かれているけれども、考えてみれば、新島のことを七月末くらいまでに聞いたはずのハーディー

が、二カ月以上もそのことをほっておいて、一〇月一一日になってはじめて新島に会いにきたというのは不思議ではないだろうか。

執筆事情についての別の見方

結局、「脱国の理由」をめぐる事実関係は次のようなものではなかったか。新島のハーディー追悼演説「［ハーディ氏ノ生涯ト人物］」には自分のボストン到着後のことを述べた中に次の言葉がある。

然ルニ神ノ摂理ノ冥助ニヤアリケン、予ノ支那ヨリ乗リ込ミタル船ハ即チ此ノハーデー君の手船ニアリマシテ、此ノ船ガ港ニ着セシ数日ノ後君ハ一寸船迄見ヘマシタ、又数週ヲ経シ後其ノ船長ノ骨《ほね》折《おり》ニヨリ予ハハーデー君ニ面会スルヲ得、又君ノ助ケニヨッテアンドワノ学校ニ送ラレ学ニ就クノ幸ヲ得マシタ、（全二・四一七）

ここに新島がハーディーに二度会ったことが出てくるのは重要である。『生涯と手紙』の記述通り、テイラー船長はボストン到着後まもなく新島のことをハーディーに知らせたのであろう。だから、ハーディーは「此ノ船ガ港ニ着セシ数日ノ後」に新島に会いに船までやってきたのであろう。ところがこの時は、新島の英語の会話力の貧弱さのため新島の脱国の理由がハーディーにはよく分からなかった。それでハーディーはこの時点で、つまり七月下旬ごろに、新島に脱国の理由を文章に書いて提出するように言ったのではないか。そして、それから「又数週ヲ経シ後」、つまり一〇月になって「脱国の理由」も書き上がったころ、テイラー船長は新島にハーディーに会う機会を作ってやった。二人の二度目の面会の日は、一〇月一一日であったのであろう。この時に新島はハーディーに二カ月以上かけて書き上げた「脱国の理由」を手渡したのではないか。これが『生涯と手紙』にハーディーが「脱国の理由」を一〇月一一日に受け取ったと書かれている理由である。そして、この二度目の会見の時ハーディーはその場で「脱国の理由」を読み、かつ質問もしたのであろう。今度は「脱国の理由」を読んだ上のことだから、新島がつたない英語で話すこともよく分かり、ハーディーも満足し、その場で新島を世話のしがいのある若者だと判断したのだろう。それで、「箱楯よりの略記」にあるように、「彼深く吾の志を愛し、早々上陸せしめ」と言うことになったのだろう。ハーディーが新島を「船子宿」に三日逗留させたのは、その日の新島との会見の模様を細君に報告し、新島を世話することについての同意を得るためとか、学校に入れるまでしばらくハーディー家に引き取ることになる新島の受け入れ準備等のために多少の時間的余裕が必要だったためではないだろうか。

もし本当に新島が一〇月一一日に上陸してから「船子宿」で三日間に「脱国の理由」を書いたとしたら、後にアンドーヴァーのフィリップ・アカデミー在学時代に彼を個人的に指導した下宿先の同居人フリント（Ephraim Flint, Jr.）がフィリップ・アカデミー時代の新島についてさえ「彼のとても貧弱な英語の知識」（Hardy, p. 69）という言葉を使っているくらいだから、彼の乏しい英語力で二四〇〇語ほどの「脱国の理由」を書くことで新島の全精力はとられて外のことに心を向ける余裕はなかったはずである。ところが実際はというと、新島は「船子宿」での二日目の一〇月一二日には「英語の祈禱文を筆記」（「新島襄年譜」、全八・三六）したりしている。これも「脱国の理由」執筆時期についての通説が事実にあわないことを示しているように思われる。

ハーディー夫妻の期待

新島がハーディー夫妻の庇護のもとに入ったということは、新島にとって留学中の学資が確保されたという以上の意味のあることであった。新島に援助を与えることを決めた時、ハーディー夫妻にはそれなりの新島の将来についての期待があった。彼らの期待とは、新島が将来日本人にキリスト教を伝える伝道者ないし宣教師として働いてくれることであったと思われる。そのことは、新島のハーディー夫妻宛の一八七二年九月三日付の手紙に出てくる次の言葉からもうかがわれよう。

わたしは全力を挙げてわたしの全将来がお二人の主要な目的、つまり、私がいかなる境遇にあろうとも十字架にかけられた救い主を述べ伝えること、にかなうようにいたします。（全六・一二〇）

ハーディーは、彼自身がある講演で語ったように、もともと牧師志望の青年であったが、健康を害して勉強を続けられなくなり、牧師になることをあきらめ、「神のために金をもうける」ことを新たな天職にした人である（J. D. Davis, *A Sketch of the Life of Rev. Joseph Hardy Neesima*, 2nd ed., p. 33）。ハーディーがキリスト教の伝道に非常に熱心な人であり、かつ信者中の有力者であったことは、彼が会衆派系のキリスト教の海外宣教団体アメリカン・ボード（American Board of Commissioners for

Foreign Missions）の商議委員会の議長を二〇年以上も勤めたことにもあらわれている。（ハーディーについてのくわしい事実関係に興味のある方は、井上勝也『新島襄　人と思想』の第三章「新島襄の恩人ハーディー人と生涯」を参照されることをお勧めする。）

ハーディー夫妻と新島の関係では夫のアルフィーアス・ハーディーにおとらず妻のスーザン・H・ハーディー（Susan H. Hardy）も重要である。『新島襄全集』第六巻、英文書簡編、を通読すると、ハーディー夫人宛の手紙が五一通と外の誰宛の手紙よりも数が多いだけでなく、ハーディー夫妻宛の手紙となっているものの中にも、実質的にはハーディー夫人だけを念頭に置いて書かれたと思われる手紙がいくつかあることに気付く。新島のアメリカ留学時代、新島が最も深い人間関係を結んだ相手は彼より二六歳年上で年齢的にちょうど母親と息子という関係のハーディー夫人であったようだ。

私は恵み深い神の摂理が私を霊的な母なるあなたのもとに導いてくださったことに対する感謝の念にあふれました。そして、私はそのために感動で全く口も利けない状態だったのです。私があなたのもとに送られ、あなたの世話を受け、あなたによって特別な目的のために教育を受けさせてもらったのは、天の父の必ずその通りにならずにはおかない神慮によるのかも知れません。私は自分の矮小さ、至らなさを思うと身が縮むような思いがしますけれども。（全六・一一一）

と新島は一八七二年四月三〇日付の、名目的にはハーディー夫妻宛の手紙に書いている。

第五章　アメリカでの学生生活

1　ハーディー夫妻の「被保護者」

ハーディー夫妻の世話を受けることになった新島は、人間的にも、宗教的にも、経済的にも、後年の新島との関係で、ほとんど望みうるかぎりの最高の条件を備えた人の世話になったといってよい。しかし、このことは反面では新島が何もかもハーディー夫妻にまかせて、自主性を放棄する傾向を生み出すことにもなった。例えば、アメリカ時代、岩倉使節団の田中不二麿文部理事官についてヨーロッパに行くかどうかが問題になっていたとき書かれたハーディー夫妻宛の一八七二年三月一五日付の手紙の中に次の言葉がある。

自主性放棄の傾向

前にも言いましたように、私はあなた方の被保護者です。私はあなた方の賛成と同意がなければ何事もしたくないのです。あなた方の知恵と判断力でお考えになって私が何をすべきか言って下さい。

(Hardy, p. 126)

文脈上「被保護者」と訳したのは原文の minor という言葉で、「未成年者」という意味である。当時すでに満二九歳の新島が自分を未成年者扱いしているのは奇妙なことでないだろうか。

このような新島であるから、彼がアメリカ留学中ハーディー夫妻が用意してくれた勉学計画に順って過ごしたのは不思議ではない。

フィリップス・アカデミーで学ぶ

ハーディー夫妻は一八六五年一〇月末に（全三・三〇五〜三〇六、全五・三三四）新島をまずマサチューセッツ州アンドーヴァーのフィリップス・アカデミー（Phillips Academy）に入れた。ここは大学に行く前に学ぶ高等学校程度の学校であった。ハーディー（夫）自身が昔牧師志望の少年として学んだ学校であり、新島の入学時に彼が理事をしていた学校であるからこの学校が選ばれたのは自然であった。

『生涯と手紙』によると、ハーディーは、新島をフィリップス・アカデミーの寄宿舎に入れると外国人としていろいろ問題もあるかも知れないと思って、新島を信頼の出来る家に下宿させることにした。そして校長と相談の上、下宿先として選んだのが、年齢的にやはり新島の母親の世代に属する独身女性メアリ・E・ヒドゥン（Mary E. Hidden, 1818–1893）が弟と住んでいた家であった。彼女についても、管見によれば、井上勝也『新島襄　人と思想』の「ミス　ヒドゥンおよびヒドゥン家」と題する一節（同書、三七～四六ページ）が一番多くの情報を含んでいる。

ヒドゥン家に下宿したことは、新島にとって幸運だった。教会の日曜学校で教えるような熱心な信徒だったメアリ・E・ヒドゥンは、「脱国の理由」を読んで新島を下宿させることに決めた（Hardy, p. 48）ことからうかがわれるように、聖書を学ぶために異教国からやって来た青年ということで新島にははじめから強い関心を抱いた。そして新島は、彼女との間にも、新島自身の彼女についての言葉、「吾を待する其子の如し」（「箱楯よりの略記」〔全五・七九〕）、からうかがわれるように、一種の母子関係に類した結びつきを作り上げた。新島がハーディー夫人についでたくさんの手紙を書いたのがこの女性である。

フィリップス・アカデミー内にある
アンドーヴァー神学校のバートレットホール

新島はヒドゥン家に下宿したおかげで、同じ家に住んでいたアンドーヴァー神学校の学生の元教師フリントとその妻（Orilla Flint）から無償の個人教授を受けることが出来た。勉強の面では、このフリントの個人教授から得るものの方がフィリップス・アカデミーの授業から得るものよりはるかに大きいとメアリ・E・ヒドゥンはハーディー宛の一八六六年一月二日付の手紙に書いている（Hardy, p. 51）。

一八六六年二月二一日付の「箱楯よりの略記」の

最後のところにフィリップス・アカデミー在学中の生活に触れているところがある。そこに表われているのは、父親宛の手紙の言葉で言えば、「当港〔ボストン〕指をりの金穴家」(全三・二八)、母親宛の手紙の言葉で言えば、「此港の名高き金持ち」(全三・四四)であるハーディーの世話になって、すっかり経済的心配から解放され、ヒドゥン姉弟やフリント夫妻のような善意の人々にかこまれて、安心して学生生活を送っている新島の姿である。

脱国は危険を伴った大冒険だったが、それは大成功だった。新島はその思いを「箱楯よりの略記」の結びに次のように書いている。

古人の申せしに、精神一到何事不成《なにごとかならざらん》とて、我千辛万苦を不恐《おそれず》只々志願を遂げん事を要せし故、今は志願の通り安楽に諸学の修行する事を得たり。是全く在天《ざいてん》不朽之真神吾をして此幸を得せしむるならん　(全五・七九)

2　アマースト大学

自然科学系のコースで学ぶ

フィリップス・アカデミーで一八六五年一〇月三一日から一年八カ月ほど学び、一八六七年六月に卒業した新島は、一八六七年九月の新学期からは、マサチューセッツ州アマーストにあるアマースト大学(Amherst College)で学んだ。ここもハーディーが理事をしていた大学である。一八二一年に創立されたアマースト大学はキリスト教の聖職者養成を主な目的として作られた大学だったが、新島が在学していた頃でも学生の半数近くが、牧師や宣教師志望という学校であったことが、北垣宗治『新島襄とアーモスト大学』所収の「一八六六年のアーモスト大学」中の表2（二九三ページ）から分かる。

アマースト大学（1875年頃）

アマースト大学入学の前年の一二月三〇日にアンドーヴァー神学校附属教会において洗礼を受けて（全八・四一）正式にキリスト教徒となっていた新島は、アマースト大学に入ることによってキリスト教の伝道者ないし宣教師への道の歩みをまた一段階進めたわけである。

アマースト大学はキリスト教聖職者志望の学生がたくさん学んでいても、神学教育を授ける機関ではなかった。その前の段階として、広い一般教養を身につけさせることをねらいとした大学である。主として聖職者志望の学生を想定して作られたアマースト大学のカリキュラムでは西洋古典語（ラテン語・ギリシャ語）の比重が高かった。新島はフィリップス・アカデミーでは、まず英語を身につけることが何よりも必要というわけで、英語学科に入れられたのだけれども（Hardy,

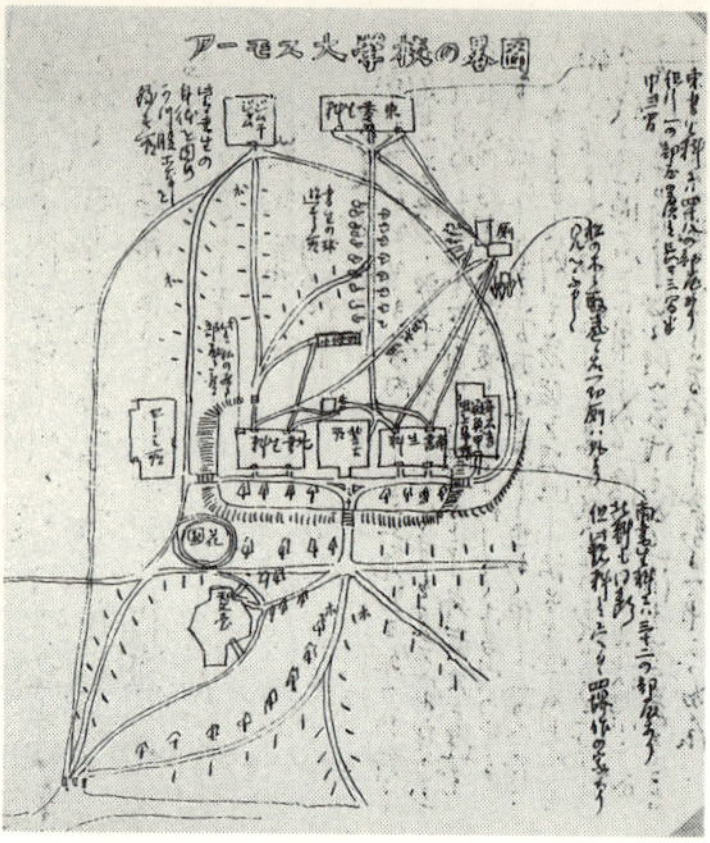

新島が父・民治に送った
アマースト大学校地のイラスト

p. 48)、フィリップス・アカデミーにあったもう一つの学科は古典学科であった（井上勝也『新島襄　人と思想』一二五ページ）。将来牧師になることを目指してアマースト大学に入学してくる学生は、すでにそういうところでかなり高度なラテン語とギリシャ語の知識を身につけていた。

　新島がラテン語とギリシャ語を入学前に全然やってこなかったことは、問題だった。しかし、全学の学生数が三〇〇人以下のこじんまりとした当時のアマースト大学はこういった問題を面倒な手続きにわずらわされずに解決することを許したようだ。新島はギリシャ・ラテン関係の科目を中心とする通常の古典コースではなく、以前あったけれども、登録者がゼロになった一八五八年に廃止されていた自然科学系のコースに従うような形で、アマースト大学で学んだのである（河野仁昭『新島襄への旅』九六ページ）。

シーリー教授の世話になる

　アマースト大学で、新島の面倒を見てくれたのは、後に（一八七六年から）同大学の学長になるシーリー教授（Julius Hawley Seelye, 1824–1895）である。新島は入学のため一八六七年八月三一日に汽車でアマーストに行ったが、シーリーは駅に迎えてくれただけでなく、学生寮に入るまでの期間新島を自宅に引き取ってくれた。新島はこの後も休暇中で寮が閉まっている時や病気の時などにシーリー宅にやっかいになった。

シーリーは学者としても人間としても超一級の人物だった。北垣宗治『新島襄とアーモスト大学』所収の「J・H・シーリーと新島襄」中に、一年間新島の寄宿舎でのルームメートだったW・J・ホランドがはじめてシーリーの哲学の授業に出たあと両親に書き送った感想が引用されているが、その中に「シーリー教授は本当にすばらしい人です。形而上学者としての先生はこの国で誰にもひけをとりませんし、人間としても高潔な方です。」（同書、一九一ページ）という言葉がある。ホランドに数年おくれてアマースト大学で学んだ一卒業生もその回顧録の中でシーリーについて、

> 彼の最初の授業に出ただけで、私は非常に強くまたはっきりと、この人こそ自分がそれまでの人生でさがし続けてきた人であると感じました。
>
> （John W. Burgess, *Reminiscences of an American Scholar*, p. 52）

と述べている。アメリカ人だけではなく、日本人の中でも新島に一八年おくれてアマースト大学で学んだ内村鑑三がいかにシーリーから深い影響を受けたかは、彼の英文で書かれた自伝的著作*How I Became a Christian*（『余はいかにしてキリスト信徒となりしか』）に実名は出さなくても、詳細に書かれている。

新島がアメリカで学んだ三つの教育機関のうち、最初のアンドーヴァーのフィリップス・アカデミ

ーでは、それまで日本以外では教育を受けたことがなかった新島はアメリカで高等教育を受けるための基礎、何よりもそのために必要な英語力を身につけようとしたと思われる。最後のアンドーヴァー神学校では新島はキリスト教の牧師や伝道師になるための神学教育を受けた。

中間に来るアマースト大学で新島が受けた教育は、彼のアメリカ留学全体や彼の生涯全体との関連で位置付けるのがそれほどたやすくないかも知れない。北垣宗治『新島襄とアーモスト大学』の二九一ページに「表1　新島がアーモスト大学で履修したと考えられる科目と担当者」という表がある。もっともこの表は現存の資料の制約から新島の履修した科目を全部書き出したものとはなっていないようだ。そういうわけで、この表をもとに言えるのは、ごく大ざっぱなことだけれども、まず目立つのは履修科目の中の自然科学系の科目の比重が非常に高いことである。例えば、新島が一年目にアマーストで履修した科目でこの表に出てくるのは、三角法、化学、自然哲学、解剖学ならびに生理学、植物学である。自然哲学という科目も新島が二年目にとった物理と動物学と同じ教師の教える科目であることから考えると、かなり自然科学的内容を持った科目ではなかったか。

内村の場合との比較

新島と同じくラテン語とギリシャ語をやっていないために正科生としてではなく選科生としてアマーストで学び、卒業に際しては、新島と同じく例外的な理学士（Bachelor of Science）の称号を受けた内村の場合と比較してみよう。比較に際しては、新島の場合は、北垣氏の本の前述の表1、内村の場合は『内村鑑三全集月報40』（一九八四年二月）所載の「（資料）アマースト時代の内村鑑三の学業成績」五ページを資料として使うことにする。

内村の成績表を見ると、アマースト大学では内村の在学当時は履修科目は、古代語、近代語、自然科学、それに（それ以外の全部を含む）哲学の四部門に分類されていたことが分かる。二年間を通じて毎学期（つまり六学期間にわたって）履修したドイツ語は、二年目の三学期にだけ履修した鉱物学よりも六倍の比重を持っているというように考えて計算すると、内村のアマーストでの二年間の履修科目は哲学部門四五パーセント、近代語部門三〇パーセント、自然科学部門一五パーセント、古代語部門一〇パーセントであったことになる。表1に出てくる新島のアマーストでの三年間について同じように計算すると（自然哲学は哲学部門に、数学は自然科学部門に入れた）、新島の場合は自然科学部門六三パーセント、古代語部門二十一パーセント、哲学部門十六パーセント、近代語部門〇《ゼロ》パーセントという数字が出てくる。同じ選科生としてアマースト大学に入った新島と内村でもその履修内容はこのように差があったのである。

アマーストでの自然科学科目

新島がアマースト大学で自然科学部門の科目をたくさん履修することが出来たのは、ヒッチコック（Edward Hitchcock）の学長時代の一八五二年に自然科学科が設立されて自然科学の設備などの充実が計られたことの余慶といえるかも知れない。このヒッチコック学長時代の自然科学科設置の思想的背景については、島尾永康「新島襄と自然科学」、『同志社談叢』創刊号（一九八一年二月発行）、一二ページに次のように説明されている。

それ［自然科学科］はアーモストが宗教的であるにもかかわらず設立されたのではなく、宗教的だからこそ設立されたのである。というのは、ヒチコックの考えでは、科学を教える目的は自然神学の原理を示すにあったからである。

ヒッチコックの墓碑銘には確かに彼においてキリスト教信仰と自然科学研究が密接に結びついていたことを示す、

ever illustrating "The Cross in Nature, and Nature in the Cross"［常に「自然の中の十字架および十字架の中の自然」を例証した。］(William S. Tyler, *A History of Amherst College*, p. 138)

という言葉があった。

しかし、新島自身の意識においても自然科学系の諸科目の学習とキリスト教は、有機的に結びついていたといえるだろうか。

自然科学学習とキリスト教

資料は十分ではないけれども、新島の意識の中では自然科学学習とキリスト教はあまり有機的に結びついていなかったのではないかと私は推定する。

その推定の根拠の一つは、『新島襄全集』第二巻、宗教編所収の新島の説教稿などを読んでみても自然神学の原理に触れた説教などはまず皆無であることだ。『新島襄全集』第一巻、教育編所収の演説、論説の中には「其ノ姓ヲ問ヘバ石、名ハ炭、字ハ植物ト号ス」（全一・三七一）などといったこっけいな書き方を交えて、石炭のことを説明した「隠君子ノ出題」とか、「蟻ト云フモノハ中々驚クベキ一小虫ニシテ」（全一・四〇〇）という書き出しではじまる「蟻之説」など自然科学的知識を利用した例外的な文章も見つかるけれども、その利用の仕方は通俗的で、思想的に深いものではない。例えば、「蟻之説」の最後で一〇あまりの項目を立てて「蟻ト人間ノ比較」を企てている部分の書きぶりからも分かろう。

一蟻ハ勉強　人ハ怠惰
ビラヽヽスル衣ヲキ、又墨染ノ衣ヲキル身ナドニシテ、清閑寺ノ揚弓場ナドニ入リ込ミ、此貴重ノ光陰ヲ費ス怠惰モノアリ（全一・四〇六）

といった調子である。

新島が鉱物学を履修したのは、前述の表で見るかぎりでは、一八六八〜一八六九学年度の冬学期［二学期］のことだけれども、それより二年以上も前、一八六六年六月一五日付のハーディー夫人宛の手紙に「私は最近鉱物を集め始めました」（全六・三七）と書いた頃から鉱物蒐集は新島のほとんど一生続く趣味となった。アメリカ留学中の夏休みなど（例えば、一八六八年の夏、一八七一年の夏）にもしばしば鉱物蒐集を行っていることは新島の手紙に出ている。しかし、新島が自分の鉱物や地質学の標本（化石など）の蒐集活動に触れるとき、それにキリスト教との関連で意味付けをしている例は管見によれば皆無である。

要するに、新島のアマースト大学での勉学は、彼の最大の関心事であるはずの将来の聖職者としての活動との関連で主体的に履修のプログラムを作って行ったという感じを与えない。自然科学系科目中心の履修も彼にとって一番安易な道を選んだようにも見える。

この点、札幌農学校出身でアマースト入学前はやはりどちらかといえば自然科学中心の勉強をしてきた内村の場合は大分違ったようだ。アマースト卒業後ハートフォード神学校に進学していることに見られるように、内村も当時は新島と同じように聖職者志望だったけれども、内村は、アマースト在学中得意だった自然科学に彼の履修科目全体の一五パーセントの比重しか与えなかった。このことに、自分の将来果たすべき使命との関係で知的視野を広げようとする内村の意欲といったものを見てよいような気がする。

内村の成績表を見て新島との関連で興味があるのは、二年目の一学期と二学期に出てくる哲学の成績が2・5および3であることである（5がこれ以上よい点はない最高の評点だったようだ）。この哲学というのはシーリーの教えた「倫理哲学」の授業であるが（「流竄録」『内村鑑三全集』三・九二）、内村のアマーストでの二年間の成績の平均を計算すると3・975だから哲学の平均点2・75というのは、哲学が内村の履修科目の中で例外的に成績が悪い科目だったことを示している。

シーリーの授業をとらなかった理由

ここに、新島がアマーストに行く時持参したシーリー宛のフリント筆の紹介状には、「彼〔新島〕は、あなたの指導の許で精神哲学、道徳哲学を学ぶことを強く希望しています。」(Hardy. p. 68)という言葉があったのに、新島がアマースト三年間の間に全くシーリーの授業を取らなかった(全六・七五参照)理由が示唆されているようだ。多少想像をたくましくして言えば、新島ははじめは、フリントの紹介状にあったように、シーリーの授業に出るつもりでいたのだけれども、シーリーの教える哲学というのがどういう学科であるかが多少見当がついたとき、とてもこの授業は自分には無理だと思ったのではないだろうか。札幌農学校を首席で卒業した稀に見る秀才だった内村も、アマースト大学で哲学では不成績だったのを見ると、新島が哲学にいわば怖気付いたというのはありえたことに思える。

シーリーの哲学の授業を履修しなかった新島は、将来日本でキリスト教聖職者として働く準備として、自然科学の諸科目の与える知識よりもはるかに必要であったに違いない訓練を受けるチャンスを逃したといえそうだ。シーリーの哲学の授業は「一人一人の学生の思考、推論、議論の能力を育むことを目的としたクラスの学生全員が参加する一人一人の学生対教師の討論」(John W. Burgess, *Reminiscences of an American Scholar*, p. 33)という形をとったが、一卒業生は次のように回想している。

彼の授業はいつも、まだみんなの精神が元気で活発に働く早朝の八時から九時の間にあった。そして、知的攻撃、防御、作戦の結果、討論はいつも全くの知的戦闘に発展するのだった。それは実にすばらしく興味深く、刺激に富み、有益だった。先生［シーリー］はいつも反対意見を歓迎した。それどころか、反対意見があるのを喜んだ。先生のお気に入りの学生はいつでも討論の際先生にとってのもっとも手強い反対者となる学生だった。

(Burgess, pp. 53-54)

新島はやがて日本に帰り、キリスト教国と違う知的精神的風土の中で働くことになるけれども、非キリスト教的思想を真面目に研究したり、自分と違う宗教的思想的立場の人間との対話、討論に従事したりしようとしなかった。これは、新島が思想家としてはあまり意味のある貢献が出来なかった一つの理由であろう。討論の際反対者がいるのを喜び、手強い反対者になれる学生を好んだシーリーの授業で、思想上の敵対者に対する開かれた態度と、自分の思想を反対者に対しても説得的に表現する訓練を受けていたら、と惜しまれる。

アンドーヴァー神学校

新島はアマースト大学で三年間過ごした後一八七〇年七月にそこを卒業し、九月からアンドーヴァー神学校での勉学を開始した。アンドーヴァー神学校もハーディーが理事を勤めていた学校で、新島がそこに行ったのもハーディー夫妻の計画通りであった。ただし修学年数に関してははじめの計画通りにはならなかった。新島のハーディー夫人宛の一八七〇年四月五日付の手紙に次の言葉がある。

この秋から神学を二年間勉強するため私をアンドーヴァーに送って下さるとのお知らせありがと

うございました。私が［フィリップス・アカデミーを卒業して――引用者注］アンドーヴァーを去るときのお話では、私はアマーストで二年間、アンドーヴァーで一年間学ぶことになっているとのことでした。でも、私はアマーストではあなたの決められた期間より一年余分に過ごしております。もっとも今学年度の後半は悲しいことにたび重なる病気のためほとんど無駄に過ごしてしまいましたが。あなたは私がさらに二年間アンドーヴァーで学ぶ費用を出して下さるとのこと、それは私にとって願ってもないことです。そうでなければ私はどうやって勉学をうまくやっていけるか分からないからです。

（Hardy, p. 98）

アンドーヴァー神学校の図書館

新島のアマースト大学卒業はハーディー夫妻の最初の予定より一年遅れたが、アンドーヴァー神学校の場合も、卒業は、入学後四年の一八七四年七月のことになった。卒業の遅れの主要な理由は一八七二年三月から岩倉使節団（特に田中文部理事官）のための仕事がはじまり、田中理事官に随行してヨーロッパに行くといったことがはいったためである。そのことにはまた後で触れよう。

3　アメリカ留学時代の新島の諸特徴

「脱国の理由」中の病歴

ここで、アメリカ留学中の新島を観察して気付くいくつかのことを書いてみよう。新島がボストンに到着後書いた「脱国の理由」を読んで不思議なのは新島がその中で自分の病気のことを実にくわしく書いていることである。例えば、藩士としての仕事が忙しくなった時なった一種のノイローゼ状態について実に百八〇語近くもかけて書いている。そこに、医者に「あなたの病は心から来るのです。」(Hardy. p. 5) と言われたことが出てくるが、新島はアメリカ留学中も帰国後も、不眠、頭痛などを含めて心身症的症状に悩まされることがあった。「脱国の理由」に出て来る二番目に目立つ「病歴」についての記述は次の個所だ。

ああ、夜の勉強は再び私の目を痛めました。そして、私は一年半の間全然勉強することが出来ませんでした。このようなことは私の一生にもう二度とないでしょう。私の目がよくなると、私は再び藩の役所に行かなければなりませんでした。時は江戸のとても暑く不健康な季節でした。ある日太陽がぎらぎらと照りつけて、夕方に大雨が降りました。私は寒さを感じ、体を冷やしてしまいました。翌朝私は頭痛がしはじめ、体はまるで私の中で火が燃えているように熱くなりました。私は何も食べず、ただ冷たい水だけを飲みました。二日経つと体中にはしかの発疹が起りました。はしかがよくなると、今度は私の目が悪くなりはじめ、私は多くの時を遊んで無益に過ごしました。

（Hardy, p.7）

新島が眼病やはしかにかかった時の状況やその症状を、本題と無関係なのに、これほどくわしく書かずにいられなかったのは、健康問題がほとんど彼の強迫観念になっていたからであろう。勉強が出来ないことからくる心の鬱屈からノイローゼになったり、夜間の勉強から目を悪くしたりというように、病気が常に勉強との関連で言及されるところを見れば、勉強ということも新島にとって強迫観念的になっていたのであろう。

健康問題への関心

新島の強迫観念的健康問題への関心を示唆することは、「脱国の理由」の外にも数多くある。「ちょっとした病気でも彼を恐慌状態におとしいれた」（Hardy, p. 49）と『生涯と手紙』で著者ハーディーはアメリカ到着後最初の一、二年頃の新島について書いている。アンドーヴァーでの下宿先のメアリ・E・ヒドゥンはハーディー夫人に新島の様子を知らせてやった一八六六年一月二日付の手紙（『生涯と手紙』所収）の中で「彼は自分の健康が考慮されるべき重要な事柄だと感じています。」（Hardy, p. 51）と書いている。

新島の健康問題の関心はアメリカ留学時代の家族に宛てた手紙にもよく現われている。「御食用の義は新鮮にしてこなれ易き者と奉願候《ねがいたてまつり》」（父宛、一八六六年二月二一日付の手紙、全三・二八）、「何卒大人やはらかき食正〔ママ〕に相成候物を御食用被成《なされ》、且つ御保養の為として折々御他行被成」（同、一八六七年三月二九日付の手紙、全三・三五）、「御酒をあまりめしあがらぬ様奉願候、扨《さて》酒は人を愚に為し、或いは身体に毒を残し候物にして甚悪むべき飲料に御座候」（同、全三・三一）、「御暇あらば隅田川辺を御逍遥可被成候《なさるべく》」（父宛、一八六八年三月一二日付の手紙、全三・五八）、「可成丈《なるたけ》旨き物をめしあがり御暇之節には野辺へ御出御保養可被成様」（父宛、一八六八年九月一日付の手紙、全三・六六）、「かつ長き著座なされぬ様」（父宛、一八六九年五月一〇日付の手紙、全三・六八）、「何とぞ向後うまき物を日々御食用被成」（父宛、一八七三年三月一八日付の手紙、全三・一一三）――このたぐいの引用は続ければきりがない。

新島の健康問題、衛生、養生といったことに対する強い関心はアメリカ時代に限らず、一生続くものだった。そのことは、例えば甥の新島公義宛の一八八六年七月一六日付の手紙に出て来る「一　雪隠ニハ注意して度々消毒法御施被下度候　一　生マノ果物ハ御注意有之度候　一　水ハ沸湯ヲ冷ニしたる者ニ御限被下度候」（全三・四一六）といった言葉からもうかがわれる。

衛生、養生、肉体の健康といったことに対する新島の多大な関心は、彼の価値観の中の「現世的」、「常識的」な要素の大きさを感じさせる。新島を通じてアメリカの一婦人から学費の補助を受けて同志社で学んだ深井英五（一八九一年普通科卒業）は、毎月新島の自宅に行って補助金をもらっていた同志社在学当時を回想して次のように書いている。

深井英五の回想

月一度づゝ親しく先生に御目に懸るのだから、熱烈なる信仰の話のやうなものを聴くことだらうと思ってそれを望んで居ったのだが、予期に反して、信仰の話など殆ど聴いたことがない。又勉強しろなど、も言はれなかった。訓戒的の御話は少なかった。寧ろ、身体を悪くしてはいけぬから気を付けろと度々云はれた事を記憶してゐる。

（深井英五「新島襄先生の思い出」『上毛及上毛人』第二一七号［一九三五年五月号］四五ページ）

「身体を悪くしてはいけぬから気を付けろ」といったことを新島は深井に限らず同志社の学生達によく言ったらしい。「私共の食事にまで気をおつけになって、タクアンなど余り食べるな、一切ぐらゐはよろしいだろうとお許しになったこともあります」と初期の女生徒の一人の回想にある（原とも「親代わり」、『新島先生記念集』、二六〇ページ）。

タクワンはだめだということも新島にあってはほとんど強迫観念の観を呈している（全三・三五、全三・四一、全三・一一三等参照）。

宗教家らしくない一面

内村鑑三は『新島先生の性格』と題する文章の中で、「先生［新島］を宗教家と見ることが出来よう乎《か》」という疑問を提出して次のように書いている。

米国でも逢ったし、日本でも逢った、先生と私とは相逢ったことは稀だとはせぬが、何時も心霊上の問題となると先生は沈黙を守られた、私の熱信を褒めては呉れられたけれど、自身で深く味はれた心霊上の自証の境界を話されたことはない、一度も無い、先生を尊崇する人から先生に就いての談話を聞いても、此處ぞ先生が宗教家だといはるべき点が窺はれない。

（『中央公論』一九〇七年一一月号、七七ページ）

先に見たように、新島の場合は彼のキリスト教信仰とは別に有機的な関係がないもの（例えば、健康への配慮）も彼の価値観の構成要素として相当な比重を持っていたとは言えそうだ。

滞米中の一八七一年九月に新島は弟双六の病死を知らせる家信に接した。それに答えた新島の一八七一年九月六日付の手紙に表れた彼の弟の死に対する反応には、キリスト教信仰の反映と思われるような点が全く見られない。「今度の赴[訃]報悲哀痛哭残念之至両手を亡しよりも甚し、然ながら是は往事ニして悔とも難及《およびがたし》、大に痛哭致すは却而《かえって》身の為に宜からず、残念ながらも双六の事は先々相明[諦]らめ、向後自身の養生ハ勿論、学問益出精成就之上、少しも早く帰帰《ママ》可仕《つかまつるべく》候間、何卒大人ニ於而も右様御心得、向後は双六の事を克々御明らめ、小子帰錦之事のみ御侍[待]御楽しみ可被下様仕度」（全三・九二）とその手紙で新島は書いているが、「大に痛哭致すは却而身の為に宜からず」といった言葉に表れた新島の反応はひどく散文的「常識的」である。

新島の「回心」

新島はアメリカでの最初の学校アンドーヴァーのフィリップス・アカデミーに在学中の一八六六年一二月三〇日に洗礼を受けて正式にキリスト教徒になった。これは、劇的な回心というよりは、信仰のあついハーディー夫妻を恩人とし、やはり熱心なキリスト信者のヒドゥンの家に下宿し、同じ家に住んでいた神学生夫妻から個人教授を受け、アンドーヴァー神学校と同じキャンパス内にあって神学校と密接な関係を持ち宗教的雰囲気が強かったフィリップス・アカデミー（井上勝也『新島襄　人と思想』、一三四〜一三五ページ）で学んでいた新島にとってはそれ以外は考えられないような自然なことであったようだ。

洗礼を受けてからほぼ三カ月後に書かれたフィリップス・アカデミー在学時代の父親宛の手紙（一八六七年三月二九日付）に、自分が以前よりずっと立派な生き方をしていることを述べた個所がある。そこに出てくる「小子も昔の七五三太とは大いに違ひ深く此聖人の道を楽み、日夜怠らずその聖経をよみ、道を楽しみ善を行ひ、偏《ひとえ》に他日の成業且国家の繁栄、君父朋友の幸福をのみ神祈仕候。」（全三・三四）とか「扨《さて》小子義日本を去り候ひしより行義大いに改まり候は一杯の酒も不飲、一服の烟艸［煙草］もすわず万事信実に取行、無解［懈］怠学問修行仕候」（全三・三五）といった言葉に現れている精神は「聖人」［イエス・キリストを指す］とか「道を楽しみ」といった言葉遣いにも見られるようにむしろ広い意味での儒教的なもので、特にキリスト教的だと感じさせるところはない。

アメリカでキリスト教徒になった新島はキリスト教関係の言葉をつぎつぎとおぼえていった。しかし、例えば、罪という言葉はどこまで新島自身の切実な体験と対応していたのだろうか。深い罪の意識はおそらく自分の内部に深刻な分裂や葛藤がある人間でないと生まれないものであろうが、上に引用した「小子も昔の七五三太とは大いに違ひ」以下の言葉は新島がむしろ深刻な自己分裂とは無縁の人間だったことを示しているようだ。『生涯と手紙』六五〜六六ページに収録されている一八六七年の夏に書かれたものらしい英文の日記からの抜粋を見ると、当時の新島にとって罪ということの実質的内容は教会の礼拝に欠席するという程度のことだったように見える（Hardy. p. 65）。

新島が自分の「行義大いに改まり」と感じたのは多分に酒もタバコも飲まないことを目安にしている感じがする。新島に数年おくれてアメリカのニューイングランドに来た木村熊二は一八七二(明治五)年六月六日付の妻宛の手紙に、

お前方は此節矢張烟草酒など御用ひ被成候哉　我等は当地着後都《すべ》て禁じ候　当地にて右様のもの相用ひ候人は誰も人の様に思はぬ也
(青山なを『明治女学校の研究』三四九ページ)

と書いている。おそらく、新島がフィリップス・アカデミーで学んでいたころのアンドーヴァーのキリスト教徒の気風も酒や煙草を飲む者を「誰も人のように思はぬ也」というのに近かったのだろう。同じ明治のキリスト者でも植村正久は、酒はと聞かれた時「一升位」と答えたと三宅雪嶺が書いている(『植村正久と其の時代』第一巻、六一七ページ)。むしろ植村の方が、キリスト教の本質的な部分と、たまたまある土地、ある国のキリスト教徒の間で広まっているが、キリスト教とは関係のない習慣などを見分ける目を持っていたといえないだろうか。

安息日厳守

新島の手紙には、例えばハーディー夫妻宛の一八七二年七月二一日付の手紙や一八七四年一〇月二五日付の手紙のように、いかに自分が安息日を厳守したかという話がよく出てくる。新島が岩倉使節団の理事官文部大丞田中不二麿の通訳として一緒にヨーロッパ各国の教育を視察した時も、日曜日には一人だけ一行から離れて安息日を守り、翌日旅を続けて一行に追いつ

くということが何回かあったし、日本へ帰国のためアメリカ大陸を東から西へ横断する時も、安息日の日曜日に旅行するのを避けるため、知らない町に下車することがあった。前述の新島の一八七四年一〇月二五日の手紙を見ると、

私は他の二、三の汽車の乗客にこれらの荒涼たる地域で途中下車する私の意図を説明しましたが、誰も私にそのことを奨励する人はいませんでした。というのは、こんなところで途中下車することは安全でも愉快でもないかもしれないからです。中にはミシシッピ川以西には安息日はないと言う人もいました。私は彼らの言うことには全然耳を貸しませんでした。私は自分のやるべきことをしなければなりません。私が安息日を守ることは他の誰にも依存しないのです。（Hardy. p. 174）

と書かれている。新島は自分の安息日厳守を他の乗客にもハーディー夫妻にも吹聴せずにいられなかったように見える。もっとも、「明治一三年六月六日」付の説教稿「安息日之説」の中の「安息日ハ神人ノ利益ノ〔為ニ〕立ラレテ、人之ガ為ニ束縛ヲ受、之ガ為ニ不都合ヲ得セシムル者ニ非ズ、故〔ニ〕人ハ安息日ノ奴僕タルベカラズ」（全二・七）という言葉を見ると、新島も後には安息日に対する考えが大分変わったようだ。

新島の安息日厳守のエピソードの手柄話めいた語り口が気になる人には、一八六六年九月一〇日付のハーディー夫人宛の手紙に出てくる下宿の主婦の叔母のミセス・Cという重病で死にかかっている

婦人をめぐるエピソードも新島の手柄話めいた語り口（「彼女はおよそ七十歳ですが、これまで一度もイエスのことを口にしたこともなく、また祈ったこともありませんでした。それがあの日曜日の夜の私の一言の質問から彼女はこの世の罪を取り除くお方［キリスト］に心を向けたのです。」Hardy, p. 57）が嫌味に思われるかも知れない。

アメリカとの自己同化

いま述べたようなことは恐らく新島のアメリカとの自己同化の願いの反映であったのであろう。新島はアメリカに着くと、実にあっさりと自分が今まで身に付けていた価値観や習慣の多くを捨て去って彼の第二の故郷となったアメリカのニューイングランド地方のそれに置き換えていった。新島の場合目立つのはこのプロセスのすばやさ、精神的な「日本脱出」の速さである。

新島の脱国後二カ月ばかりの元治元（一八六四）年八月一五日の日記に「今夜十五夜の月を見つゝ父母の心如何を察すれば、自悲哀を催せり、支那ニ於而此夜鶏肉を月に備《［供］》る由、猶日本の団子の如し」（「航海日記」、全五・四六）と書いている。ところがアメリカについてから書かれた一八六六年二月二一日の日付のある「箱楯よりの略記」では相当個所（元治元年八月一五日）に新島は「十五日、支那に於ては鶏肉と飯とを月に備《［供］》ふる由、猶吾の団子の如し。」と書いた後「是実に馬鹿らしき事にして、其国俗如何を徴するに足る。依而願我州人目をひらき、正に為すべきと為すべからざる者を差別せん事を。但し日月星辰は決し而《て》人間の敬拝すべき者にあらず。」（全五・七四）というコメントを付け加えている。

新島が実際にこの日に「是実に馬鹿らしき事にして」といった感想を抱いたと解釈されている方もあるようだけれども（全八・二八参照）、「航海日記」にはないその感想は、明らかに「箱楯よりの略記」を書く段階で書き加えられたものである。フリント夫人宛の一八六七年一〇月三〇日付の手紙の中で新島は脱国以来はじめて受け取った日本からの家信について書いているが、その中に、

My sister says she is praying for me to her vain gods every day — I am pity of her.（私の姉は毎日私のために彼女のむなしい神々に祈っていると書いています。――私は彼女をかわいそうに思います。）

(Hardy, p. 77)

という言葉が見える。宗教は違っても肉親の無事を祈る人間の心には共通性がある。その共通性をもとに他人の心を理解しようとするのではなく、自分の宗教のドグマで宗教の違う人間を見下す――こういう新島の態度は、世界がある意味で狭くなっていろいろな宗教の人間と出会う機会の増えている我々の時代に必要とされる他宗教に開かれた態度とは遠いのである。

個人レベルでの脱亜入欧

前に引用した新島の文久二（一八六二）年一二月五日の父宛の手紙に出てくる、家族が無事であるように「毎朝塩水をかぶり今日様を臥拝仕候」という言葉から分かるように、新島もいわば昨日までは姉や普通の日本人や中国人と同じことをやって来たのである。右に引用した「航海日記」やフリント夫人宛の手紙の言葉にはそのことの自覚がつゆ

ほども見られない。新島はいつの間にか自分だけ高みにのぼって肉親や他の東洋人をあわれな異邦人として見下している。いわば個人レベルの脱亜入欧である。そして、それを“I am pity of her.”〔正しくは、I feel pity for her. I have pity on her. I take pity on her.〕といった間違った英語で書いていることが、新島の言葉に一層浅薄な響きを与えている。

別の例を挙げてみよう。アマースト大学入学直後に書かれたハーディー夫人宛の一八六七年九月二三日の手紙の中で新島は大学の伝道団に加入したことを報じ、その活動にもちょっと触れているところがあるが、そこに、

一緒に集い、歌い、私達の創造者を讃美し、神に私達があわれな異教徒達に福音を伝えることができるよう助けてくださるよう祈ることは私達にとってとても愉快なことです。（Hardy. p. 75）

という言葉が出てくる。「あわれな異教徒」という言葉に注目しよう。ここでも新島が自分を「あわれな異教徒」の側に置いていたという感じは少しもしない。新島の一八六六年八月二二日付のハーディー夫人宛の手紙を見ると、あるキリスト教の祈禱会席上で話をするように求められたことが出てくる。そして、「私は彼らに我が国の異教的な（heathenish）風俗習慣について話しました」と新島は書いている。原文に出てくる“heathenish”という言葉は「異教的な」といってもほとんどの場合「野蛮な」とか「未開の」といった悪いニュアンスを伴って使われる言葉である。だから、新島の話は日本

の風習にはこういうよいところがあるといったことにはほとんど触れることのないものだと見てよいだろう。新島が祖国日本や日本人を形容している言葉をいくつか『生涯と手紙』から拾い出してみると、"the benighted Japan"（「未開の日本」六五ページ）、"that benighted nation"（「あの未開の国民」、一四三ページ）、"my benighted countrymen"（「私の未開の同胞」一五六ページ）といった工合である。

クラークやモースの日本観

日本がはたして新島が考えていたような未開国、あわれな異教国であったかどうかは疑問である。明治の初年に日本に来た欧米人の中には、そのような日本理解の浅薄さを悟る人達も少なくなかった。一八七六年に来日した「ボーイズ、ビー、アンビシャス」（「少年よ、大志を抱け」）という言葉で有名なクラーク（William S. Clark, 1826–1886）もその一人である。

自分の外国［日本］行きの経験について触れて、彼［クラーク］は外国［日本］に行って以来自分の思い上がった気持の多くが取り去られたと語った。彼は異教国にもアマストにいる人々に負けない善良な人々がいることを発見した。（拙著『クラークの一年』二二一ページ）

右の引用は帰国直後のクラークが行った一場の演説の内容が『アマースト・レコード』という一地方紙（一八七七年八月一日付）に報道されたものからとったが、ここに出てくる「自分の思い上がった気持」とはキリスト教国アメリカは、すべての点で、異教国日本よりはるかにすぐれているといった思い込みを指すのであろう。

クラークに一年おくれて一八七七年に来日した大森貝塚の発見者、モース（Edward S. Morse, 1838–1925）も多くの点で日本が欧米に優に匹敵する文明国であることを痛感した人間であった。モースが非キリスト教国をただちに野蛮国であると決めつけるような態度に対して非常に批判的になったことは、彼が日本での体験を通じて従来の「異教」観を逆転させて次のように書いていることからもうかがわれる。

さて、これが異教（paganism）なのだ。つまり親切でよく人の世話をすること、丁重で人を厚くもてなすこと、食物や時間を惜しまず人に与え、最後の一杯のご飯まで人と分けあってくれること、人が採集したり、ボートを引き上げたり、その他何をやっているにしろ、人力車夫や漁師などがいつでも進んで、骨身を惜しまず手伝ってくれることが。（*Japan Day by Day*, I, 246）

一般的に言って、キリスト教以外の宗教伝統が有力な国（例えば日本）とキリスト教国（例えばアメリカ）を比べた場合、個人のレベルでも文明のレベルでもどちらがすぐれているということは出来ないという考えは、情報や交通の発達につれてキリスト教国の人々が外の宗教について有する知識が増え、また外の宗教を信ずる人々と知りあう機会が増えたことによって、今日ではクラークやモースの時代よりもキリスト教国において有力になっているようだ（例えば、John Hick, *A Christian Theology of Religions: The Rainbow of Faiths*, pp. 11-15参照）。一八七〇年代位の時点での、日本が欧米にくらべて全く劣っているといった見方は、科学技術の水準といったものを文明の程度をはかる唯一絶対の尺度とした場合にのみ生まれうる見解であったと言えよう。もっとも、新島に見られるような、日本の過去の文化・伝統の全面的な否認は明治初期の日本の知識人の間ではかなり広く見られた現象だった。一八七六年に来日したエルヴィン・ベルツ（Erwin Bälz）は同年一〇月二五日付のドイツの家族宛の手紙に、

しかし――これが奇妙極まることですが――今日の日本人は彼ら自身の過去について何も知りたいとは思わないのです。それどころか、教養のある日本人は過去の日本を恥じています。
（Toku Bälz, ed., *Erwin Bälz: Das Leben eines deutschen Arztes im erwachenden Japan*, 3rd ed., p. 25）

と書いている。

理想国アメリカ　新島の自国に対する低い評価と対になるのがアメリカに対する高い評価である。アメリカを形容するために新島が使っている言葉を『生涯と手紙』で見てみると、"this enlightened country"（「この開けた国」六二ページ）、"the centre of the Christian light"（「キリスト教の光の中心」九二ページ）、"my dearest America"（「私の最愛のアメリカ」二四四ページ）といった類いである。

外国に住むことは、多くの人にとっては楽しいことだけではなく、つらかったり、苦しかったり、嫌だったりという負の部分も含む体験である。新島に二〇年近くおくれて、一八八四年から一八八八年までアメリカ留学した内村鑑三の場合もそうだった。このことは、例えば、アメリカ留学中の内村が父親、内村宜之にあてた一八八八年一月二三日付の手紙に出てくる次の言葉からもうかがわれよう。「数フレバ異郷ニ新年ヲ向ヘルコトコヽニ四度、ソノ楽シミノ少キト、共ニ相談スルモノヽナキ故カ新年モ旧年モ同ジコトデ御座候、長旅ノ鬱又御推察アリタシ」（『内村鑑三全集』第三十六巻、二七三ページ）。内村は日本にいるときから東京英語学校や札幌農学校（北海道大学の前身）で、主要学科のほとんど全部を外国人教師（特にアメリカ人教師）に英語で教わるという過渡期のアメリカ式教育を受けた結果として留学当初から英語もよく出来たし、札幌農学校在学時代の四年間の寄宿舎生活を通じて、洋食や洋式生活にもかなり慣れていた。それでも、アメリカでの生活はかなりのストレスを感じさせたのである。日本人の友達にも英語で手紙を書くようなある意味で非常に西洋化された人間であった内村（拙著『英語と日本人』講談社学術文庫版、一九九五年、一四六～一六三ページ）も、アメリカで暮らすうちに日本文化への郷愁といったものを感じずにはいられなかった。

其内如何ニカシテ米ノ飯ヲ食ハント楽シミ居候、洋食モ慣レヽバ決シテウマクモナシ、菜漬ニ茶喰モ度々恋シク相成候

（『内村鑑三全集』三十六・一四八）

父宜之宛の一八八五年三月末ごろ書かれた手紙に出てくる右の言葉はそのような郷愁の現れの一例である。

新島のアメリカ留学中の手紙を読んで驚くのは、ハーディー夫妻の庇護を受けて学生生活を始めてからの彼のアメリカ体験には、病気は例外として、つらかったとか嫌だったとかいう負の部分が全く欠落しているように見えることである。日本文化に対する郷愁を表現したような言葉もまず皆無である。和田洋一氏が『新島襄』一二〇ページで、

アメリカ合衆国は、新島にとって、この時期［一八六七年ごろ］からずっと後まで、すばらしい国、最高最良の国であって、批判の言葉はついにただの一度も、新島の口からは出なかった。

と書かれているのは正鵠を得ている。

内村鑑三がアメリカ留学から帰国後数年して書いた *How I Became a Christian*（『余はいかにしてキリスト信徒となりしか』）の中では、アメリカが最高最良の国どころか、ある意味では日本よりはるかに問題の多い国として描かれているのはご存知の読者も多いであろう。この本の第六章「キリスト教国の第一印象」で述べられているように、アメリカを聖地のように想像していた内村は、実際にアメリカに行ってみて、そこが犯罪の多い、人種差別に満ちた、金銭崇拝的傾向の強い国であるのに気付きショックを受けるのである（『内村鑑三全集』第三巻、七八〜九〇ページ）。

新島がアメリカを最高最良の国のように思い続けたのは、自分の狭い範囲の体験をもとに、その体験がどれほどの一般的妥当性があるかを反省せずに、アメリカについての一般化を行ったからである。新島のアメリカでの留学生活は、すでに見たようにニューイングランドのキリスト教的雰囲気の濃厚な三つの教育機関を中心に営まれた。新島の接した「アメリカ」というのはアメリカのごく一部、いわゆるWASP（White-Anglo-Saxon Protestant）（アングロサクソン系白人新教徒）のなかでも特に信仰の篤い人々を中心としていた。そして、「当港指をりの金穴家」（全三・二八）ハーディー夫妻の庇護下に入った新島は、いわば金持のぼっちゃんとしてアメリカを体験したのである。はじめは、新島の教育を「多少躊躇するところがなくもなく」（Hardy, p. 48）引き受けたハーディー夫妻は、時が経つにつれて彼の人間について安心感を抱いたらしく、だんだん新島を息子なみに扱うようになった。そして、新島が日本に帰国する直前に、ハーディー夫妻は新島が彼らにとっては息子に準ずる存在であることを正式に新島との間で確認したようだ。新島の「アンドーヴァーの友人達」に宛てた一八七四年一〇月一三日付の英文の手紙に「私は今までの名前に加えて、ハーディーという名前をもらいました」（全六・一四四）と書かれているのはそういうことなのであろう。上に新島が、「いわば金持のぼっちゃんとしてアメリカを体験した」と書いたのは、この点から見ても必ずしも誇張ではない。

見えなかった弱点

新島は中国人移民の入国を制限する法律ができて東洋人に対する人種偏見が激化する前にアメリカに入国した。そのためもあって、一八八五年八月九日付の父内村宜之宛の手紙に、

至ル処支那人視セラレ、出ルモ、入ルモ嘲笑セラルヽ其苦シサハ紙筆ニ尽ス能ハズ、
誰カ海外ノ旅行ヲ愉快ト云ハンヤ、一日モ早ク帰国シ同ジ黄人種ト起居シタク思フナリ
（『内村鑑三全集』三六・一八八）

と書いた内村のような経験をすることはなかった。しかし、アメリカでの人種差別はもちろん内村がアメリカに来た一八八〇年代から急に始まったものではない。新島より二〇年ほど前にアメリカに来た中浜万次郎も、同じニューイングランド地方の、新島が上陸したボストンからほど遠からぬ場所（マサチューセッツ州のFairhavenという町）で人種差別を経験している。問題が起こったのは、万次郎の恩人というべきホイットフィールド船長が万次郎を自分の所属する教会に入会させ、そこの日曜学校に入れようとしたときである。中浜東一郎『中浜万次郎伝』では次のように書かれている。「教会にては、万次郎が白人ならざるを理由とし、『かゝるニグロに近き者と教会内に同席するを好まず』とて入会を拒絶せるのみならず、尚ほ『かゝる少年を白人の児童と同一の学校にて教育する能はず』とて其入学をも併せて拒絶し来れり」（同書、八一ページ）。

結局、新島がアメリカを最後まで理想国のように思い続けたのは、彼のアメリカ認識の浅薄さ、アメリカを見る目の甘さ、批判力の欠如の反映でもあった。新島がアメリカに着いてからほんの一、二年のうちに、日本からの留学生がアメリカに到着しはじめた。新島と時期を同じくしてアメリカに滞在していた日本人留学生の書いた文章が一四篇ほどCharles Lanman, ed. *The Japanese in America*

（1872）に収録されている。その中の、例えば、

宗教はといえば、彼ら［アメリカ人］は、教会堂座席料を払い、外見を取り繕うため、時々日曜に教会に行って説教の退屈さを我慢することに同意する。しかし、彼らの本当の教会は会計室であり、彼らの本当の聖書は帳簿であり、彼らの本当の神は万能の神ではなく「万能のドル」なのである。
（E. R. Enouye, "The Practical Americans," *The Japanese in America*, p. 70）

という言葉が示すように、同書所収の日本人留学生の文章では、二〇年以上後に内村が *How I Became a Christian* で問題にするアメリカ人の拝金主義や中国人に対する人種差別がすでにはっきりと指摘されている。新島がそういったアメリカの問題点にほとんど一言も触れていないのは、彼に批判的な目が欠如していたということであろう。

処世術？

新島のアメリカに対する無批判さは、一面では彼が身に付けていた、したたかな処世術といったものの現れだったのかもしれない。新島の一八六七年八月八日付のハーディー夫人宛の手紙の中に、ある牧師が旅行中の新島にアメリカの風俗習慣についてどう思うか、またアメリカの宗教［キリスト教］についてどう思うかと聞く場面が出てくるが、新島は最初の質問には「私はアメリカの風俗習慣の方が故国の野蛮な［あるいは、異教的な］風俗習慣より好きです」と答え、二番目の質問には「私は木や石で出来た神々よりも真実の神［キリスト教の神］の方が好きです」と答え

たと書いてある（Hardy, p. 63）。新島の答えは相手のアメリカ人の優越感を満足させ、彼にこのあわれな異教国から来た感心な青年に何かしてやろうという気にさせるような答えだ。事実、新島に一晩安全に泊れる場所を紹介してほしいと頼まれて、安い船員宿泊所に連れていくつもりだったこの初対面の牧師は、気を変えて新島をパーカー・ハウスという町一番のホテルに連れて行き、ホテル代を払ってくれることになった（Hardy, p. 63）。

自国を世界最良の国だと思ったり、自分の信奉する宗教だけに真理があると思ったりする傾向は、アメリカ人の間だけでなく世界中のいろいろなところで認められる傾向である。外国人としてそのような思い込みに逆らうと喜ばれないことが多い。内村は一八九四年初出の文章の中で自分のアメリカ留学中の経験について次のように書いている。

> 余輩米国にありて屢々《しばしば》伝道会なるものに出席し、其依頼に応じて一席の演説をなすや、言偶々《たまたま》我国人の美風美質に及べば、聴衆は甚だ不満の色を顕はすが如し、〔中略〕彼等は未信者（Heathen）の暗きを聞くを好んで其明徳を聞くを好まず
>
> （「豈惟《ひと》り田村氏のみならんや」『内村鑑三全集』第三巻、一六～一七ページ）

海外伝道に強い関心を持つ反面、概して日本についての知識に乏しいアメリカ人キリスト教徒に囲まれて生きていた新島のような日本人にとっては、キリスト教国アメリカはすばらしい理想国、異教

国の日本は野蛮な未開国といった黒白的理解を持つことはまわりのアメリカ人キリスト教徒達との関係において都合のいいことだった。そして、日本に帰国してからも、自分の事業を進める上でアメリカ人キリスト教徒からの援助に依存するところの多かった新島は、一生この単純極まるキリスト教国アメリカと異教国日本についての図式的理解を持ち続けたように見える。

日本についての浅薄な知識

新島のアメリカ認識の浅薄さについてはすでに触れた。彼の日本についての知識はもっとひどいものだったように見える。例えば、新島はアンドーヴァー神学校の卒業生スティムソン（Henry Albert Stimson）の依頼で書いた日本事情を説明する手紙の中（一八七〇年二月六日付）で、日本の農民と仏教について次のように書いている。

この階級は手で作られた厭うべき神々の変らぬ信者である。彼らは狡猾なのろうべき僧侶達に目をくらまされて、彼らを養うために相当な額の金を払っている。僧侶達は、神々にたくさんの献金をする者は誰でも永遠に消えない地獄の火で焼かれることはないと言う。

しかし、人々が神々に献じた金はいやなずるがしこい僧侶達の手に入るのである。彼等は高徳なふりをして妻帯しない、というのは彼らは女と寝るのは不浄なことだと思うからである。しかし、彼らは秘かに厭うべき罪を犯し、神々に献げられた金を彼ら自身の利己的な欲望を満足させるために使っている。

私はこの階級の人々［農民］を気の毒に思う。（全六・六八）

同じキリスト教徒が日本の宗教について批判的に書いたものでも外国人のニコライの文章などは明らかに相当な研究を積んで得たかなり正確な知識に基づいて書かれている。一八六九年に発表された日本紹介の論文の中の浄土真宗（ニコライの用語では門徒宗）を論じた部分から一カ所引用してみよう。

門徒宗なる派は仏教の禁欲主義を一切棄て去ってしまって、この世界に対する仏陀の愛という理念にのみ取りすがったのである。ここには自己滅却などは影もかたちも無い。

坊主たち自身が妻帯しており、肉であれ好きなものを食べている。人間の功業はすべて空しいものだと考えられ、救いのためにはただ仏陀への信仰があればよい。たとい恐るべき悪人であっても、ただ一度「ナム　アミダ　ブツ（われアミダ仏を拝み奉る）」と唱えさえすれば、その人間は救われるのだ、というのである。（ニコライ著・中村健之介訳『ニコライの見た幕末日本』五〇〜五一ページ。引用に際しては本文中に挟まれている訳者による注記を省略した。）

新島が日本の農民の信ずる宗教としての仏教に触れたとき頭に浮かべていたのが、浄土真宗であったかどうかは分からない。しかし、新島の書くことは、日本の有力などの仏教宗派の紹介としても不当なことは明らかである。ニコライと違って新島には、自分の信奉する宗教と違う宗教を批評ないし批判するなら、その宗教について必要最低限の確かな知識を得てからにしようという知的誠実さが欠けていた。後年においても新島が他宗教に対する知的誠実さに欠ける人だったことは、「海舟座談」

の一八九八年六月一九日の項に出てくる「新島などは、「ただ仏教が、悪い悪い」と言うだけの事で、何も知りゃあしない。ワシの方が、まだ仏書を読んでいるくらいだもの」（勝部真長ほか編『勝海舟全集』第二一巻、七一ページ）という言葉からもうかがわれよう。

日本の暗黒を強調することによってアメリカ人キリスト教徒の同情や援助を引き出そうとするのは、この時に限らず後年の新島にも見られる傾向であった。そのようなやり方は内村が強く排撃したところである。

若《も》し此非国家的行為に依るにあらざれば我国の生霊を救ふこと能はずとせん乎、余輩は寧ろ救はれざらん事を欲するものなり　（「豈惟《ひと》り田村氏のみならんや」、『内村鑑三全集』第三巻、一三ページ）

と内村は書いている。

新島の異教日本をただ暗黒の世界ととらえるような見方からは、日本の文化的宗教的伝統に対する生き生きとした関心が生まれなかったのは驚くに当たらない。新島には、内村の「日蓮上人を論ず」とか植村の「黒谷の上人」のような日本の代表的仏教徒をかなり好意的に論じた文章といったものはない。

耶［キリスト教］に生れて耶のみに活ける者亦此《またかく》の如し［狭隘、固陋］。然るに儒仏神に生れて耶に入りし者は、既に其の心意の経験に於て世界の宗教を達観し、且つ能く之を調和して一大見識を発明するを得ん。

と海老名弾正は書いている（渡瀬常吉『海老名弾正先生』二二三ページ）。このような、まず異教徒として生まれたことを幸いとするような考えも、新島とは無縁だった。

第六章　岩倉使節団との出会いと新しい使命感のめばえ

1　アメリカでの出会い

予想外の出来事

前章で触れたように、新島はハーディー夫妻が敷いたレールに乗って教育を受けて行くことに疑問を感じなかったようだ。しかしながら、ハーディー夫妻が新島の将来について計画を立てたとき、もちろん彼らも未来に起こることがみな予想出来たわけではない。彼らの予想外のことで、新島の将来に大きな意味を持った出来事として第一に挙げるべきは、新島と岩倉使節団との出会いであろう。それがどのようにして起こったか。そしてそれがどういう意味で新島にとって非常に重要な出来事であったか順を追って述べていくことにしよう。

薩摩藩留学生との交流

新島の元治元（一八六四）年の脱国は徳川幕府の法を犯して非合法に行われたから、日本を去った時点では新島には自分が将来どのような形で日本

岩倉具視全権使節団
(左から木戸孝充，山口尚芳，岩倉，伊藤博文，大久保利通)

に帰れるか見当がつかなかった。しかし、新島が脱国した幕府崩壊を間近にひかえた時期は、ペリー来航以前の本当の鎖国の時期とは大分様子が違っていた。そのことは、新島の一八六七年三月二九日付の父親宛の手紙に書かれているように、一八六六年の海外渡航解禁に伴って、一八六七年三月にボストンに「日本のテヅマツカヒ、カルワザシ」(全三・三八)がやって来たことにもうかがわれる。新島はおそくとも一八六七年からはアメリカに来ている外の日本人留学生ともかなりの接触を持つようになった。新島の一八六七年三月二九日付の父親宛の手紙に薩摩藩派遣の留学生と会ったことが次のように書かれている。

昨年十一月薩州侯之御家来六人程ニウーヨルクへ到着致、其内一人当所へ参リ小子を尋ね呉候、小子日本を去りしより同国人に逢候は是が初で御座候ひし故殊之外欣喜仕候。かつ当時此六人の者はモンソンと申所の学校へ罷越《まかりこし》英学の修行いたし居候　(全三・三八)

新島が引き続きモンソン・アカデミー(Monson Academy)に入学した薩摩藩留学生と交流を持った

ことは一八六七年八月二六日付のハーディー夫人宛の手紙（Hardy, pp. 78-79）などから分かる。これらの薩摩藩留学生も徳川幕府の許可を得ずに日本を出てきた（Hardy, p. 79）という点では新島と同じだった。

徳川幕府の崩壊は不法出国に対する処罰の恐れが事実上消滅したことを意味したと思われる。しかし、新島の場合は、彼がキリスト教徒になっただけでなく、帰国後キリスト教の伝道に従事したいと思っていることからくる問題があった。それは、明治政府が最初江戸幕府のキリスト教禁止政策を受け継いだからである。

帰国前のアメリカ帰化の件

それで、一八七〇年秋に新島がアンドーヴァー神学校に入学し、日本への帰国もそれほど遠くないと感じられる頃に切実な問題として浮かび上がったのが、新島が日本に帰国してキリスト教の伝道活動に従事したら日本政府は彼を罰するかどうかという問題であった。新島は安中藩士時代からの信頼する先輩、飯田逸之助宛の一八七一年二月二五日付の手紙の中で滞りなく帰国できるように「内々政府の有司と談判」してほしい、またキリスト教の伝道をしたら処罰されるかどうかも調べて知らせてほしい、と依頼している。この手紙には次の言葉もある。

小生の亜国に於ての親友中に、亜人と相成り、亜国大統領の保護を得て、日本へ帰るべきが宜しきと、若し日本人刑を加へば、亜国の大統領より宜しき所置の有之候、右の段如何致して宜しきや、

是又御告可被下候　（全三・九〇）

アメリカ人の友人の中には、アメリカに帰化してアメリカ人として帰国することを勧める者がいるがどうしたらよいだろうか、と帰化の件も飯田に相談しているのである。

『生涯と手紙』ではこの件については帰化によって日本での影響力が損なわれるのを避けるため、アンドーヴァー神学校入学までに新島が自分できっぱりとアメリカに帰化しない決断を下したように書かれている（Hardy. p. 100）。しかし、アンドーヴァー神学校での勉学を始めてから半年位たってから書かれた飯田宛の手紙で帰化の件を相談していることは、『生涯と手紙』の記述があてにならないことを示している。

森有礼との出会い

おそらく帰化の件は、新島が別に急いで帰化する必要もなさそうだと様子を見ているうちに一八七三年二月のキリスト教禁制の高札の撤去になり、帰化する必要がなくなったということではなかったろうか。そして、新島に急いで帰化する必要もなさそうだと思わせたことには、飯田宛の手紙を書いた翌月の三月一五日にボストンでワシントン駐在の日本の外交官、少弁務使森有礼と会って、日本の上流階級のキリスト教に対する態度が段々変わってきているることを聞いたことも挙げられそうだ。森と話したことを報じた一八七一年三月二一日付のフリント夫人宛の手紙に次の言葉がある。

私は政府が二、三年以内にプロテスタント宣教師に日本で宣教活動をすることを許すようになるだろうと信じます。

（Hardy, p. 102）

右の引用の最後に出てくる宣教活動解禁についての楽観的な見通しは、森から聞いたことに基づいていると思われる。

一八七一年三月一五日に森有礼に会ったことは、新島にとって大きな意味があった。一つにはこれによって新島のアメリカ滞在を日本政府との関係で合法化する道が開けたからである。同じフリント夫人宛一八七一年三月二一日付の手紙に次のように書かれている。

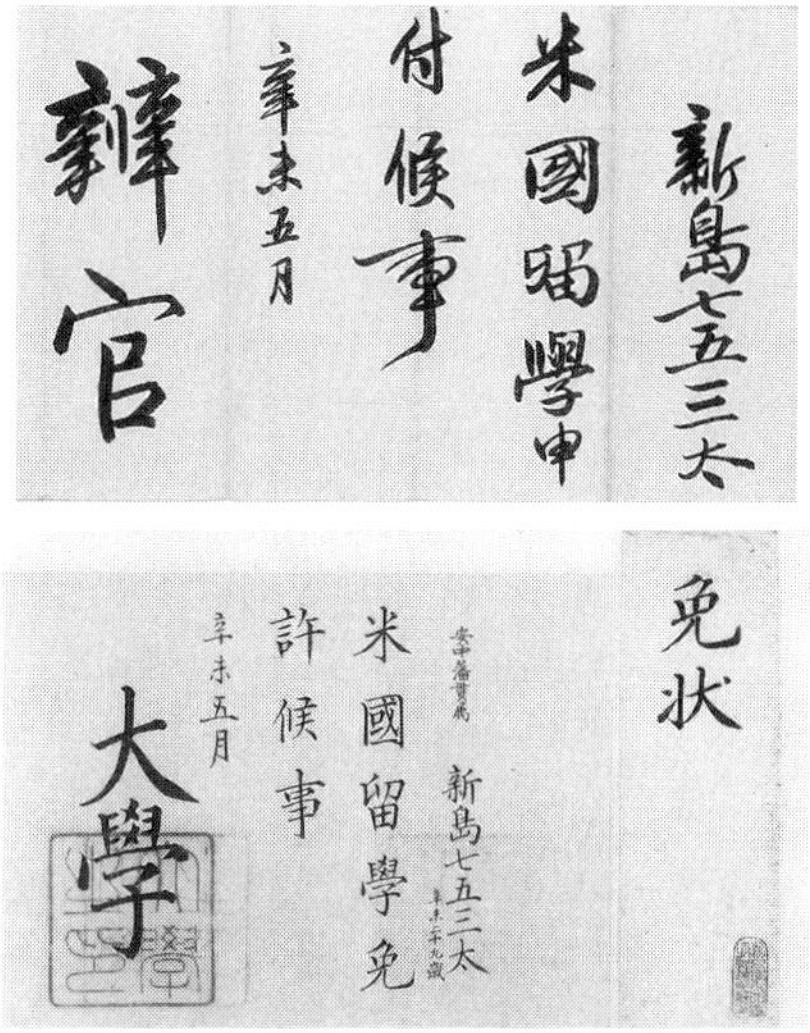

日本政府からの留学免許状（1871年）

彼〔森有礼〕は私に、もし私が自分が何者でアメリカで何を勉強してきたかを手短に説明し、将来日本に帰るつもりであることを言明する日本政府宛の手紙を書くなら、彼はそれを政府に伝達し、私のためにパスポートが発行されるようにしてあげようと

言いました。(Hardy, p. 102)

「新島襄年譜」の一八七一年八月二二日の項に「森有礼よりこの日付で、留学免許状とパスポートを郵送してくる」(全八・七七)と書かれているように、新島はこのときから半年も経たないうちに日本政府公認の留学生として合法的な身分を獲得した。これは新島の知らないところで彼をめぐっていろいろなことがなされた結果であった。というのは、後で触れるように、新島は三月一五日に森に言われた日本政府宛の手紙を書かなかったのに、留学免許状やパスポートを受け取っているからである。

森の友好的態度

新島のアメリカ時代の手紙には森が新島を親切に好意を持って扱ったことを示す言葉がよく出てくる(例えば、Hardy, p. 124参照)。森の新島に対する友好的態度は一つには彼が新島に多少似た経歴の持ち主だったためである。森も新島の脱国の翌年の元治二(一八六五)年に、薩摩藩派遣の留学生の一人として秘かに日本を離れてイギリスに渡り、三年間の海外生活を送っている。そして、海外生活の最後はアメリカに渡り、ハリス(T. L. Harris, 1823-1906)が主宰していた一種のキリスト教のコロニーで一年近くを過ごしている(井上勝也『国家と教育――森有礼と新島襄の比較研究』二一～二六ページ参照)。森は後には信仰を失ってしまったようだけれども、ハリスのコロニーにいる時は「初め熱心なる基督教信者」(海門山人「森有禮」大久保利謙編『森有禮全集』第三巻、一九ページ)だったという。新島が森に初めて会った頃でも森はキリスト教に対して好意的な態度を失っていなかった。そのことは森が翌年一八七二年一一月に英文で書いた「日本宗教自由論」

（"Religious Freedom in Japan: A Memorial and Draft of Charter"）吉野作造ほか編『明治文化全集』第一一巻、所収）の中で、特にキリスト教を禁止すべきだという議論を一つ一つ論破しようと試みていることからもうかがわれる。森の「日本宗教自由論」には、

地球上の諸国民の歴史が証明する事実はそれらのうち文明がもっとも進んでいるのはその宗教がキリスト教の国民だということである。（『明治文化全集』第一一巻、七ページ）

という言葉もある。

いまの言葉で言えば、駐米公使という地位を占めていたけれども、新島より四歳も年下の一八四七年生まれで、まだ二〇代半ばの青年であった森は太政大臣三条実美にあてた建白書である「日本宗教自由論」を英文で書くような西洋かぶれの欧化主義者という一面を持っていた。キリスト教にも好感を抱いていた森が、同じく西洋かぶれの欧化主義者という一面を持っていた新島を自分の仲間と感じたとしても不思議はない。

貴重な人材

下級武士出身の森が二〇代半ばで駐米公使といった重職に就いていたのは、明治初年においては彼のように欧米に留学し、かなり高度な外国語の知識を身につけた人間が、いかに貴重な人材と目されていたかを物語っている。アメリカで一年あまり過ごして帰ってきた高橋是清（一八五四～一九三六）が満一五歳の年の明治二（一八六九）年三月（帰国の二、三カ月後）に東京大

学の前身の一つである大学南校の教官になったり、満二一歳の年の一八七五年に、後の旧制高校にあたる大阪英語学校の校長に任命されたりしたのも（高橋是清著・上塚司編『高橋是清自伝』上、七八ページ、一四七ページ）そのことを示す例である。新島も潜在的には明治政府にとっての貴重な人材であった。新島のことを知るやいなや、森は貴重な人材である新島をハーディー夫妻の手から取り戻すためとも見られる行動に着手した。森はハーディーに新島を教育するためにかかった全費用を書き出したリストを提出してもらって、それを返済しようと思ったようだ。そのことを聞いた新島は動揺した。前述のフリント夫人宛の一八七一年三月二一日付の手紙に次のように書かれている。

私はハーディー氏がそのリストを彼に渡すのではないかと恐れています。そして、もしハーディー氏が森から支払いを受けるならば、私はその金額分だけ日本政府に縛られることになります。私はそれよりも自由な日本市民であり続けて、全く主の御用のために身を捧げたいのです。

(Hardy. p. 102)

日本政府から金を出してもらうことが自分の自由を拘束しうるということには敏感だった新島は、外国のキリスト教徒から金を貰うことも場合によっては自分の、あるいは自分たち日本人の、自由を拘束しうるということには、日本のキリスト教界の有力指導者の一部よりも、ずっと鈍感だった。このことも彼らが新島といわば袂を分かつ一因となったことには後に触れることにしよう。

新島の教育のため支出した金を返済しようという森の申し出をハーディーが断ったので（Hardy, p. 103）、森の新島を国費留学生にしようというプランはさしあたって無になった。しかし、森は初対面の時から新島に好印象を受けたらしく、その後も森の新島に対する働きかけはやまなかった。

森との二回目の会見

新島が二回目に森に会ったのは初対面の時から二カ月ほど後のことだった。

この時は森がアマーストにあるマサチューセッツ農学校に最初の日本人留学生（堀誠太郎、当時は内藤誠太郎）を入学させるため、その学生とアマーストにくる用事があったので、そのついでに新島に会おうと彼にアマーストに来てもらったのである。森は同じ薩摩出身の開拓使の実力者黒田清隆と親しく、開拓使の官費留学生の世話を含めていろいろ開拓使のために尽力している（拙著『クラークの一年』九〜一一ページ参照）。この森と開拓使の関係はやがて新島にも影響を及ぼすことになる。

では、森はこの時何のために新島をアマーストに呼び出したのだろうか。新島のフリント夫人宛の一八七一年六月七日付の手紙に次のように説明されている。

彼が私をよんだ主な理由は、彼は日本でアメリカの制度に則った学校を設立しようと思っているのですが、私にそのことに当たってほしいと言うためでした。（Hardy, p. 103）

後に内閣制度が出来てから最初の文部大臣として戦前の日本の教育制度を作り上げるため尽力した

森有礼は、アメリカ駐在の少弁務使時代から教育問題に強い関心を抱いていた。このことは、アメリカ時代の一八七三年に *Education in Japan: A Series of Letters Addressed by Prominent Americans to Arinori Mori*（『日本の教育——著名なアメリカ人から森有礼にあてた手紙』）と題する編著を出版していることからもうかがわれる。それで日本に帰国後の教育関係の仕事のための協力者として新島を確保するために新島をアマーストによんだのであろう。教育者新島が生まれる第一歩が、この一八七一年五月中旬のアマーストでの森との話し合いだといえるかも知れない。

外発的な教育発見

同志社をより高度な教育機関に高めるための大学設立運動が本格的に始まった一八八三年に書かれた「同志社設立の始末」では、新島はアメリカ留学中に自分の自発的な研究の結果教育の大切さに目覚め、日本に帰ったら、よい学校を創立し、教育事業に身を捧げようと心に誓ったという意味のことを述べている（全一・七二）。しかし、森にアマーストで日本で教育関係の仕事をしないかという打診を受けるまでの新島には自分の仕事は教育事業だと思っていた形跡はまるでない。新島は「同志社設立の始末」で、

苟《いやしく》モ学業ノ余暇アレバ必ズ諸州ヲ歴遊シ山河ヲ跋渉シ、務メテ建国ノ規模ヲ探リ風土人情ニ通ズルヲ以テ事トシ、到ル所ノ大中小学ヨリ博物館、書籍館、盲唖院、幼稚院、其他百工技芸ノ講習所、百種物産ノ製造所ニ至ル迄概《おおむ》ネ之ヲ検閲シ、或ハ諸州ノ学士有名ノ人物ニ接見シ親ク其議論ヲ聴クヲ得テ大ニ悟ル所アリ　（全一・九〇）

と書いているけれども、そのような組織的な視察研究に従事した形跡もない。一八六六年の夏休みはテイラー船長の故郷マサチューセッツ州コッド岬のチャタムで過ごしているし（全八・三九）、一八六七年についても、「新島襄年譜」の七月二五日の項に、「アンドーヴァーを出発、夏休みを過ごすためノース・チャタムのテイラー船長の父親の家に向かう」（全八・四三）とある。一八六八年の夏は七月から八月にかけて「五週間四〇〇マイル以上の旅行」（全八・五四）をしている。この学友と一緒に出発した徒歩旅行の間も、鉱物に興味を持つようになった新島は鉱山などは見に行っているけれども、多少の別に学校などを組織的に視察はしていない。一八六九年は七月一五日にアマーストを出発し、多少の旅行をしたあと、七月二七日から夏休みの残りをまたチャタムでテイラー船長の家族と過ごしている。旅行中の七月一五日にハートフォードで旧知の人に市立図書館、州議会議事堂を案内され（全八・六二）、七月二三日にニューヘイブンで鉱物学のコレクションと美術館を見に行っているけれども、これも「同志社設立の始末」の示唆するような組織的な視察ではない。旅行中の新島の関心はむしろ鉱物採集にあったことは「年譜」の七月一六日や七月二四日の項から分かる。一八七〇年の夏休みは新島はフリント牧師の家で過ごしている（全八・六七）。この夏も「同志社設立の始末」の示唆するような視察などはやっていないのである。

実は、「同志社設立の始末」で述べられているような、組織的な視察とか有名人の議論を聞く機会が生じたのは森によばれて岩倉使節団の田中理事官のための仕事をすることになったからであった。新島の、教育こそ自分の仕事だという自覚は、内発的というより、思いがけなく田中不二麿文部理事官の協力者となることによって受けた刺激によって生まれたのである。

旅券申請の手紙を出さず

ここで少し話をもどして、一八七一年三月中旬に森にはじめて会った時、彼からパスポートを発行してもらうには、日本政府宛の手紙を書けばよいことを聞きながら、新島が結局日本政府への手紙を出さなかったことについて一言書こう。このことについては、新島は、ハーディー夫人宛の一八七一年六月一三日付の手紙（Hardy, pp. 103–104）で触れている。そこに書かれていることを整理すると次のようになろう。新島ははじめは日本政府宛の手紙を書くことにして、実際に書いたようだ。しかし、用心深い新島は、神学を勉強していると書かずに、「文明の進歩の本当の秘密を勉強している」（Hardy, p. 103）と書いた。キリスト教徒になったことも書かなかった。そして、新島は書き上げた手紙を森に送って日本政府に伝達してもらうことをせずに、そのままにしておいた。それはキリスト教徒になったことを隠すのがいいかどうかについての迷いがあったためのようだ。このことに関する新島の考えは何度も変わるが、彼は結局日本政府には手紙を出さないことにした。それは日本の政府に手紙を書いて、自分がどこにいるかが日本政府に知られれば、政府のために何かをしろとか、どういう学科を勉強しろとか命じられるかもしれないと思ったためであった。

新島は、日本政府を代表してワシントンに駐在している森に所在が知られることは、事実上日本政府に所在が知られるのと同じだということを全く考えなかったようだ。森はアマーストで新島に会った直後の一八七一年五月二〇日には、新島から政府宛の手紙が送られてくるのを待たず、外務省宛に手紙を書き、新島に「渡海留学免状」を出してやるように申したてている（全八・七二）。この森の手紙が外務省に着くと、留学免許状とパスポート発行のために必要な照会などが次々と行われたことは「新島襄年譜」から分かる。

開拓使の留学生になる

新島が恐れたように、確かに政府に自分のことが知られることは政府にいろいろなことを命じられる危険を伴っていた。「新島襄年譜」の一八七一年五月一六日の項に、「この頃、森有礼はアメリカ訪問中の黒田清隆に新島の人物につき紹介する［か］。」（全八・七二）と書かれている。森の紹介が開拓使の実質的な最高責任者だった黒田開拓使次官を動かしたためか、やがて「新島襄年譜」の一八七一年一〇月一七日の項に書かれているように新島に開拓使御用につき至急帰国するようにという命令を森を通じて伝達することが決められた。

実際には「新島襄年譜」の関係記事（一八七二年二月一四日の項や一八七二年三月三日の項）を見ると分かるように、新島はまだ修学の途中で「今両三年程修業」（全八・八一）したいことを申し出て、この帰国命令に従わないで済んだ。それでも新島は開拓使派遣の留学生という身分になり、開拓使から留学費が支給されることになった。日本政府から留学費をもらうことによって行動の自由を失うことを恐れていた新島が送られてきた留学費を辞退したことは、「開拓使簿書」の中の記載（『森有禮全集』第二巻、八四二ページ）から分かる。

ワシントンによばれる

このようにして、開拓使からは一応自由を確保した新島であったけれども、岩倉使節団の一行が一八七二年一月にアメリカに着くとまもなく森は再び新島に連絡を取ってきた（全六・九九）。その結果、岩倉使節団がワシントンに着き次第、新島もワシントンに行って使節団にアメリカの教育制度について説明することになった。このことに言及したフリント宛の一八七二年二月一六日付の手紙には、森の依頼を受けて、前の週からアメリカの教育制度について調べていること、そのことでやることがたくさんあることが述べられている（Hardy, p. 115）。これも、新島がそれまでは特にアメリカの教育制度を自発的に研究していたわけではないことを示唆している。

日本政府からいろいろなことを頼まれることを警戒していた新島が、森のこの依頼を引き受けたのは、一つはそれが一時的なことであるのと、また留学免状やパスポートの件などでいろいろ世話になった森の頼みはむげに断れないという思いがあったためであろう。森に親切にしてもらっているという感じを新島が持っていたことは疑いない。

亜国弁務使森従五位より度々御書状を下され、色々の事件等御相談被成下、且　折々はお招き被下、路用入費は不残《のこらず》官より御払被下候間、大人［父上］ニ於而も御喜欣可被遊候　（全三・九二）

と一八七一年九月五日付の父新島民治宛の手紙に書かれている。

田中文部理事官と会う

岩倉使節団がワシントンに到着した直後の一八七二年三月二日に新島はワシントンの日本公使館からの電報で召喚された。新島は三月七日にワシントンに到着し、翌三月八日に森の紹介で田中文部理事官に会った。新島は田中の学校視察の際に通訳を務め、彼の教育調査に協力することを依頼された。新島は田中に会う前に、森にハーディー夫妻との関係を説明し、自分を外の日本人留学生と同じように扱わないでほしいと依頼するメモを渡した。新島のハーディー夫妻宛、一八七二年三月八日付の手紙によると、この日新島の意をくんで森は田中に新島の特別な立場を説明してくれた（Hardy. p. 120）。田中が、日本政府の給費留学生と違う自分は、「命令」されてやるのはいやだけれども、一定の報酬を与えられて「依頼」されるならば喜んで協力したいという意味の新島の言を受け入れたので、新島は田中の教育調査に協力することに決まった。田中は同じ部屋に居合せた他の日本人留学生に比べて新島を特に丁重に扱ってくれた。新島はこの田中との会見を「勝利」と感じて、ハーディー夫妻宛の同じ手紙に、

あなた方がこの勝利の時に私とともに喜んでくださるよう願います。というのは私は自由人、キリストにある自由人だからです。（Hardy. p. 122）

と書いている。しかし、新島が自分で思っていたほど自由人であったかどうか疑わしいことについてはまた触れよう。

田中のための仕事

新島は翌日田中と森に会い、そこで田中のために休暇中働くこと、それに対する報酬額などが正式に決められたようだ。新島は仕事の内容について、

田中不二麿

私の主な任務は「日本の万人教育」（"The Universal Education of Japan"）というレポートを書くことです。とても重要な任務だと思います。

（ハーディー夫妻宛一八七二年三月七日付の手紙、Hardy, p. 124）

と書いている。ここではじめて教育関係の仕事を積極的に評価する言葉が出てくる。

一八七一年三月一五日は田中の視察に通訳として随行する仕事が始まった日だった。この日は教育長官のイートン将軍に会ったり、大統領秘書のパブコック将軍に会って、大統領は不在だったがホワイトハウスを見学したりした。特許局にも行っている。こういった日々の視察先は「新島襄年譜」にくわしく書かれているのでこれ以上は触れない。

この日のことで重要なのは、それまでの短い期間の接触から新島について好印象を受けた田中が自分のヨーロッパへの教育視察旅行に随行を求めたことである。「彼［田中］は、私を下役としてでなく友人として扱い、私がアメリカに戻りたくなったらいつでも許可するそうです」（ハーディー夫妻宛一八七二年三月一五日付の手紙、Hardy, p. 126）という新島の言葉からもうかがわれるように条件も悪くなかった。

ヨーロッパへ随行の件

この田中に随行してヨーロッパに行く話は、ハーディー夫妻宛の一八七二年三月一五日付の手紙に引かれている森の説明、

彼［森］はこの件は私の選択しだいだ、私は引き受けることも断ることも出来る、と言います。

(Hardy, p. 126)

から分かるように、田中との関係では、新島の意向しだいのことだった。新島はハーディー夫妻との特別な関係を説明し、ハーディー夫妻と相談せずには返事が出来ないからと即答を避けた。そして、この件についてハーディー夫妻ないしハーディー（夫）に書いた手紙を見ると、新島は全然自立した人間として振舞っていないことが分かる。この件についてハーディー夫妻に最初に書いた手紙（一八七二年三月一五日付）に、

私はあなた方の被保護者です。［中略］あなた方の知恵と判断力でお考えになって私が何をすべきか言って下さい。

(Hardy, p. 126)

という言葉があることには、以前に別の文脈の中で触れることがあった。

確かにハーディー夫妻からそれまで六年以上にわたって学費と生活費を支給されてきた新島が、田

中のヨーロッパ旅行に随行する件はハーディー夫妻の同意なしには決められないと思ったのは奇異なことではないかもしれない。しかし、新島は自分で決断をした上で、ハーディー夫妻の同意を求めているのではなく、はじめからハーディーにこの件を自分に代わって決めてくれと頼んでいるのである。ハーディー（夫）宛のその次の手紙（一八七二年三月二〇日付の手紙）でも、このことは同じである（Hardy. pp. 130-31）。新島は、ハーディー夫妻宛の一八七二年三月八日付の手紙では、自分を田中ないし日本政府に自由な人間と認めさせたことを誇らかに書いていた。しかし、一八七二年三月二〇日付の手紙に現れているのは、自由な人間としての責任を回避しようとする態度である。田中についてヨーロッパについて行くかどうかという問題に関しては、新島の内部に分裂があったといえるだろう。ヨーロッパに行きたいという強い気持ちと、ヨーロッパに行くことは、田中、ないし、日本政府のしかけるわなにかかって、キリスト教の伝道者としていわば神中心の人生を送る道からはずれてしまう危険を伴うからやめた方がよいという一種の内心の声とが、新島の中で争うわけである。ここで自由な自律的な人間として行動するということは自分でヨーロッパに行くか行かないか決めることであるけれども、どちらに決めるにしろ決断の結果は多少の苦痛を伴うわけである。つまり、行くことに決めれば、一八六五年秋以来ずっとキリスト教的雰囲気の強い学校で学び、信仰のあついキリスト教徒にかこまれて生活してきた間につちかわれた一種の「良心」を裏切ったという後ろめたさを感じたであろうし、行かないことに決めれば、後ろめたさは感じなくても、またとない絶好のチャンスを逃したという失望の気持ちを味わったであろう。

神意、または願望の正当化

自分の「良心」が自分のヨーロッパ行きを止める方向に働いていることを意識した時新島が選んだのは、後ろめたさも感じないでヨーロッパに行くことを許すかもしれない可能性を秘めた唯一の選択、つまり、自分で決めることをやめて、他人（ハーディー）に決めてもらうことだった。一種の、自由からの逃走である。もし、その他人が自分の願望（ヨーロッパ行き）と一致する答えを出してくれれば、自分で決断した場合と違って、後ろめたさを感じないで自分の願望を満たすことが出来るわけである。

ハーディーは新島が聞きたかったヨーロッパ行を肯定する答えを出してくれた。そして、自分の一個人としての生涯に神の特別な摂理が働いていると感じる人だった新島は、一八七二年三月二二日付のハーディー夫妻宛の手紙の次の言葉に見るように、ハーディーの答えをたちまち神意の現れにしている。

お二人の最近の手紙は私に明白な結論を与えてくれました。そして、私にそれは人間の声ではなく、私の活動的生涯ないしキリスト者としての働きに道を開くための天からの声であろうと感じさせ、思わせました。

（Hardy, p. 132）

こうして、新島は田中文部理事官に随行してヨーロッパに行くことになった。

新島の教育問題に対する特別な関心は森や岩倉使節団との接触が始まってからのことである。新島が自分の教育論を展開している文章もそれ以前にはない。新島の最初の教育論と思われるものは、ハーディー夫妻宛の一八七二年三月一九日付の手紙に見られる。その日新島は田中文部理事官と特許局やスミソニアン・インスティテューションを見学したが、その後で田中は特に新島だけを昼食に招いてくれた。そして昼食後も新島は田中の部屋で三時間近くも国民教育の問題を話しあった。その時新島が田中に対して説いた彼の国民教育論の梗概がこの手紙に書かれている。

最初の教育論

この手紙に展開されている新島の国民教育論（Hardy, pp. 128–129）に表明されている考えは、新島が死ぬまで変わらなかったと思われるので注目に値する。

まず、新島は知的な教育だけ、知性をきたえるだけでは、教育として不十分なことを言う。鋭い知性は、刃物のようなもので、人や自分を損なう恐れがある。だから道徳教育がなければならない。後年同志社に大学を設立する運動を進めている時に書かれた「明治専門学校設立趣旨」（一八八四年）の中に出てくる「知徳並進ノ主義」（全一・九九）とか一八八八年九月の同志社通則の第一条に出てくる「知徳并行ノ主義」（『同志社百年史――資料編一』同志社、一九七九年、一二二ページ）が、すでにこの新島の最初の教育論の中で主張されているわけである。

道徳教育の目的は人々を有徳な人間にすることだけれども、この彼の最初の教育論の中で新島はそれにはキリスト教がなくてはならないことを言う。少し引用してみよう。

教育だけでは人々を有徳にするのに十分でない。知的哲学や道徳哲学でも不十分である。私はプラトン哲学や孔子の本を研究して有徳になった人に会ったことがない。他方、キリスト教には人々を自由に、元気に、有徳にする力がある。

(Hardy, p. 128)

新島の晩年に制定された先述の同志社通則の第三条に「本社ハ基督教ヲ以テ教育ノ基本トス」(『同志社百年史——資料編一』一一二ページ)と書かれているのも、いま引用したような考えに基づいているわけであろう。しかし、新島の最初の教育論は同志社という一私立学校の教育を論じたものでなく、田中文部理事官という日本政府の高官に対して説いた国民教育論であるだけに新島の考えに潜む問題性を暴露している。

信仰の自由への無理解

まず問題なのは、新島が信教の自由ということに対して無感覚に見えることである。新島のこの日の国民教育論を聞いた田中の反応も新島は同じ手紙に書いているけれども、その中に次の言葉がある。

彼〔田中〕は、政府はどんな宗教にも干渉する権利はない、宗教的信仰は内面の問題で、外に表れる行為ではないからである、と言いました。彼は続けて、政府の義務は国民の秩序を保つことで、宗教は人々の自由にまかせるべきである、人々は良心に従って真実の神でも異教の神々でもおがむがよい、もし一つの宗教に他の宗教以上に真理や善があれば、最後はその宗教が広まるだろう、と言いました。

（Hardy, p. 129）

田中のこの言葉は、公立、私立を問わず、日本の全国の学校でキリスト教に基づいた道徳教育が行われるよう政府は計るべきであるとか、政府はキリスト教に特別な保護を与えるべきである、というような新島の主張に反対して言われたのではないだろうか。信教の自由と政府による特定の宗教に対する特別な援助や保護とが両立しないという認識は森有礼が一八七二年に書いた英文「日本宗教自由論」に付された「大日本帝国宗教憲章」にも反映している（『明治文化全集』第十一巻、一六ページ）。

新島にとって大切なのはキリスト教を広めることであって、原理としての信教の自由の大切さということは彼の意識にほとんど上らなかったようだ。これは田中についてヨーロッパの教育視察を行った際に、新島がオランダの教育制度に対して次のようなコメントをしていることからもうかがわれよう。

アメリカの制度の方がオランダの制度よりはるかにすぐれています。オランダの公立学校では全く聖書を教えません。

（ハーディー夫妻宛、一八七二年九月三日付の手紙、Hardy, p. 149）

はじめての多額の報酬

田中のヨーロッパ旅行に随行することに決めた新島は、アメリカ国内でもはじめの予定の休暇中の三週間だけでなくヨーロッパへ出発するまでずっと田中のために働くことになった。こうして新島は日本を出て以来はじめて自分の仕事に対して少なからぬ報酬を受け取ることになる。「新島襄年譜」から関係記事を拾うと、一八七二年三月九日の項に、

この日より二三日（陰暦二月一〜一五日）までのワシントン滞在中の日当（骨折料、車賃、食料費）十五日分およびアンドーヴァーより出向の旅費、合計八二ドル四十五セントを文部省より支給される。（全八・八三）

また、同じ年の「三〜四月」のこととして、

（陰暦二月）この頃、田中文部理事官随行中の諸経費について、次の内示を受ける。手当（五・五か月）九九〇ドル／賄代（一八〇日分）九〇〇ドル／旅費（米国内およびベルリンまで）一六六ドル／計二二〇五・五ドル　（全八・八六）

と書かれている。後者の方が大分割のよい報酬であるのは、三月一七日に正式に「文部理事官随行」の辞令（全八・八四）が出たためであろう。

新島の文部理事官随行中の報酬について、田中のヨーロッパ旅行に随行することを知らせた父親、新島民治宛の一八七二年四月一日付の手紙には「右に付日々の雑費は五ドルヅヽ且骨折料として一年

ニ亜国のドルニし而《て》二千四百八十四ドル被下候」（全三・九八）とある。手当（五・五か月）九九〇ドルというのは一月当たり一八〇ドル、年額に換算すれば二一六〇ドルということであるけれども、この額にしろ、父親宛の手紙にある骨折料年額二四八四ドルにしろ、なかなかの高給である。当時は一ドル＝一円であったけれども、例えば、内村鑑三が一八八一年に札幌農学校を卒業して開拓使御用掛になった時の月給は三〇円であった（小原信『評伝　内村鑑三』五七ページ）。文部随行として新島の得た報酬は、月額ないし年額を比べれば、後の同志社校長時代の彼自身の給料（年額七五〇ドルだった年が多い）よりも、また初期の同志社で教えたアメリカ人宣教師の給料よりも高額であった（橘愛治「宣教師の給料（明治初期の同志社）」『同志社談叢』第一八号（同志社社史資料室、一九九八年三月、一五四～一五五ページ）。

一番豊かな時期

しかも、手当て（骨折料）のほかに賄代（雑費）という名目でおそらく田中文部理事官随行中の全支出をまかなうに十分な額をもらっていたのだから、この時期の新島は一生のうちで一番経済的に豊かだったのだ。それまでは多少のアルバイトやたまに頼まれてやった講演の謝礼はあっても自分でかせぐ収入は皆無に近く、経済的には全くハーディー夫妻に依存していた新島にとっては大変な変化であった。

これが新島に自信を与えたことは確かだろうし、ハーディー夫妻をはじめとするアメリカ人の友人や知人の新島を見る目にも微妙な変化を生じさせたことも十分考えられる。経済的に余裕が出来た新島は、一八七二年四月七日付の父親宛の手紙で、「欧行ニ付日本政府より被下候所の金」の中からまず「双親御保養金とし而《て》二百両差上」げるつもりであることを伝えている（全六・一〇二）。二百両は二百円である。そして、父親がその金を横浜で無事受け取れるようにいろいろ手配したことは、父親宛の一八七二年五月三日の手紙（全三・一〇二～一〇三）から分かる。さらに新島は、日本政府から支払われた手当や賄代のうちから四八〇ドルを小切手でハーディー夫妻のもとに送っている。新島はその金をハーディー夫妻に預かってもらってアンドーヴァー神学校に復学した時の学費に充てようと思ったのである（Hardy, p. 160）。（もっともその金をハーディー夫妻が新島に返して、新島の学費を払い続けたことは Hardy, p. 164から分かる。）

このように岩倉使節団との接触の結果は、新島とハーディー夫妻をはじめとするアメリカ人の友人達との関係のアンバランスを多少是正することになった。この頃の手紙でも自分をハーディー夫妻の「被保護者」と呼んでいたりはするけれども、岩倉使節団の仕事を始めてからの新島の手紙は概して前ほど幼い印象を与えない。

木戸孝允との交流

新島の自信はまた、岩倉使節団に参加していた当時の明治政府の指導者の一、二とほとんど対等なつきあいが出来たことからも来たのであろう。まず挙げるべきは、岩倉使節団の副使の一人「維新の三傑の一人」（大江志乃夫『木戸孝允』三ページ）である木戸孝允との接触である。一八七二年三月二二日にコロンビア大学見学のあと木戸がイートンと新島を含む日本人通訳二人を夕食に招いてくれた時が、新島が木戸と親しく話した最初だった。この日付のハーディー夫妻宛の手紙には木戸についての次の言葉が見られる。

彼は非常に紳士的で感じのよい物腰の人です。私は食事をしながら彼とずいぶん話し、彼に対してまるでアンドーヴァーのクラブで同学の学生達と話しているように振舞いました。（Hardy, p. 133）

大隈重信が「維新改革の原動力たりし士族」とは、士族の中でもどういうタイプの士族であったかと自問し、「皆一介の書生なりし」（『大隈伯昔日譚』一、一八七ページ）と答えているように、明治維新の際に活躍し、引き続き明治政府の高官となった人々の中には明治初期にはまだ若い人間が多かった。「維新の三傑の一人」木戸にしろ、天保四（一八三三）年生まれだから、新島とはじめて会った時はまだ三十代だった。新島が木戸にまるで学生同士のような遠慮ない態度で接したのに対して、木戸は全然悪い感じは持たず、その日の日記で新島を「可頼の一友なり」（全八・八五）と評している。「新島襄年譜」には一〇日後の一八七一年四月一日の項にもその日の木戸日記から新島に関係する部分が引かれているが、その日田中に随行してのアメリカ国内での教育視察の旅のためワシントンを立った新島を次のように評している。

彼の厚志篤実当時軽薄浅学之徒漫《みだり》に開化を唱ふものと大に異なり、余与彼交自如旧知得其益不少後来可頼之人物也（全八・八六）

右の引用文の後半で、木戸は、新島と話しているとまるで旧知と話しているような気がして、彼との交わりから少なからざる益を得た、将来頼りになる人物だ、と新島に高い評価を与えているわけである。

木戸の森などへの不満

当時アメリカに留学していた日本人の中では新島は木戸の目に例外的な存在と映ったようだ。新島と対照的な人間を「当時軽薄浅学之徒漫に開化を唱ふもの」という言葉で表現した時、木戸の頭にあったのは、自国の伝統を軽んじ、軽々しくアメリカを崇拝するというような人間であったと思われる（木戸日記の明治五年三月八日（一八七二年四月一五日）の項、「木戸孝允日記抄補遺（明治五年）」、『森有禮全集』第二巻、八四八ページ）。

彼の目にはアメリカに留学している日本人学生もそういう人間になってしまっているように映った。面白いのは、木戸が「森等の如き、我国の公使にして公然外国人中にて猥《みだ》りに我国の風俗をいやしめる風説あり」（同）と書き、森もそういう軽薄な米国崇拝者の仲間と見なしながら、新島は違うと思ったことである。実際においては日本の伝統の軽視と無批判な米国崇拝において、新島はおそらく当時の日本人の中でもっとも極端な人間の一人であったのに、そういう新島の一面はなぜか木戸の目に留まらなかった。それは木戸の使った「彼の厚志篤実」という言葉に反映しているような新島の人柄の与える誠実な印象のためでもあったろうか。

身につけた伝統的価値観

新島は彼の生まれ育った徳川社会の反逆児という一面を持っていたけれども、反面では知らず知らずのうちに徳川社会の士族の子弟として伝統的価値観や態度のかなりのものはやはり身に付けていた。

一八七二年三月二八日付のハーディー夫妻宛の手紙で新島はまた木戸に言及して、次のように述べている。

> 私は岩倉使節団の全体と会見する機会はあまりありませんでしたけれども、木戸氏とはとてもよく知りあう機会にめぐまれました。彼は使節団中の最も有能な人で、万人教育の大変な支持者です。私は彼にしばしば会い、国民教育に関する卑見を彼に述べました。私は彼にもそれは徳に基づかなければならないと言いました。
> （Hardy, p. 134）

教育の基本は徳を磨くことにあるといった道徳重視の考え方は、木戸などにはあまり違和感を感じさせなかったと思われる。士族の子弟の受けた儒教教育は社会の支配階級の一員としての責任感と天下国家への関心といったものを育む傾向があった。新島がキリスト教を単に個人の救いという私的な次元でとらえず、「国を富し兵を強め人心を一致する者此の至大至妙之真理に如《し》く者は無しとぞんじ候」（全三・八三）という一八七一年二月一一日付の飯田逸之助宛の手紙の言葉からうかがわれるように、国を立てる道というように国との関係で考えたのも、おそらくキリスト教に出会う前にすでに彼の中で天下国家へ目を向ける態度が培われていたためであろう。木戸は、新島自身の意識に上っていなかったような儒教に培われた士族的なメンタリティを新島に認めて、彼をいわば自分の仲間と思ったのかもしれない。

田中に聖書を教える

新島が木戸に国民教育が徳に基づかなければいけない、つまり、徳育を重視しなければいけないという意味のことを言った時、彼がさらに進んで徳育がキリスト教に基づかなければいけないと言ったのかどうかは先述の一八七二年三月二八日付のハーディー夫妻宛の手紙からは明らかでない。しかし、自分より二歳年下の田中不二麿（一八四五～一九〇九）に対しては新島はキリスト教について遠慮なく語った。田中に随行して教育視察のためアメリカ国内を旅行している時に書かれたフリント夫妻宛の一八七二年四月一〇日付の手紙の中に次の言葉がある。

私は彼〔田中〕の日曜学校の先生になりました。もちろん、彼は英語の聖書は読めません。しかし、彼は漢文の新約聖書を持っています。彼は新約聖書を漢文で読み、私は英文で読みます。そして、彼が理解出来なかったところを説明します。

(Hardy, p. 135)

この時はまだ日本国内ではキリスト教禁止の高札は撤去されていない。岩倉使節団と一緒に渡米した津田梅子ほか五人の日本最初の女子留学生が出発前に渡された洋行心得書の中に、「宗門相改候儀堅く御制禁の事」（山崎孝子『津田梅子』再版、四一ページ）とあった。このように、海外に派遣される留学生にもまだキリスト教に改宗しないようにという特別な注意が与えられていた時期である。そのような時期に日本政府の高官が一留学生を先生にキリスト教の研究をしているというのは、いかにも、明治初期らしいエピソードである。森の日本語廃止論、開拓使次官黒田の先進国民との雑婚論などが出てくるのも、この頃（一八七一、一八七二〔明治四、五〕年）のことである。黒田が森に「直ちにアメリカ婦人と結婚すべきだ」（Charles Lanman, *The Japanese in America*, p. 45）と言ったのは一八七一年のことだった。森は個人的には黒田の勧めに従わなかったけれども、アメリカにいる日本人留学生に「人種改良のためなるべく留学中アメリカの女性と交際して結婚して帰国するようにすすめた」（石附実『近代日本の海外留学史』一七九〜一八〇ページ）という。田中のキリスト教研究も欧米文明の優秀性の強烈な印象が背後にあるのであろう。すぐれた欧米文明の秘密は何か、欧米諸国はキリスト教国である。もしかしたら、欧米がすぐれた文明を生み出すことが出来たのはキリスト教のためかもしれない。田中が新島を「日曜学校の先生」として聖書を読み出した背後には多分そういった疑問があったのであろう。

2　ヨーロッパ旅行

旅行の概略

新島は田中とともに一八七二年五月一一日にアルジェリア号に乗船し、イギリスに向った（全八・九二）。『新島襄全集』第八巻の「新島襄年譜」によって、このヨーロッパ旅行の概略を述べると、新島は五月二一日最初の訪問国イギリスのリヴァプールに到着し、七月一六日まで二カ月近くイギリスに滞在した。その後は、七月一六日から七月二十二日がフランス、七月二二日から八月五日がスイス、八月五日から八月八日がドイツ、八月八日から八月一五日がロシア、八月一五日から八月二一日がまたドイツ、八月二一日から数日間オランダというように、かなり小刻みに各国を巡回している。しかし、欧州巡回は九月はじめのデンマーク訪問で終わり、その後、新島は一八七三年一月に病気を理由に文部理事官随行を辞任するまでドイツのベルリンで田中のための仕事を続けた。田中は一月三日にはベルリンを出発し、一月二八日にパリから帰国の途についた。新島は田中がまだフランスにいるうちに文部事務随行としての仕事をすませて辞任したのであろう。新島はその後自費で八月中旬までドイツに滞在した。その間二月一三日から約五週間と五月（推定）から七月にかけてヴィースバーデンに湯治のため滞在した。八月中旬にドイツを発った新島はパリで約九日間滞在した後イギリスに向かい、八月二六日から数日間ロンドンで過ごした後、九月二日にリヴァプールに行き、その日のうちにサマリア号に乗船してアメリカに向かい、九月一四日ニューヨークに到着している。

ニューイングランド的尺度

新島のヨーロッパに対する反応について書いてみよう。まず気が付くのは新島がそれまでの七年近くのアメリカ生活で身につけたアメリカのプロテスタント的価値観を尺度として万事を疑いなく計っていたことである。だから、彼の目にはカトリック教国の人々はよく映らなかった。ハーディー夫妻宛の一八七二年七月二一日付の手紙で新島はパリの印象を、私達がパリに着いた時、私達は立派な道路や美しい建物にとても感心しましたけれども、外見、虚飾には大変気を遣うけれども、魂を磨くことをなおざりにしている国民をかわいそうに思いました。（Hardy, p. 143）

と書いている。新島は、フランス人が、自分が暮らしてきたアメリカのニューイングランド地方の人々のように厳重に安息日を守らず、日曜日なのに、男や子供が釣りをしたり、女が洗濯をしたりしている上、酒場も開いているのに気付いて、

それで私は一目でローマ・カトリック教の国民とプロテスタント教の国民とを見分けることが出来ます。（Hardy, p. 144）

と同じ手紙に書いている。

新島は、ロシア正教に対してもプロテスタント教の優越を疑わなかった。ロシアのペテルスブルグでロシア正教の教会を見に行った新島は、一八七二年九月三日のハーディー夫妻宛の手紙に、その時の感想として、

私はそれらの熱心なロシア人達にとても同情します。というのは、彼らは本当に真剣に彼らの宗教

に帰依しているように見えるからです。彼らが間違った礼拝の方法、ないし、間違った教理の理解によって誤らされているのは残念です。（Hardy, p. 147）

と書いている。

自分と信仰や価値観を異にする人々を軽々しく断罪したり、そういう人々に対して優越感を持ったりせず、虚心に理解に努める態度は国際化、グローバル化が進む二一世紀の初頭に生きる私達にはますます必要とされる態度だろう。この点では新島は反面教師であろう。

このようにヨーロッパ旅行中の新島はいろいろな物や人に不賛成や非難のまなざしを向けた。もちろん、ハーディー宛の一八七二年六月八日付の手紙に出てくる次の言葉、

私達は大変スコットランド人気質が、特にエディンバラの人々が、気に入りました。彼らは本当に大英帝国のボストン人です。（Hardy, p. 142）

の示すように、賛成や称賛のまなざしを向けることもあったけれども、アメリカ崇拝者として新島がヨーロッパに本当にすばらしいと思うものを見つけることはそれほど多くはなかった。彼は表面的にヨーロッパを見て、彼の頭の中にあったいわばアメリカ中心の世界地図の正しさを再確認したようだ。ハーディー夫人宛の一八七三年三月五日付の手紙に出てくる、

全体としてドイツのプロテスタント教は私には便宜の問題でニューイングランドの自由な地におけるプロテスタント教とは全く違うように思われます。（Hardy, p. 161）

という言葉もそういった印象を与える。ドイツ語を読めも話せもしなかった新島がたった数カ月のドイツ滞在に基づいてドイツのプロテスタント教について一般的判断をするのは無理なのだけれども、新島はそのことに思い至らなかったようだ。

帰国か復学か

新島は田中に随行してヨーロッパに行くかどうかで大いに迷ったことは前に見たけれども、田中に随行してのヨーロッパ滞在中にもう一度それに似た問題が起こった。今度は田中と一緒に日本に帰国すべきか、それとも、アメリカに戻ってアンドーヴァー神学校での勉学を終わらせるべきかが決断すべき問題だった。一八七二年一〇月二日付のハーディー夫人宛の手紙に「もし、あなたに異議がなければ、私はどちらかというと田中氏と一緒に帰国することに決めたいと思います。私がどうすべきかおっしゃって下さるように願います」（Hardy, p. 153）という言葉があるのを見ると、新島は一度は田中の要請に従って彼と一緒に帰国するつもりになっていたようだ。新島に田中と一緒に帰国してしばらく日本で過ごすのがよいのではないかと思わせたのは、一つには、自分の健康問題への配慮だった。新島がアマースト大学の最後の一年やアンドーヴァー神学校での最初の年にリューマチに悩まされたことは「新島襄年譜」からも分かるけれども、寒さがリューマチに悪いと思った新島には、しばらく気候の温和な日本で過ごしてからアンドーヴァー神学校に復学するのが、リューマチ再発防止という観点から望ましく思えたのだ（Hardy, p. 153）。一八七二年一〇月初めの時点では新島は田中と一緒に翌年「三月桜花の全く開かざる前」（一八七二年九月二九日付の父親民治宛の手紙、全三・一〇八）日本に帰国するつもりになっていたと見てよい。

しかし、田中についてヨーロッパに行くのを躊躇させた彼の用心深い一面は今度も働き出して、田中と一緒に帰国して文部省の仕事を始めると「わな」にはまってしまってなかなか抜け出せなくなるかもしれないと新島に思わせた（Hardy, p. 155）。さらにそれは、田中が帰国して自分と一緒に働いてくれといっても、それは日本政府の正式の招聘ではないからあてに出来ない、もし田中自身が更迭されたら、自分はどうなるのだ（Hardy, p. 156）というように、物事が自分の意に反する方向に進む可能性をいろいろと新島に想像させた。結局新島は田中と一緒に帰国するという考えを撤回してしまった。

教育制度の立案者？

新島の田中と一緒に帰国しないという決断はおそらく新島にとってよかっただろう。新島が文部省の役人になったとしてもたいした仕事が出来たとは思えない。『生涯と手紙』では、著者のハーディーは、

新島が岩倉使節団を通して日本の教育の進歩のためにいかに大きな影響力を行使したかはどんなに強調しても強調しすぎるということはないだろう。（Hardy, p. 119）

とか、

帰国後文部次官に任命された田中氏が現行の教育制度の基礎をすえたのは新島の報告書に基づいてのことであった。（Hardy. p. 119）

と、まるで日本の教育制度は実質的には新島が作ったような書き方をしているけれども、全く根拠がない。ハーディーは、日本の学校制度に関する重要な基本法令である学制が田中の帰国前の一八七二年に出ていることも知らなかったようだし、彼の言う「新島の報告書」の性格を理解していたとも思えない。出版された田中不二麿の報告書『理事功程』全一五巻に新島の草稿（ハーディーのいう「新島の報告書」）がどのくらい採用されているかについては、『新島襄全集』第一巻の「解題」の中で河野仁昭氏が、

これらに新島の草稿が採用されているのは、「独乙国」編に史料76〜78「独乙国公立学校の規則」があるのみで、未だ厳密な照合は行っていないが、部分的にはともかく、それ以外にはほとんど採用の形跡は認められないようである。また、「独乙国」編にしても、新島の草稿どおりではない。（全一・六五三）

と書かれている。いずれにせよ、新島の書いた「理事功程」草稿は彼自身の見解を述べた意見書ではなく、学校規則とか他人の筆になる報告書の単なる翻訳に過ぎない（Hardy, p. 154参照）。ヒドゥン宛の一八七三年六月二五日付の手紙で新島は田中に随行してのヨーロッパ諸国の巡回視察が終わった後一八七二年九月から一八七三年一月まで従事した「理事功程」草稿執筆の仕事について次のように書いている。

それは私がこれまでにやった仕事の中で最も退屈で面白くない仕事でした。（全六・一二九）

「最も退屈で面白くない仕事」であったのは、それが自分自身の見解を反映させせない機械的な翻訳の仕事だったからである。

非現実的なもくろみ

私は上で新島が田中と一緒に帰国して文部省の役人になったとしてもたいした仕事が出来たとは思えないと言った。というのは、新島が文部省に入ってどういうことをしたいと思っていたかを示唆する唯一の個所は、まだ田中と一緒に帰国を考えていた時期に書かれたハーディー夫人宛の一八七二年一〇月二日付の手紙の中にあるけれども、そこからうかがわれる新島がやりたいと思っていたらしいことが、当時の日本の現実の中では全く実現の可能性のないことだったからである。

新島がヨーロッパで気付いた重要なことの一つは、ヨーロッパのキリスト教国といわれる国の中にもキリスト教と敵対したり、競合したりする思想があることだった。日本でのキリスト教の伝道の障害になるのは、仏教とか神道とかいう日本の在来の宗教よりも、むしろキリスト教国自体の中で生まれた反キリスト教思想だと新島は思った。そして、新島はヨーロッパ諸国を田中に随行して巡回したとき一緒だった二人の日本人通訳をはじめ、ヨーロッパで出会った日本人留学生のほとんどが、そういった思想に影響されて、キリスト教に対して無関心か批判的であることに気付いた。

新島が田中理事官のために「理事功程」草稿となった翻訳の仕事をしたのはドイツのベルリン滞在中のことであったけれども、新島はベルリンの日本人留学生との関連で、次のようにハーディー夫人宛の一八七二年一〇月二日付の手紙に書いている。

いまベルリンにはおよそ八〇人の日本人学生がいますが、彼ら全員がキリスト教の真理が何であるかを知らないくせに、キリスト教信者を嘲笑する癖を身につけてしまっています。〔中略〕私は彼らが日本に帰国したら日本で生れ始めたばかりのキリスト教教会の働きの大きな妨げとなると思います。それで私はいまが私が〔田中と一緒に日本に帰国して文部省で働き——引用者注〕宣教師達に道を開き、彼ら〔日本人学生〕が国に大害をなそうと企てる前に日本の国民教育をキリスト教的道徳原理で守るべき時かもしれないと考えています。

(Hardy, p. 154)

新島はどうやらベルリンの日本人学生のような反キリスト教的思想の影響を受けた人間が帰国する

前に、自分の力で、日本の公立学校のカリキュラムの中に聖書の時間とか、キリスト教主義に基づいた倫理の時間といったものを入れることが可能だと思っていたようだ。しかし、天皇の権威に支えられた明治政府が神道国教化政策を依然維持していた一八七三年頃の時代背景のもとでは、新島の考えていたようなことは全く非現実的であったろう。

実現しなかった抱負

新島は一八七三年一月に田中のための仕事が終わった後もかなり長くドイツに滞在した。主な理由は健康回復のためであったけれども、それに加えてドイツ語を習得してからアメリカに戻りたいという一種の野心もあった。ハーディー夫人宛の一八七三年四月六日付の手紙に新島は次のように書いている。

もしも私がドイツ語を十分に習得せずにアメリカや日本に戻れば、私はいま日本で外国人教師の指導の下に科学や外国語の知識において目覚ましい進歩を遂げつつある私の同国人にひどく笑われてしまうでしょう。私はまた、宗教界において公人として立つためには、近代思想、科学、および語学の分野でいつも同国人の少し先を行き続けることが非常に必要なことと考えます。

(Hardy, p. 161)

しかし、新島がドイツ語を通じてヨーロッパの思想や科学を学べるだけのドイツ語力を身につけた形跡はない。また新島は帰国後日本のキリスト教界の大立者と目される人物にはなったけれども、学問的に「いつも同国人の少し先を行き続ける」ことは出来なかった。帰国後の新島が学問上では人々の尊敬を受けることが出来なかったことには後に触れよう。

アンドーヴァー神学校復学

新島は一八七三年九月一四日にニューヨークに帰着し、九月一七日の新学期の授業開始の日からアンドーヴァー神学校に復学した（全八・一一四）。リューマチ再発を恐れて、新島はアンドーヴァーに戻るのをかなり躊躇したのであるが、ヒドゥン宛の一八七三年八月二九日付の手紙に書かれているように、ハーディーからアンドーヴァー神学校での勉学を続けるようにという忠告を受けて、新島は復学を決心したのであった（全六・一三三）。幸い勉学継続を困難にするような大病は起こらず、新島は翌年の一八七四年七月二日に無事にアンドーヴァー神学校を卒業した。新島は卒業後四カ月足らずで帰国の途についたわけであるが、このアメリカ留学最後の年にはその後の新島との関係で重要なことがいくつかあった。

一つは宣教団体アメリカン・ボードの宣教師になったことである。新島のアンドーヴァー神学校からの卒業もそれほど遠くない頃になると新島は彼の将来の仕事に関する二、三の働きかけを受けるようになった。「新島襄年譜」の一八七四年一月一日の項に「アメリカン・ボード在日宣教師団J・C・ベリーら八名は連名で新島に手紙を送り、帰国して協力するように要請する」（全八・一一六）とあり、一八七四年二月一五日の項に「横浜海岸教会では「在米国新島氏ヲ牧師ニ依頼スル事ニ決シ書面ヲ発ス」」（全八・一一六）とあるのがその主な例である。新島の恩人のハーディーが会衆派と関係の深い海外宣教団体であるアメリカン・ボードの評議員を長年勤め、一八七三年にはその運営委員会の議長に就任していることを考えれば、新島が横浜海岸教会の牧師になるという選択肢でなく、アメリカン・ボードの宣教師になるという選択肢を選んだのはほとんど自明のことのように見える。それでも、この選択は重大な選択であった。このことを理解するために横浜海岸教会からの牧師としての招聘状が出された背景に触れる必要があろう。

横浜公会からの招聘状

日本で最初に生まれたプロテスタント教会横浜公会（後の海岸教会）（一八七二年三月一〇日成立）は佐波亘編『植村正久と其の時代』第一巻、四四八ページにあるように「固《もと》より外国教会（殊に米国改革教会伝道局）ノ補助尽力ニヨリテ起リタル者ナレドモ、然モ始ヨリ政治上ニ於テハ外国何レノ宗派ニモ属セザル日本独立教会トシテ建設セラレタル者ニシテ、名《なづ》ケテ日本基督公会ト称シ、又単ニ横浜公会トモ呼ベリ」といった性格の教会であった。そして、この横浜公会が新島を牧師として招聘しようとしたのである。

この横浜公会と関係の深い宣教師にバラ（James Hamilton Ballagh）とブラウン（Samuel Robbins Brown）がいる。ともにReformed Church in America（Dutch）の宣教師として日本に来た人である。新島は帰国前から彼らと交渉があった。まず、新島が国禁を犯して脱国した身でありながら、割合早くから故国の両親などと文通できた背後には彼らの助力があったようだ（全三・三九および全三・五五参照）。手紙だけでなく新島が両親の養老金として「二百金［両］」（全三・一〇二）送った時も新島はその受け取りについては「バーラ先生」か「ドクトル」「ブラウン」の世話になるようにと父親に指示している（父民治宛一八七二年五月三日付の手紙、全三・一〇二）。また宣教師として再来日したブラウンが任地の新潟に赴任する途中安中で新島の祖父、父、弟の双六に会い、アメリカでの新島の様子を彼らに伝えたことは、一八七〇年四月二二日付の新島双六宛の手紙に出てくる（全八・八二）。ブラウンは安中に新島の家族が住んでいるとは知らなかったので、この予期しない会見にびっくりしたようだ（William Elliot Griffis, *A Maker of the New Orient, Samuel Robbins Brown*, pp. 222-223 参照）。横浜公会の日本人信徒達が新島を招聘しようとした一因は、バラやブラウンを通しても新島について聞くことがあったからであろう。

招聘状に「返答せず」

この横浜公会からの招聘は実を結ばなかった。小川圭治編「公会関係年表（一八三七〜一八七九）」（東京女子大学附属比較文化研究所紀要、第三七巻、一九七六年）では、一八七四年二月の所にこの招聘の記事を載せ、「新島は返答せず」と結んでいる。新島が帰朝した時、牧師になることを求めた横浜海岸教会員がそのことを新島にきいてみた結果、「思はざりき、彼の書状は未だ曾て新島氏の手に達せざりしとの事実を確かめ得たり」（『植村正久と其の時代』第三巻、六四八ページ）と植村正久は書いている。しかし、新島がこの招聘状を受け取りながらあえて黙殺した可能性の方がむしろ強いようだ。それは、新島にこの招聘状だけがいきなり送られたわけではなく、新島は別の経路からもこの招聘状が送られてくることを知っていたはずだからだ。いま同志社大学によってインターネットを通じて一般に公開されるようになった「新島先生遺品庫」収蔵の資料の中に、一八七四年二月二四日付のバラの新島宛の手紙がある。『新島先生遺品庫資料収蔵目録（下）』（同志社社史史料編集所、一九八〇）の目録番号二三三〇の資料である。（以下、新島遺品庫の資料の出典表示は新島遺品庫のインターネットのア[illegible]スとそこから条件指定検索によって[illegible]率的に探す資料に行き着く時に必要な目録番号を併記して、この手紙の場合[illegible]//doshisha.ac.jp/ihin[illegible]o/　目録番号二三三〇」というように表示することにする。）この手紙の中でバラは同じ便[illegible]浜公会からの招聘に応ずるよう強く勧めるという意味のことを書いている。同じ便で送られた招聘状もまず無事に新島の手許に着いたと考えてよいであろう。たとえそれが着かなかったとしても、バラのこの手紙を通して招聘のことを知った新島は、少なくとも問い合わせの手紙を出せたはずである。新島が返答しなかったのは、彼がこの横浜公会を動かしていた無宗派主義の精神に同意しなかったためではなかっただろうか。そしてどのように断るかを決めかねて結局黙殺することにしたのではなかっただろうか。いずれにせよ植村正久や他の横浜公会の会員は、新島が彼らの期待していたような人物でないことを新島の帰国後早々に覚ることになる。

3　ラトランドでの訴え

独自の行動

新島の生涯の最初の劇的な大事件が脱国だとすれば、次のハイライトと見るべきは彼がラトランドで行った訴えであろう。新島が帰国する直前の一八七四年一〇月九日にラトランド（Rutland, Vermont）で開かれた、アメリカのキリスト教海外宣教団体の一つであるアメリカン・ボード（the American Board of Commissioners for Foreign Missions）の大会で劇的な訴えを行い、将来同志社創立への財政的な面での第一歩となった約五千ドルの寄付金を即座に得たという有名なエピソードである。

新島がラトランドで日本におけるキリスト教教育の機関設立のための援助を訴えたことは、彼の恩人ハーディーの予定にはないことだった。もっとも、新島はこの場合でも事前（前の日の晩）にハーディーの了解を得ている。しかし、了解といっても、やりたいならやりなさい、しいて止めはしない、といった程度の消極的な同意だったことは『生涯と手紙』、一七二ページからうかがわれる。

新島がアメリカ人の誰からも積極的な賛成を得られなかったのに（Hardy, p. 168参照）あえてこの訴えを行ったことにおいて、新島は初めて自分独自の主張をしたわけで、これなしには新島は何ら自分の仕事と呼べるものを残さずに生涯を終えることになったかもしれない。

ハーディーによる新島紹介

このラトランドでの新島の訴えについては、ラトランド・ウィークリー・ヘラルド（Rutland Weekly Herald）という地元の週刊紙に載った同時代の報道記事がある（15 Oct. 1874）。この報道記事は最初オーテス・ケーリ氏によって同志社大学文化学会発行の『文化学年報』第二五輯（一九七六年三月）中に発表されたが、その後『同志社百年史――資料編二』（同志社、一九七九年）にも収録された。これを見ると、演説者としての新島は彼の恩人ハーディーによって紹介された。ハーディーは新島のそれまでの半生を説明した後、岩倉使節団を通じての新島の日本の教育に対する絶大な貢献に触れて紹介の言葉を終えている。終わりの部分を拙訳によって引用してみよう。

彼の母国がいま採用した教育制度を考え出したのはこの日本の若者なのである。日本を世界のもっとも進んだ諸国に引けを取らない国にするための力となりつつある教育運動を考え出した頭脳、それを動き出させた手は、この若者の頭脳であり、手であったのである。その彼がこれから皆様に自分でお話しします。

（『同志社百年史――資料編二』六三ページ）

『生涯と手紙』にある似たような見解にコメントした際にも書いたように、このような見方は全く何の根拠もない「神話」である。しかし、ラトランドでの新島の訴えが劇的な成功を収めた一因は、新島がこのように若くともすでに祖国のために偉大なことを成し遂げた人間として紹介されたためであったかもしれない。

キリスト教色の強い訴え

同じ報道記事によると、その日の新島の演説は非常にキリスト教的な調子が強いものだった。「ジョセフ・ニイジマ師は紹介されてから次のように話した」という言葉にすぐ続くのは、拙訳によって引用すると、次のような言葉である。

救い主［イエス・キリスト］が弟子達から別れるとき、彼は弟子達に、行って福音を宣べ伝えるように命じられました。しかし、悲しいことに私の見るところでは少数のキリスト信者は救い主のこの御命令に進んで従おうとしません。しかしながら、アメリカン・ボードに属する皆さんはこの人達とは違っています。実際、アメリカン・ボードが存在しなかったならば、私は今日でも依然として異教徒だったでしょうし、私の祖国には何の望みもなかったでしょう。この国〔アメリカ〕のキリスト信者達が自分たちの財のほんの少しの部分でも与え続ければ、私の祖国の同胞達は生命のパンで養われることでしょう。

我が祖国はおよそ三〇〇人ばかりの留学生を世界の各地に送って、彼らの力の及ぶかぎりの最善のものを学ばせようとしました。しかし、残念なことにこれらの学生達の大部分はヨーロッパの無神論者の影響下にあります。私達が必要とするのは単なる教育ではありません。私達は我が国民のための霊的な教えを必要とするのです。〔中略〕

日本のような国では悪魔が種をまくのも早いでしょう。だから私達は悪魔に先んじて福音の種をまかなければならないのです。

（『同志社百年史――資料編二』六三ページ）

新島はこのような前置きの後で「三三〇〇万ばかりの〔日本〕国民を助けるための教師と伝道師を養成する訓練機関」（"training institution, to raise up teachers and preachers to help some 33,000,000 people"）（同、六四ページ）設立のための資金援助を訴えたのである。この学校が「神戸の教会」の一種の付属機関として説明されていることからも、ここでは新島はこの学校の設立目的として日本におけるキリスト教の宣教を助けるという面に非常な力点を置いているといってよいであろう。「教師と伝道師を養成する訓練機関」という個所に出てくる「教師」もおそらくキリスト教を教える教師という意味であろう。

しかしながら、この時から八年あまり経った一八八三年四月に新島自身が書いた「同志社設立の始末」に紹介されているこの演説の内容は、同じ演説とは思えないほど調子が違っている。驚いたことにそこにはキリスト教に対する何の言及もない。ラトランド・ウィークリー・ヘラルドに報道されたところでは、新島は、日本が必要としているのは単なる教育ではなく、「我が国民のための霊的な教え」（つまり、キリスト教）であると主張していたのに、「同志社設立の始末」ではそれが直線的に教育（「真正の教育」）（全一・七三）の大切さを強調する議論に変わっている。新島が帰国後設立すべき学校も「恙《つつが》なく我国に帰るを得ば必ず一の大学を設立し」（全一・七四）と「大学」になっている。

後の演説内容書き変え

同じ演説の内容が、当時のアメリカの一週刊紙の報道と数年後の新島自身による回想とでこのように違っているのは、決して単純に新島の記憶がうすれたためではなく、そこには聞く人、読む人の違いを意識した新島自身による意図的な改変があったと見るべきである。

ラトランドでの彼の聴衆はアメリカン・ボードによる海外宣教活動を支持してきたアメリカの、主として会衆派のキリスト教徒であった。彼らの多くは海外宣教活動の目的を文字通り霊魂を地獄に落とされることから救うことと理解するような正統的、保守的な信仰理解の持主であったであろう。だから、「悪魔に先んじて福音の種をまかなければならない」というような言葉を使い、設立されるべき学校は「大学」ではなく、何よりも福音宣伝のために設立される「教師と伝道師を養成する訓練機関」だと聴衆に印象づけたからこそ、新島の訴えには大きな反応があったと言えるであろう。

日本語で書かれた「同志社設立の始末」の読者として新島が予想したのは、もちろんラトランドで彼の訴えに耳を傾けたアメリカ人達とは全く違う種類の人々であった。新島が「同志社設立の始末」を書いた一八八三年はまた彼がいよいよ同志社英学校を越えた、より高度な教育機関としての同志社大学設立を目指して具体的な行動をとりはじめた時である。

新島は日本人がキリスト教徒であるなしにかかわらず同志社大学設立運動に協力してくれることを期待した。キリスト教徒より圧倒的に多い非キリスト教徒からの募金に成功するためには、非キリスト教徒に、設立されるべき大学がキリスト教宣伝のためといったキリスト教徒だけの利益を目的として設立される機関だと思わせてはならない。そのためには、将来設立されるべき同志社大学だけでなく、現にある同志社英学校なども単にキリスト教拡張のための手段として創立されたように思われないことが望ましい。同志社大学設立運動との関係で同志社をピー・アールするために書かれた「同志社設立の始末」の中で同志社とキリスト教との関係への言及がないのはそういった計算からであろう。

ピー・アール効果

「同志社設立の始末」の中のラトランドでの訴えの記述にキリスト教色を入れないようにしようという新島の注意は、それにしても念が入っている。新島のラトランドでの訴えがなされたのは、一八七四年一〇月にそこで開かれたアメリカン・ボードの年会の席上であった。新島はその年にアメリカン・ボードの宣教師に採用されていたのだから、彼がこの年会に出席したのはいわば自明のことである。しかし、「同志社設立の始末」では自分とキリスト教の関係に一切触れず、「是に於て始めて教育の国運の消長に大関係あるを信じ、身の劣才浅学なるをも顧みず自ら他年帰朝の日ハ必ず善美なる学校を起し、教育を以て己が責任となさんことを誓ひたり」（全一・七二）というように、ひたすら教育に一生を捧げることを誓った人間として自分を読者に印象付けようとした新島は、自分がこれから任地に赴くキリスト教の宣教師としてラトランドのアメリカン・ボードの年会に出席したことを、「同志社設立の始末」の読者には隠しておいた方が賢明だと判断したらしい。それで「同志社設立の始末」では、ラトランドで開かれた「亜米利加伝道会社の大会議」になぜ出席することになったかについては次のように書かれている。

襄の友人にして此会に与《あずか》る者頗《すこぶ》る多きに因《よ》り、諸友襄を要し勧めて臨会せしめ　（全一・七三）

こんなところを見ても分かるように、新島はたくみに人を操って自分の目的を遂げようとする傾向のある人間だった。「同志社設立の始末」が同志社のピー・アール文書として、事実を正確に伝えることより宣伝効果に重きを置いて書かれた文章であることは、ほとんどいたるところに現れている。アメリカン・ボードの書記（Secretaries）宛の一八七四年四月三〇日付の手紙の中では、自分のアメリカに来て以来の健康状態を「やや不良」（"somewhat poor"）という言葉で表していた新島は、「同志社設立の始末」でははるかに劇的に、

未だ幾年を経ざるに数々篤疾に罹り形骸空《むなし》く志を齎《もた》らして異郷の土と化せんとせしが、幸にして

一生を万死の間に快復するを得たり……　（全一・七二）

と書いている。新島の在米時代の健康状態についての「同志社設立の始末」の記述は、「新島襄年譜」を見ても分かるように事実に合わない。しかし、そう書いた方が自分の海外生活をより劇的なものにし、読者の感動をさそう効果があると新島は判断したのであろう。

要するに、「同志社設立の始末」に出てくるラトランドでの新島の演説は、彼が実際に話したこととはほとんど無関係な後からの作文である。だから、新島は「同志社設立の始末」のいうような「一の大学」（全一・七四）ではなく、ラトランド・ウィークリー・ヘラルド紙上に報道されたように、福音を広めるための「教師と伝道師を養成する訓練機関」の設立を訴えて聴衆を動かすことに成功したというのが歴史的な事実であろう。

帰国途上の新島

新島はラトランドでの訴えをする半月ほど前の一八七四年九月二四日にはボストンのマウント・バーノン教会でキリスト教の聖職任命の儀式である按手礼《あんしゅれい》を受けていた（全八・一二三）。ラトランドでの訴えの後は、新島にはぜひともアメリカにいるうちにしておかなければならない大事なことはもうなかった。いろいろな友人、知人と会い、名残を惜しんだあと、一八七四年一〇月一九日にはハーディー夫妻とも別れて、新島はいよいよ帰国の途についた。一〇月二九日サンフランシスコ到着までの大陸横断の汽車の旅の間、新島は安息日には旅行をしないという原則を厳守した。ハーディー夫妻宛の一八七四年一〇月二五日付の手紙に自分の安息日厳守について例によって誇らしげに書いている（Hardy, p. 174）。安息日を守るために、途中下車したワイオミング州のグリーン・リバーでは彼は駅の食堂で見かけた中国人と筆談し、その後彼らの住んでいるところを訪ねた。一八七四年一〇月二九日付のハーディー宛の手紙に、彼らについて次のように書かれている。

十六人中の二人はキリスト教の真理をいくぶん知っておりました。あとの人間は英語を話すことが出来ない、卑しく、無知な堕落した人間達でした。彼らは家の中に彼らの神々を置いています。彼らは豚のように一緒に暮らしています。（Hardy, p. 174）

新島がアメリカに着く前に寄港先の中国やベトナムなどをある程度観察する機会があった時もそうであったけれども、新島はここでも非欧米世界の文化や人間に非常に否定的に反応しているといえるだろう。彼自身は早々とおくれたアジア的世界から脱出し、その価値観において、意識に上る範囲では、すっかりアメリカ人的になっていた。

新島は他人を先入観にとらわれずにありのままに見て理解に努める人間というより、一〇年あまりの海外生活を通じて身につけた価値観の正しさを疑わず、その尺度で他人を裁く傾向のある人間として日本に帰ったといえそうだ。一〇月三一日にコロラド（Colorado）号でサンフランシスコを出航してからの日本に向かう船の上で一緒になった船客の、新島による描写の意地の悪さもそのことを感じさせる。

乗客の一人にどこに行くのにもカサをつえ代わりにして歩く紳士がいます。彼は死ぬ前にただ世界を一周したいと思っています。彼は昨年エジプト、パレスチナ、オーストリアとスイスに行きました。しかし、彼はこれらの国々についてあまりよく分かってはいません。私がカイロとアレクサンドリアについて聞きましたら、彼は「とても大きな都会だよ」と言いました。肺病の気があるので中国と日本を旅行することになっているカリフォルニアの女性は、小さな（しかしとても強情な）娘を連れていますが、相当虚栄心が強いように見えます。彼女の小さな娘も同じく女王のように歩きます。太ったイギリス紳士は四六時中タバコを吸うことで満足しきっています。誰とでも臆せず話す若い二人の独身女性もいます。多数の若い男性達が、特に何人かのフランス人男性が、彼女達にかしずくことに熱心です。私はしばしばこれらの遊び人達の一団のそばに座りましたが、彼らが意味のないことを話し、全然おかしくもないことに笑っているのに気付いてとても驚きました。

（Hardy, pp. 177–178）

新島の乗ったコロラド号は四週間近くの航海の後一八七四年一一月二六日に横浜に到着し（全八・一三〇）、新島は脱国以来一〇年振りに日本の土を踏んだ。

第三部

帰国後の新島

同志社彰栄館（1884年頃）

第七章　同志社「創立」とその存続・発展のための奮闘

1　帰国当初の新島

逆カルチャーショック

外国に住み異文化に身をさらすと、人間は多くの場合いつの間にかそれによって相当な程度変えられてしまう。内村鑑三のように必ずしも留学先のアメリカを好まず、しばしば日本に早く帰りたいと思ったような人間でも、アメリカ生活によって深く影響されていた。このことは、内村が帰国後にアメリカの友人D・C・ベル宛に書いた一八八八年六月二〇日付の英文の手紙に出てくる次の言葉からも分かろう。

二週間の間私はいわば魂が宙にあるといった状態でした。私は自分がその中にやってきた、そして、私もかっては彼らの一員だったということがちゃんと分かっている、その奇妙な国民にすっかりびっくりしてしまったのです。私は日本的生活様式にまた自分を慣らすため、一生懸命努めなければなりませんでした。そして実際それはひどくつらい経験だったのです。

（拙著『内村鑑三――その世界主義と日本主義をめぐって』一六二～一六三ページ）

新島の場合は、内村の場合よりも自国に帰ってきた時に感じたショック（いわゆる逆カルチャー・ショック）がさらに大きかったのではないかと想像される。一〇年あまりの海外生活を通じて、具体的な人や物との関係では、新島は日本よりもアメリカにより強い愛着を感じる人間になっていたからである。

心の故郷、アメリカ

例えば、アンドーヴァーのフィリップス・アカデミーを卒業して、アマースト大学に進学してからまだそれほど日が経たない頃に書かれた、フィリップス・アカデミー在学中下宿していた家の女主人ヒドゥン（Mary E. Hidden）宛の一八六七年一一月二二日付の手紙を見てみよう。新島は風邪で数日具合が悪かった時に感じた「ホームシック」に触れた際に、「恋しかったのは日本の我が家ではなくてアンドーヴァーの我が家です」（全六・二四）と書いている。アマースト大学卒業後ほどない頃に書かれた一八七〇年七月二五日付のシーリー夫妻宛の手紙でも、シーリーと別れる時の方が、脱国の秘かな意図を抱いて日本の我が家を離れる時よりも、はるかにつらかったという意味のことが書かれている（全六・七六）。

新島が日本に帰ってきたのは一種の使命感から帰ってきたので、必ずしも望郷の念とか、故国に対する愛着のゆえではない。ラトランドでの新島の訴えを報道したラトランド・ウィークリー・ヘラルド紙の記事に出てくる新島の最後の言葉は拙訳によって引用すると次のようなものである。

私はもっと言いたいのですが、胸がいっぱいでこれ以上言うことが出来ません。たくさんの友人と別れるのは苦痛です。昼の光から灰色の夜明けへと移るのはつらいです。でも、私は天のエルサレムから地上のエルサレムへ移られた私の救い主を手本としなければなりません。私は彼に従います。そしてもう泣きません。

（『同志社百年史——資料編二』六四ページ）

具体的に言えば「昼の光」はアメリカ、「灰色の夜明け」は日本であろう。だから、ここで新島は本当は日本へ帰りたくないと言っていることになる。彼の泣いた理由の一つはアメリカから日本に帰らなければならないつらさにあった。帰国の船上からハーディー夫人に宛てた一八七四年一一月二一日付の手紙の中で、新島は「私は自分が帰国を目前にしたこの時にどうしてうれしくも何とも感じないのか自分でも理解出来ません」（"I cannot understand myself why I am so cold when I have a view of going home."）（Hardy, p. 179）と書き、ハーディー夫妻を夢に見たことを書いている。彼の本当の心の故郷というべきところは、日本というよりアメリカになっていた。

アメリカ的風習の維持

そういうわけで、一〇年ぶりで日本に帰ってきた当初、新島が強烈な逆カルチャーショックを経験したであろうことはたやすく想像される。そのような状況に置かれた人間として、新島の反応は内村とはずいぶん違っていた。内村も確かにアメリカ式生活様式をなつかしがった。けれども前出のD・C・ベル宛の手紙には次の言葉がある。

しかし、ユダヤ人のところには私達はユダヤ人として行かなければなりません。ギリシア人のところにはギリシア人として行かなければなりません。ナザレの大工イエスの弟子たるものにとっては、彼らがその中に入って働く人々の風習以外の風習を維持することはよくないのです。

（『内村鑑三全集』第三十六巻、二九四ページ）

同じ手紙に言及されている内村家の食事の例「米のご飯、みそ汁、それにいくらかの揚げた魚からなるそまつな食事」（同、二九六ページ）も普通の日本の食事で、洋食ではない。

内村と違って新島には自分の「バタくささ」を抑えようという意識があまりなかった。一八七四年一一月に帰国すると新島はすぐ両親のいた安中に行くが、安中で新島の行った演説や説教が人々の驚きの的になったのは必ずしもその内容のためだけではなかった。「聴衆の驚いたのは先生が靴を履いたまゝで立って演舌されたことである。……これだけでも新しい事を喜ぶ聴衆の注意を引くに充分であった」と湯浅吉郎は「安中の新島家」（『新島先生記念集』、二八五ページ）で書いている。西洋式の建物でならともかく、「城内の造士館または寺院の本堂」（同）といったところで、靴を履いたままで立って話したというのは「バタくささ」を感じさせることであったろう。帰国後の新島は食生活においてもアメリカ式を続けた。新島の家に食事によばれたイサベラ・L・バードは「テーブルの上に置かれたこの上なく美しい磁器製品（年代物の薩摩焼もいくつか見られた）を別にすれば、その食事と外国人の家での食事には何の違いもなかった」（Isabella L. Bird, *Unbeaten Tracks in Japan*, II, 238）と書いている。同志社の一生徒が「生来始めてのコールド・ロースト・ビーフの御馳走に与《あづ》かった」（若松兎三郎「先生の至情」『新島先生記念集』、二七八ページ）のも新島宅のことであった。

アメリカ文化へも「改宗」

新島はアメリカに行ってキリスト教に改宗したわけだが、それと同時にアメリカ文化にも「改宗」したようなところがある。例えば、アメリカ留学時代に「唯《ただ》野菜のミ喰ふ事は生命を保護する事遥ニ肉食に劣れリ」（全三・八一～八二）と信じるようになった新島が帰国後も肉食の大切さを信じ続けたことは、一八八二年八月執筆の「遊奥記事」の中で新島が「牛肉等ヲ食セザルハ、一ハ未開ノ徴《しるし》ト云テモ可ナリ。又進取ノ気象[性]ヲ助ケザルモノト云テモ過言ナラザルベシ」（全五・二一六）と書いていることからも分かろう。

新島が帰国後もアメリカ式生活を続けたのは、それが帰国後「逆カルチャー・ショック」を和らげる効果があったためでもあろう。しかし、新島が日本でアメリカ式生活を続けることが可能であったのは、彼がアメリカン・ボード派遣の宣教師としてやがて日本でも生まれてくる日本人牧師などよりはずっと高給取りで物質的にめぐまれていたためであった。日本人でありながら、アメリカン・ボード派遣の宣教師であったことやアメリカ文化への「改宗者」でもあったことは、新島と日本のキリスト教徒との間にしばしば微妙なずれを作り出した。そして、そのずれは新島の帰国の時点ですでに表面化したように見える。

日本人信徒とのずれ

植村正久は、帰朝時の新島に早くも失望させられたことについて、書いている。

明治七年、新島襄氏帰朝す。予等は同氏帰り来らば、必定無宗派の主義を賛成し、非常に大いなる援助を与へらるゝことならんと楽しみ居たるに、豈図《あにはか》らんや、氏は大いに無宗派主義を非難し、外国の宗派に属するに非ざれば事業挙がらず、伝道の前途望みなしとて飽くまでコングリゲーション主義を固執し、宗派的の運動をなすべしと明言せり。（『植村正久と其の時代』第三巻、六四七ページ）

このことに関連して松村介石「新島先生」に押川方義と新島の大議論という面白いエピソードが紹介されているので引用する。

新島先生の帰国は前にも言った通り明治七年だが、当時横浜のグランド学校から植村正久、井伊〔深〕梶之助、熊野雄七、本多庸一、などいふ面々が出た、皆まだ二十歳前後の青年だったが意気は甚だ盛なものだ、此連中は、西洋人から金を貰うことはいかん、学校でも教会でも皆独立せにゃならんといふ議論、たいした気燄で遂に自治教会といふものを立てた、〔中略〕で新島は一廉の豪傑と噂されて居るから、帰国したら匆々《そうそう》説き付けて教師となって貰はうと、協議は斯《こ》う一決して、新島先生着港の当日に出迎人を出す、それに選ばれて代表者となったのが即ち押川方義君なのだ、先生が上陸する、さっそく出迎ひて論鋒を向け逐一事の次第を物語ったが、新島先生は頭を横に振る、我は之から自分で学校を起さうと思ふんだといふ、それは宜いが、でも金は如何するかと聞いたら、金はチャンと米国から用意して来てある、教師と〔は〕宣教師に頼むといふ、之を聞くと押川君は呵々《かか》と笑った、第一其様な事は国家独立の面目に関する、第二に西洋人が言ふ事を聞くものか、遂には彼等の言ふ事を聞かねばなるまい、その時には甘んじて奴隷となるか、憤って喧嘩をするか、二つに一つの問題となる、馬鹿な考えは止せといふ、すると先生はそれは若い考だ、その様な考で事業は出来ぬといふ、押川君も憤って、吃度《きっと》碌《ろく》な事は出来ぬと放言して帰った、帰って連中への報告が斯《こ》うだ、新島は大馬鹿ものだ、丈夫児でない、卑劣漢だと、その以後植村などの連中はトンと先生に敬服せぬ事となった。

（『中央公論』一九〇七年一一月号、八四～八五ページ）

前にも書いたが、新島はアメリカ人から金をもらうことが自分の自由と独立をおびやかすことになるのではないかということはあまり考えなかったようだ。アメリカン・ボードから日本に派遣された宣教師として、新島は意識において日本側の人間というよりむしろアメリカ側の人間になっている面があったのかもしれない。

安中訪問と東京滞在

一八七四年一一月二六日帰国した新島ははじめは横浜に三日間滞在する予定だったけれども、予定を早めて一一月二七日には東京に出て、外務省に帰朝

D・C・グリーン

の届けを出した（全八・一三〇〜一三二）。そして、翌一一月二八日の早朝に東京を出発して人力車で両親のいる安中に向かった。安中での父親ほかの家族との再会のこと、アメリカでの見聞やキリスト教についての話を聞きたい訪問客がひっきりなしにあったこと、またこの時の新島の安中やその周辺での伝道活動などについては、新島のハーディー夫妻宛の一八七四年一二月二二日付の手紙に書かれている。新島は人々がキリスト教に強い興味を示すのを見て、もう少し安中に留まって布教活動に従事したいと思い、アメリカン・ボードの日本駐在宣教師の中では一番の古参のグリーン（D. C. Greene）に許可を求める手紙を書いたけれども、「次の安息日には大阪に発つよう説得された」（Hardy, p. 191）ことが同じ手紙に書かれている。当時アメリカン・ボードの宣教師は神戸と大阪を根拠地として伝道に従事していた。

注目すべきなのは、新島はグリーンに言われた通り安中滞在を切り上げて一八七四年一二月二六日には東京に出たけれども、ほんの二、三日のつもりの東京滞在が三週間以上になったことである。東京滞在が長びいたのは、東京にいる間に、友人に勧められて日本人の金持ちの間で、学校設立のための金を募ろうと思ったためだ。新島のシーリー宛の一八七五年一月一〇日付の手紙に次のような説明がある。

この友人は彼自身資産家で、私の企てについてとても関心を持っています。いくら出すとはまだ言いませんが、彼自身ある程度の金を寄付することを約束してくれました。この友人以外からも数千ドルの寄付金を集めることが出来るかもしれないという希望を抱いています。

（全六・一五九～一六〇）

この時は新島は本当に具体的な募金活動に入らずに大阪に発ってしまったけれども（アメリカン・ボードの総主事クラーク宛の一八七五年一月二五日付の手紙、全六・一六二）、右の引用はこの時点で新島がすでに伝道者養成所を越えた「大学」を設立することを目指していたことを示唆するものとして興味深い。右の引用に出てくる友人が誰であるかは分からないけれども、日本にキリスト教徒の資産家などはまだ皆無に等しかったこの時点で、彼を含めて潜在的な寄付者として新島の頭にあった日本人が、アメリカン・ボードの伝道者養成所に喜んで金を出す人間だったとは思えないからである。

旧知の高官からの助力

クラーク宛の上述の手紙には新島が岩倉使節団のための仕事をすることによって、明治政府の指導者の一部に知られるようになっていたことが、帰国後の新島に有利に働いたことを示す面白い具体例への言及がある。それを新島は、たまたま一月二〇日から一月二二日の横浜から大阪への航海の際に、同じ船に乗り合わせた岩倉使節団の一員だった明治政府の高官から聞いたと書かれている。新島の安中でのキリスト教布教活動に対して、その地の仏教徒が新島が去った後、県知事に対して将来新島にその地域での布教を許さないようにという請願書を出した。そして、この件に関して中央政府の意向を聞くため、県知事が東京で会った政府の高官が、新島が同じ船に乗り合わせた高官で、彼は県知事に「もし、それが新島ならば、問題はない。この件については何も言わないように」（全六・一六二）と言ったというのである。

大阪に着いた新島は、一八七五年一月から二月にかけてのいわゆる大阪会議のために大阪に来ていた木戸孝允に会って、学校設立に対する援助を求めた。木戸は大いに新島のために周旋してくれた（『同志社百年史』通史編一、同志社、一九七九年、七〇〜七三ページ参照）。注目すべきなのは、「新島襄年譜」の一八七五年二月一二日の項に引かれているその日の木戸日記に、

新島襄浪華之中学校を民力を以企つる一条に付余甚《はなはだ》其志を賀し為に周旋せり

（全八・一三九〜一四〇）

と書かれていることである。これも、新島が木戸に決してキリスト教の伝道者養成所を設立したいと思っているから援助してほしいというような頼み方をしなかったことを示している。近代的な教育制度が出来上っていず、大学もまだなかった当時（東京大学が発足するのは一八七七年）においては、中学校というのは、今日の中学校と全然違って、全国にいくつもない将来のエリート養成のための教育機関であった。木戸は新島が大阪に民間の力でそういう学校を作ろうとしていると理解し、大いにそれに賛成していろいろあっせんしてくれたのであった。

2　初期の同志社

官許同志社英学校の発足

新島は彼の考えていた学校を初めは、神戸（一八七五年一月一日付の新島民治宛の手紙、全三・一二三参照）、ついで大阪に設立することを考えたけれども、結局学校建設地は京都になった。それについては京都府顧問として大きな影響力を持ち、キリスト教にも関心を寄せていた元会津藩士、山本覚馬の力が大きい（『同志社百年史』通史編一、七五～七八ページの「山本覚馬」の節参照）。同志社の今出川校地は山本覚馬の所有地を譲り受けたものだし、同志社の設立した最初の学校、官許同志社英学校は新島と山本の結社である同志社がアメリカン・ボードの宣教師を教師として雇うという形でスタートしたのである。ついでに書くと、新島は一八七六年一月三日に山本覚馬の妹の山本八重と結婚している。アメリカン・ボードの宣教師になることを志願したときは、「しばらく独身でいるつもりである」（全六・一三八）ことを表明した新島であったが、日本で働き出してから健康上の問題が起こると、彼は考えを変えて結婚相手をさがしはじめたのである（全六・一七四）。八重は戊辰戦争の際に会津城に「三十日籠城」（「新島八重子刀自懐古談」『同志社談叢』第二十号、一〇七ページ）した女

山本覚馬

丈夫といったタイプの女性であったが、一面では当時としては相当ハイカラな女性でもあった。彼女の評判が同志社の学生の間ではよくなかったことは、同志社で学んだ徳冨健次郎（蘆花）の自伝的小説「黒い眼と茶色の目」『蘆花全集』第一〇巻、九二～九三ページなどからうかがわれる。しかし、学生の目にはこの結婚は新島にとっての「生涯の失望」（同、九三ページ）に映ったかもしれないが、本人達にとっては信頼しあった幸福な結婚であったことが新島の書簡や八重の「逝きし夫を偲びて」（『新島研究』第八号、一九五六年一月、三三～三四ページ）などから感じられる。

宣教師を教師として雇う許可が容易に下りなかったことなどいくつかの困難を乗り越えたすえ、同志社英学校は一八七五年一一月二九日に開校した。同志社という教育機関は初めからなかなか深刻な内部矛盾をはらんでいた。

同志社――二つの見方

その内部矛盾の一つは、同志社英学校の性格をめぐって関係者の間に二つの異なった考えがあったことである。新島がラトランドでの訴えによって得た寄付金を含めて、同志社の運営のために使える金は、新島個人ではなく、日本駐在のアメリカン・ボードの宣教師団全体の管理下にあった。宣教師の中には伝道師養成学校以上のものは不必要だと思うものが少なくなかった。同志社英学校開校の数カ月前の一八七五年三月に書かれたハーディー夫妻宛と思われる新島の手紙に次の言葉がある。

私は、伝道師養成学校（a training school）の外に、大学的な教育機関（a collegiate institution）を持

たなければ我々の事業は成功しないと心から信じています。……しかし、宣教師団（the Mission）は、資金をただ伝道者養成学校のために使うことを望むのです。（全六・一六二）

新島はラトランドの訴えの時は、伝道者養成学校の設立を考えているような言い方をしたけれども、右の引用を見ても彼の本音は単なる伝道者養成学校以上のキリスト教主義の学校（究極的には大学）を設立したいということだった。一八七五年一一月に開校した同志社英学校では学内で聖書を教えないと約束させられたこともあって、表に出たカリキュラムは普通科目だけの伝道者養成学校らしいところのない学校になった。しかし、学内で聖書を教えないことを要求した槇村正直権知事は「一種の逃げ道」も用意していた。便宜上学外と見なした通りを隔てたところにある新島の個人名義で購入した建物で聖書を教えることは許されたのである（『同志社百年史――通史編一』八九ページ）。だから、同志社をめぐる二つのヴィジョンは開校後も併存し続けた。一八七九年九月四日付のハーディー宛の手紙で新島が、

宣教師である私達のよき友人達は、これまでのところ聖書を教えることに熱心のあまり、学術を教えることをなおざりにしてきました。それで有望な少年たちの多くがとても失望して、私達の許を去って、東京の学校に行ってしまいました。そして、東京の学校では彼等はキリスト教の感化を受けることはないのです。私達はこれらの有望な少年たちを失うわけにはいかないのです。私達は徹

底した、高度の職業的かつキリスト教的教育を与えることによって、彼等を私達の学校につなぎ留めなければなりません。これが私の信ずるところでは、日本をキリスト教化するための眼目です。宣教師達がこの眼目に気付かないならば、彼等の仕事は大体において無駄な、実りのないものに終わるでしょう。（全六・二〇〇）

と書いているのもそういった二つのヴィジョンの競合が背後にある言葉である。アメリカン・ボードの日本駐在の宣教師達が長い間同志社英学校のことをKyoto Training Schoolと呼んでいたこともこの関係で興味深い（アメリカン・ボードの日本駐在宣教師団関係文書参照。この資料を私は東京女子大学比較文化研究所所蔵のマイクロフィルムによって閲覧させていただいた）。

同志社の実権の所在

初期の同志社ではその外見と内実が必ずしも一致していなかった。例えば、上に述べたような、外見は普通教科を教える英学校であったのに、宣教師達は彼等の使ったKyoto Training Schoolという呼称が示すようにそれを伝道者養成学校として意識していたことも、外見と内実の間のずれを示すことであろう。「私学校開業・外国人教師雇入れにつき許可願」（一八七五年八月二三日）の中では、新島は外国からの「純粋の学士」でなく宣教師を教師として雇い入れる理由を資金難に帰し、「已《やむ》を不得《えず》多分之月給を貪らざる宣教師を雇入れ候事ニ決定仕候」（『同志社百年史——資料編一』八ページ）と書いている。これも内実を正直に明かした言葉ではない。

新島は岩倉使節団のために働いたことを通して、明治政府の高官の中に木戸、伊藤、田中、森といった彼に好意を持つ人々を有していた。しかし、政府の指導者たちがみな同志社に好意を持っていたわけではなかった。同志社に好意を持たなかった高官の一人は寺島宗則《てらじまむねのり》外務卿であったらしい。当時日本が外国との間に結んでいた条約は日本に不利な不平等条約であったけれども、反面では外国人は外国人居留地内に住むのが原則で、京都のような居留地外に住むためには特別な免状が必要だった。その免状のことを取り扱っていたのが外務省であった。ハーディー宛の一八七九年九月四日付の新島の手紙（全六・一九四〜二〇一）によれば寺島が同志社で教える宣教師に免状交付を渋ったのは、同志社は外国人の支配している学校ではないかという疑いのためであった。新島は寺島が同志社に好意を示さない理由として、彼のキリスト教嫌いということも挙げた。しかし、新島個人に対してもキリスト教に対しても好意的な外務大輔森有礼も「もし、同志社がアメリカン・ボードの資金でなく、自分の資金で運営されるなら、同志社は存在権があるし、外国人教師を雇うことも問題ない」（全六・一九七）といって、同志社が全くアメリカン・ボードからの資金に頼って運営されていることを問題にしている。

『同志社百年史――資料編一』八〜九ページ所収の「同志社経営に関する弁明　新島襄書簡稿」（寺島宗則外務卿宛　一八七八年四月二七日）を見ると、新島は寺島の抱いた懸念に対して、外国人が同志社に金を寄付することと、外国人が同志社を支配することとは全く別のことであるという主張を彼の「弁明」の中心にしている。

同志社ハ縦令《たとい》悉皆《しっかい》米人之寄付金ニ成立タルニモセヨ既ニ社有ニ帰シタル上ハ決テ米人之左右スル所ニアラズ況《いわ》ンヤ多少日本国内同胞之寄付金モ加リタルニ於《おい》テヲヤ又況ンヤ永ク米人ノ寄付ヲ仰グノ趣意ニ非ルニ於テヲヤ故ニ同志社ハ決テ米国人ノ同志社ニ非《あらず》シテ即チ日本帝国内ノ同志社ナルコト固《もと》ヨリ弁明ヲ待《また》ズシテ明カナリ

（『同志社百年史——資料編一』九ページ）

実権の乏しかった新島

しかし、実際には、新島の同志社における地位は、寺島などが疑ったように、名目的なものにすぎないという面がかなりあった。同志社に関係していた宣教師達の言葉を聞こう。「私達はその学校と関係するようになったそもそもの始めから、その学校［同志社］をまるで日本人の所有者［開校当初は新島と山本の二人——引用者注］などいないかのように、あるいはまるでその学校がシカゴにあるかのように、私達の好きなように自由に運営することが出来ました」と、一八七六年九月の宣教師団の手紙にある（Jerome Dean Davis, *A Sketch of the Life of Rev. Joseph Hardy Neesima,* p. 69)。一八八〇年に初版が出た外国人による日本印象記の傑作の一つであるイギリス女性イサベラ・L・バード（Isabella L. Bird）の著書 *Unbeaten Tracks in Japan,* Vol. IIには“The Kiyôto College”と題し、「［一八七八年］十月三十日」という日付を付した同志社英学校訪問を扱った一章があるが、その中でバードが新島でなくデイヴィスを校長（“the head”）と書いているのもこの関連で興味がある。ちょうどそのころ出来た「同志社規則」（一八七八年一〇月）の末尾には新島の肩書きとして「同志社社長兼校長」（『同志社百年史——資料編一』一四ページ）と書かれているけれども、バードの本では校長のデイヴィスのあと副校長に当たる「補佐役」（"coajutor"）として当時同志社英学校で教えていたもう一人のアメリカ人宣教師ラーネッドの名が挙げられ、新島の名はその後で「日本人の新島さん（いまのところ唯一の正式に叙任された日本人牧師）と何人かの若い男性が二人を助けています」（II. 233）といわば同志社英学校のナンバー3として位置付けられて出てくる。

恒常的基金創設を計る

同志社が開校したころの日本では、政府も、教育を含むいろいろな分野でいわゆるお雇い外国人を雇い、西洋の先進諸国を模範にした近代化に努めていた。中央政府だけでなく、京都府などもドイツ人を教師として洋学所独逸学校を作ったり（一八七一年一月）、いくつかの分野で外国人を雇い入れてそれなりに京都の近代化を試みている（河野仁昭「京都の近代化と同志社英学校」学校法人同志社編『新島襄　近代日本の先覚者』二六三〜二七八ページ）。近代化という観点からは、同志社英学校のような学校が、中央政府によっても、京都府によっても歓迎されたとしてもおかしくなかった。それがそうでもなかった理由は、新島がハーディー宛の一八七九年九月四日付の手紙で触れているように、キリスト教に対する偏見と、同志社が外国人にコントロールされているように見えることに対する当局者の不満といったものであった。同志社は外国の機関、アメリカン・ボードの機関であるという京都府知事などの批判（全六・一九六参照）に対しては、新島は同志社にそこから運営費を出せるような「恒常的な基金」を作ることによってそれをかわそうとした。注目されるのは、新島がこの恒常的基金の創設ということも、第一にアメリカン・ボードの援助によって実現しようとしたことである。一八七九年九月四日付のハーディー宛の手紙に「当地で資金を募ろうとするのは、ほとんど無駄です」（全六・一九八）とあるように、新島は日本で恒常的資金を募ることはその時点では考えていない。新島が頼るのは、第一にアメリカン・ボード、もしアメリカン・ボードが彼の訴えに好意的に反応してくれない時は、第二に、アメリカの資産家である（全六・一九九）。新島の晩年の手紙にある「資本ヲ募ラントナレバ米国ニ如《し》クモノハナシ」（一八八八年八月一一日付の下村孝太郎宛の手紙、全三・六二二）という言葉からもうかがわれるように、新島は事業家としてアメリカの金に依存することの利益を生涯信じ続けた人間だった。新島の恒常的基金の創設という考えも日本政府に対して外形を取りつくろうのが目的で本当に自立をねらったわけでないことは前年の一八七八年のハーディー夫妻宛と推定される手紙（全六・一八八）で新島が恒常的基金をどのように説明していたかを見ても分かろう。『生涯と手紙』に次のように書かれている。

新島氏はアメリカに恒常的基金創設を強く訴える手紙を送りました。「もし、私達にそういう基金があれば、その基金の源が外国にあり、その基金を外国人が運営するのであるけれども、私達は自分の金で教師達を雇っているということが出来ます」と彼は書きました。

(Hardy. p. 217)

右の引用が示唆するように、同志社運営の資金の管理の実権がすぐにアメリカ人宣教師の手から新島ほかの同志社の結社人（日本人）の手に移ったわけではない。。同志社英学校の財務管理権が同志社社員会に委譲されたのが一八八八年である（ポール・F・ボラー著・北垣宗治訳「アメリカン・ボードと同志社（一八七五〜一九〇〇）」『同志社談叢』第一八号、一九九八年三月、八〇ページ）。そのころになってようやく実権が宣教師の手を離れはじめたと言えるだろう。しかし、その後もしばらくは同志社はアメリカン・ボードに財政的にも教師の面でも依存しつづけたから、デイヴィスなどは先に引用した新島伝中の一八七六年九月の宣教師団の手紙の言葉に続けて、一八九〇年に初版が出た彼の新島伝執筆時にも同志社の実権はアメリカ人宣教師の手を離れていなかったように解されることを書いている（Davis. p. 69）。

熊本バンドの人々の意義

要するに、デイヴィスは、新島が生きている間は自分たちアメリカ宣教師の思うように同志社を運営出来たと感じていたようだ。しかし、新島在世の時からすでに同志社内には、アメリカ人宣教師に対して新島よりは遥かに批判的な勢力がだんだん影響力を伸ばしてきていた。その主体は熊本洋学校でL・L・ジェーンズのもとで学び、キリスト教に導かれたいわゆる熊本バンドの連中である。初期の同志社はこの熊本バンドの連中が大挙してやって来るまでは強い個性を持っていたとは言えない。同志社で教えたアメリカ人宣教師達は、例外は別として、教育そのものよりキリスト教の伝道を第一の使命と感じていた人々で、すぐれた学者、教育者というわけではなかった。名目的な同志社の社長・校長であった新島は、実権を握ってはいたけれど外に向かって公然と同志社を代表するわけにはいかないアメリカ人宣教師達に代わって、いわば渉外係として同志社の存続のために政府や京都府を相手に奮闘し、その過程を通して自分の実質的な影響力を伸ばしていった。しかし、新島は学校経営者ではあっても、実践的な意味でのすぐれた教師であったわけではない。

浮田和民《うきたかずたみ》は「同志社の創立者新島先生」の中で「その頭脳はむしろ明敏でなかった。」（『太陽』第一八巻第九号、一九一二年六月一五日、一六五ページ）と書いている。浮田はまた「当時私共は所謂学問の師としては先生［新島］を信じてゐなかった」とも書いている（「私の新島先生観」『新島先生記念集』一三八ページ）。

長い留学生活にかかわらず新島が深い学識を身につけて帰国したわけでないことは、彼が同志社で教えた時に明らかになる。例えば、同志社英学校余課（神学校）の第一回卒業生の小崎弘道は次のように書いている。

福音書は新島校長の担任であったが、彼の研究は頗《すこぶ》る未熟なるため生徒を満足させることが出来ず、教室は常に討論場と化し去った。彼が使用した注釈書はディーン、アルフォードの著書で生徒の熟知するところである上に、生徒等は図書室にてゼゴブスやバーンズの註解を以て準備を為し置き、屢々《しばしば》校長を窮地に陥れて快とした。（「七十年の回顧」『小崎全集』第三巻、三一ページ）

松浦正泰編『同志社ローマンス』を見ても「或時先生［市原盛宏］の受持ちの万国史を新島先生が代理せられて、大味噌を附けられた事があった」（一七一ページ）とか「先生［新島］の教授振りは飛入りのせいでもあったらうが、一向腑に落ちなかった」（二八一ページ）といった卒業生の思い出話が出てくる。

さらに同志社開校直後の新島が深い教育観・学問観の持ち主であったかどうかも疑わしい。すでに見たように、新島は同僚のアメリカ人宣教師よりも、キリスト教と直接関係ない科目を同志社で教えることの大切さを信じていたけれども、新島はそういった科目に、学生を同志社に、キリスト教の影響下に、つなぎ留めるためのいわば方便ないしエサといった位置付けを与えるに過ぎなかった（例えば、全六・一六三）。結局、一八七六年九月に約三〇名にものぼる元の熊本洋学校の生徒達が相次いで同志社に来校する（全八・一五八）ことによって初めて、同志社が個性的でダイナミックな学校に成長することが可能になったように思われる。

第八章　ジェーンズと熊本バンドと同志社

1　異質分子とその生みの親

疑問のある評価

亀井勝一郎ほか編、講談社版日本現代文学全集14『内村鑑三集　附キリスト教文学』の中の「内村鑑三、植村正久、新島襄入門」の中で大内三郎は新島が「もっとも心を砕き生涯一貫して努力したのは、この教育事業であり、同志社の建設であった」(四一八ページ)と述べ、同じ文章の少し後にさらに、

そして教育も牧師の養成に心砕き、小崎弘道・海老名弾正・宮川経輝らすぐれた伝道者を輩出するとともに大西祝・浮田和民・安部磯雄・元良勇次郎などの学者を生み、同志社はキリスト教界のみならず、学界・文化など広範に亙って貢献している。そこに新島の功績があり、日本の教育文化史

上における新島の不朽の位置があるというべきである。（四一八ページ）

と書いている。同志社がこういった特色のある卒業生を生み出したことは事実である。しかし、それは本当に新島の力であろうか。

同志社は確かに新島が宣教師や山本覚馬の協力を得て作った学校であったが、比較的初期の同志社の校風といったものに決定的だったのはこういった「建学の祖」達のいだいていた教育のヴィジョンというよりは、同志社にとっては外様《とざま》ともいうべきジェーンズの教えを受けたいわゆる熊本バンドの人々が持ち込んだ、それとはかなり異質な要素であったように思われる。

熊本バンドの到来

熊本バンドの人々の到来によって同志社の雰囲気がどんなに変わったかは湯浅与三『新島襄伝』二五七〜二五八ページの、

そして滑稽なことは在学の学生迄が熊本弁を語り新来の学生を真似て好い衣物はあっても却って粗末な紺かすりを着、頭から赤毛布を被って道を歩くやうになった。

といった言葉からも想像がつこう。熊本バンドの人々の到来は新島やディヴィスなどには一種の天佑として感じられた。彼らの到来に先立って、今までその存在さえ知らなかった彼らのことを知らせるジェーンズの最初の手紙が届き、「自分の学校の卒業生の一団を同志社が受け入れて、キリスト教の牧師となるための教育を授けてくれることが出来るかどうかを聞いて」（J. Merle Davis, *Davis Soldier Missionary*, p. 159）きたときのデイヴィスの驚きについてはいま名を挙げたデイヴィス伝の同じページに書かれているが、『九州文学』第三一号（一八九三年一月）に載った熊本バンドの一員によって書かれたと思われる「花岡山上の献身」（同号付録、二四ページ）には、デイヴィスがジェーンズからの手紙について「天来の声に似たりし」と言ったことがでて来る。そして、同じ「花岡山上の献身」には、実際に熊本バンドの人々が同志社にやってきたとき、どんなに新島が大喜びしたかについては次のように書かれている。

然るに今や熊本よりして活発なる青年等は群をなし入り来りぬ、短褐脛《たんかつすね》を現はし、意気最も昂然として闊歩し来る、新島君当時の喜び真に如何、吾人さへ新島君の屢々《しばしば》当年を回想し祝喜して語り玉ひしを耳にしたることもありき、（同号付録、二四ページ）

異分子としての彼ら

熊本バンドの連中は全体として見れば、新島やデイヴィスなどとは思想や素養などもずいぶん違う人間達だった。そのため、その到来を大喜びした彼ら、同志社の生み出した人々として特筆大書されることの多い彼らは新島やデイヴィスなどにとって頭痛の種という一面を初めから持っていたし、やがては彼らにとっての一種の敵対者とさえなったのである。彼らの新島やデイヴィスなどとの異質さの理由の一つは、彼らが同志社に着いたときにはすでにジェーンズから決定的な感化を受けていたことである。このことは小崎弘道が自伝「七十年の回顧」で同志社でアメリカ人宣教師から受けた聖書や神学の授業を回想した中に出てくる次のような言葉からもうかがわれる。

ヂエーンスは旧約書を説明するに高等批評の結果を採用し、モーセの五経はモーセの著作でなく、世界の創造は幾千万年前の事とするなど科学的であったのに、ドウン〔同志社の旧約聖書の教師――引用者注〕が創造を以て紀元前四千四年と説く如き論法には些《いささ》かも信を置く能はず、常に嘲笑と不平の声に満ちた。（『小崎全集』第三巻、三三一ページ）

要するに、同志社の生み出したすぐれた人物のリストの中に大きな比重を占める熊本バンドの人々を生み出した功績は決して第一に新島や同志社で教えたデイヴィスなどのアメリカ人宣教師に帰せらるべきではない。

本国では無名のジェーンズ

本国では無名か、それに近いのに、外国に行って大きな名声をかちうるという人物が時々出てくる。「少年よ、大志を抱け」の言葉で有名な札幌農学校（北海道大学の前身）初代教頭のクラークなどもややそれにあたろう。ジェーンズの場合は、本国と日本での評価の違いが、クラークの場合よりもさらに極端で、本国でのジェーンズは単に無名に終わったというだけでなく、むしろまともな社会から相手にされない一種の落伍者になってしまった観がある。一九〇五年にカリフォルニア州のライトという所の「宛《あたか》も古寺を偲ばするほどの破屋」に「いともあはれな詫住居《わびずまい》」（『小崎全集』第三巻、一三三ページ）をしていたジェーンズを訪問した小崎弘道は「七十年の回顧」の中に、ジェーンズは「隣人よりは変人として待遇され一人の友もなく淋しく世を渡られ、交際して居るのは近き葡萄園に働く一支那人と日本人及村の牧師の三人丈《だけ》であった」（同、一三五ページ）と書いている。（ジェーンズの場合、本国と日本での評価の落差がこれほど極端になったのは、一つには彼が熊本滞在中に不倫を働いたといったいわれのない嫌疑を夫人から受け、夫人の父親が名のある牧師であったためもあって、この妄想に基づいたと思われる嫌疑がアメリカのキリスト教界の関係者の間で広く事実として信じられたためであった。気質の違った両親から受け継いだ理性的な面と感情的な面が内面でせめぎあうようなジェーンズの性格、そこに一つの原因があって、外的な意味だけでなく、むしろそれ以上に内的心理的な意味で波瀾万丈になったジェーンズの生涯については、ノーテヘルファーのすぐれたジェーンズ伝F. G. Notehelfer, *American Samurai: Captain L. L. James and Japan* にゆずってこれ以上は触れない。）

しかしながら、このジェーンズが一面で非常に非凡な人間だったことは確かであろう。そのことは教え子の回想などからもうかがえるが、ジェーンズ自身の書いたもの、同志社社史史料編集所発行の『史料彙報』第一集に「熊本バンドの青年諸子に与えたるL. L. Janesの書翰」という表題のもとに印刷されている彼の一八八五年七月一三日付の手紙や『史料彙報』第二～四集に印刷された相当長文の彼の日本体験に基づいた“Kumamoto, An Episode in Japan's Break from Feudalism”（以下「熊本」と称する）などもそのカーライルばりの文章の中に彼が非凡な知的能力と情熱の持ち主であったことを物語っている。

この「熊本」を読むと、ジェーンズが教育というもの自体の価値を信ずる人だったことが感じられる。ジェーンズの熊本洋学校での活動というとどうしても生徒をキリスト教に導いて熊本バンドを生み出したということが大きく映るため、ジェーンズがはじめから自分の学生をキリスト教に導くことを第一のねらいとしてそのための機会をうかがっていたような印象を与えがちであるが、こういう理解は正しくないようだ。海老名弾正も一八九三年一月三〇日発行の『九州文学』第三一号に載った「ヂエンス師についての所感」の中で、

ヂエンス氏はよく教育と宗教との区別を立てたり故に予の在学中予は教場に於て一度たりともヂエンス氏が耶蘇基督《やそきりすと》の名を口にせしを聞かず、基督教の教義は其自宅に於て篤志者に教えたるのみ

（附録、四一ページ）

と書いている。「熊本」を通読して伝わってくるジェーンズの基本的な姿勢は伝道者的というよりは教育の力を信ずる啓蒙家、文明の使徒といった姿勢であろう。

もっとも、後年（一九〇〇年頃）になって書き上げられた「熊本」をもとに熊本洋学校時代のジェーンズについて語るには、相当な慎重さが必要である。ジェーンズは後に再来日して三高などで教えたことがあるが、当時ジェーンズに教わった学生の思い出の中に「先生は昔は熱心なクリスチャンで

あったが、当時は絶対に反対で、耶蘇教の不合理を説き、宣教師は悪魔なりと叫ばれて居た」（重久篤太郎『お雇い外国人⑭――地方文化』鹿島出版会、一九七六年、一二二ページ）という言葉がある。

宣教師達と違う思想の持ち主

しかしながら、ジェーンズの思想の変化は見かけほどの大変化ではなかったことを示唆する資料がある。ジェーンズが熊本洋学校時代から正統的キリスト信者とは違う面を持っていたことは、例えば『九州文学』三一号に載った元生徒の回想、「下村孝太郎氏談話　教育の事に関して」からの次の引用からも分かろう。

氏は初め屢々《しばしば》「クロルジマン〔聖職者〕」「バプチズム〔洗礼〕」、「ロルト、サッパル〔聖餐式〕」等の語を言へば非常に罵言せられしかば我等は当時「バプチズム」「ロルト、サッパル」「クロルジマン」等の何者たるを知らず、唯だ氏の言に因りて是等儀式的の甚だ悪《にく》む可《べ》く如何にも奸悪なるものならんと思ひ居りし（附録、三九ページ）

さらに前出のデイヴィス伝の一七〇ページには旧熊本バンドの人々についてのデイヴィスの次のような回想がある。

彼らは彼らの以前の教師〔ジェーンズ〕によって神学研究に対する偏見を植えつけられていた。それで彼らが受け入れようとしないことが多々あった。

要するに、ジェーンズは初めから、新島を含む同志社のアメリカン・ボードの宣教師とはずいぶん違った思想の持ち主だった。

ジェーンズがデイヴィスに送った最初の手紙（一八七六年二月七日付）はデイヴィス伝、デイヴィスの新島伝に部分的に引用されているが、この両書が引用しなかった部分でジェーンズが超教派運動ないし教派合同運動に対する支持を表明して「予は当時日本の諸教会内に於ける「一致」運動に同情を表することを禁ずる能はず」と述べていたことが『九州文学』第三一号所載の「エル、エル、ヂエンス氏」中に訳されているこの手紙からの長い引用から分かる（附録、二一四ページ）。

宗派にとらわれることを嫌ったのは彼の教え子たる熊本バンドの人々も同じだったことは「花岡山上の献身」中の次の言葉からもうかがわれよう。

迫害の漸く退かんとする頃、諸子は西京なる新島君に書を送れり、其の書には先生は宗派に偏するの人なるか、将《はた》た宗派に関せずして真正なるキリストの道を布《し》かんと欲せらるゝか、若《も》し然《しか》らんには余等は西京に来るべしとの意ありしと、（附録、二一四ページ）

「花岡山上の献身」には、右の引用にすぐ続いて、

新島君は之に向て懇々と返書を送られ切《しき》りに上京を促さる（同）

と書かれている。「熊本」第三一章でもジェーンズは「新島氏は、自分には教派主義的なところはひとかけらもない、と非常に熱を込めて宣言した」（『史料彙報』第四集、九六ページ）と書かれている。しかしながら、私達がすでに見たように、新島は一八七四年の日本帰国の際に無宗派主義に組しないことをはっきりと表明していた。そして、後に第十章で触れるように、明治二〇年代の初頭に一致教会と組合教会の合同の機運が高まった時、組合教会中の有力牧師となっていた横井、宮川、金森、小崎などの旧熊本バンドの人々はみな合同に賛成したが、結局合同は新島やデイヴィスなどの反対で実現しなかった。合同問題をめぐる熊本バンドの人々と新島やデイヴィスの立場の違いは、熊本バンドの人々がジェーンズから受けた影響にまで遡る根の深い相違であったと言えそうだ。

2　ジェーンズの与えた永続的影響

教授用語

同志社英学校に入ってからの熊本バンドの人々の行動は概してジェーンズのもとで学んだこと、身に付けたことに忠実であった。このことは熊本バンドの人々と同志社の宣教師との間にはじめから大きな衝突を生み出すことになった。

例えば、余課（神学校）での授業に用いる言葉の問題があった。小崎の「七十年の回顧」には次のように書かれている。

初め授業には悉《ことごと》く日本語を用ひる規定で、デビス、ラネッド、ドウン、テイラア、ゴルドンの諸師は皆未熟なる日本語で教へた。〔中略〕之に対し私共は大不満を抱いて反抗を為し、邦人の教師は邦語、米人の教師は英語を以て教授せよと迫ったので、拠《よんどころ》なく後に至って此議は採用された。

（『小崎全集』第三巻、三〇～三一ページ）

渡瀬常吉『海老名弾正先生』一三三ページにも、

デビス先生の詩篇組に入れば、分らない日本語で、一句々々翻訳して教へて居らる々。聞くに堪へない。

といった海老名の回想がある。宣教師達が神学の授業を日本語で行うことに固執したのには、彼らなりの神学教育のあり方に対する信念があった。デイヴィスは次のように説明している。

私は彼等がやがて大衆に説くことになるこれらの偉大な真理を彼等の母国語で学ぶ必要があると思いましたので、〔教室内では〕日本語で押し通しました。

(J. Merle Davis, *Davis Soldier Missionary*, p. 169)

ジェーンズはというと、彼は熊本に到着後まもなくわざわざ彼のために用意されていた通訳を断って、教授にあたっては日本語を一切使わず英語だけを使ったが、「熊本」を読むと、彼もよく考えたすえに意識的にそういう方法をとったことが分かる。「熊本」のはじめの方の数章を読むと、熊本におけるジェーンズは自分が暗黒で未開の世界におけるただ一人の光（西洋の科学と文明）の体現者であるといった強い啓蒙家としての意識と使命感を抱いたことがうかがわれる。ともかく、ジェーンズには見るもの聞くものが日本の後進性の現れのように思えたのである。例えば、彼は日本の食事にひどくショックを受けている。特に刺身を食べるのを見て、彼は何ともいえない後進性を感じたようだ（『史料彙報』第二集、二〇ページ）。「熊本」は終わりの方は別として、今読むと、ジェーンズはよくこう日本についての悪口が言えたとも思えるほど、日本の文化のさまざまな面に非常に低い評価を与えている。これは彼の日本文化についての理解が何といっても浅かった上に、彼が啓蒙家としての性急さをもって日本のあらゆることを、西洋文明の基準で計ったためであろう。ジェーンズの言語観は、各言語をそれを使ってきた人々の生み出した文化の精髄と見る見方に近い。だから、日本文化に対するジェーンズの低い評価は当然彼の日本語観にも反映している。

ここに（つまり日本語の中に）考古学、哲学、詩歌、あるいは宗教が、それがなければ世界がそれだけ貧弱になるというような独創的な思想、原理、あるいは感情を保存したということはただの一例も見つからないのである。

（『史料彙報』第二集、三二ページ）

とジェーンズは第三章で書いている。だから、こういった日本語を苦労して習得することがジェーンズ個人にとって無益だというだけでなく、こういう日本語を媒介としては、彼は日本で啓蒙家としての使命を果たすことが出来ないということになる。反対に、ジェーンズがどうしたら日本で啓蒙家としての使命をいちばんよく果たせるかと考えたとき、結論として得た考えは、学生に英語を、それ自体を目的に忍耐強く、系統的に、また規則正しく学習させることによるのが一番だということであった（第三章）。

熊本バンドの英語教育法

熊本バンドの人々が多く普通科の教師を勤めたこともあって、結局同志社でも、事実上ジェーンズの英語教育法に近いものが取り入れられることになった。「熊本」の第五章は「ウェブスターの青い背の綴字書、新文明の礎石」（“Webster's blue-back spelling-book, the cornerstone of the new civilization”）という題がついているが、初期同志社で熊本バンド出身の教師により同じ本を使ってジェーンズがやったのと全く同じ教え方がなされたことは、『同志社ローマンス』一七六～七七ページの次のような個所からも分かる。

下村先生のウェブスターの綴字書の教場は、一級三十名、輪を作って教場を取り捲く。先生が口角泡を含んで、――先生には此癖があった――『チル』。第一席の者、「チー、アイ、エル、エル、チル」。先生「ザァツ・ライ」。先生「オンチル」。第二席「オーエン…」。先生「ネキスト」。第三席「ユー、エン、オン、チイ、アイ、エル、エル…」。先生「ネキスト」。第四席「ユー、エン、オン、チイ、アイ、エル、オンチル」。先生「ザァッ・ライ」。かくして第四席の者は、第二席の席に昇進し、第二第三席は一席づゝ順下がり。ネキストを喰ふ毎《ごと》に、閻魔帳に黒点がつき、これが平生点となるのだから、日課が即ち試験であった。

開発主義教育の起源

『同志社ローマンス』の第一三八節は「劃一打破——極端の開発主義」という題がついている。安部磯雄「其時代の先生と学生々活」『新島先生記念集』一七一ページでも「学生は何れも独習することを原則とし、教師は単に学生の質問に答へ、これを指導するのみであった」と書かれているが、こういった開発主義のやり方もジェーンズの方法が同志社に持ち込まれたものと見てよい。前に挙げた『九州文学』三一号に部分的に訳出されているジェーンズのデイヴィス宛の最初の手紙の中でジェーンズは熊本洋学校での教育内容および方法を説明して、

学科編成に付き余が懐ける一の目的は、生徒をして高等の学問を修《おさ》むるの一手段を得るに足る丈の英語を知らしむるにあれば、一に此目的に応ぜんが為めに初歩の学課を修めしめ、他は皆生徒の自修に任じたり（附録、一八ページ）

と書いている。熊本バンドの人々の回想を見ても、森田久萬人《もりたくまんど》「ヂエンス先生ニ就テノ回想」（『九州文学』三一号所収）中の、

ソノ教授法ニ付テ云ヘバ則チ開発的ニシテ、世ノ所謂注入的ノ教授法ニアラザリシ

（附録、三一ページ）

とか、海老名弾正「ヂエンス師に就いての所感」（『九州文学』三一号所収）中の、

ヂエンス氏予に教へて曰く、我は爾《なんじ》に辞句の意義を解き示す者にあらず、勉強の法を教へて自覚せしむるにあるのみ、

（附録、四二ページ）

といった言葉もジェーンズの教育法が開発的だったことを示している。熊本バンドの人々の到着前に、すでに同志社の教育法が「極端の開発主義」というような特徴を持っていたかどうかは、大いに疑問である。小崎弘道「七十年の回顧」の中にある、

旧約聖書の教師ドウンは以前南洋にて島民を教へた老宣教師であるが、彼は南洋の経験を以て日本の学生に対し、只字句の暗誦を強ひ、旧約の記事を其儘《そのまま》信じしめんとし、何らの説明をも加へない為生徒の不平は甚しかった。

（『小崎全集』第三巻、三一～三二ページ）

とか、

系統神学の教師デビス博士は、初めは寛大なる意見を持ち、進歩主義の様に見えたが、生徒の批評愈《いよいよ》猛烈を加ふるに従ひ漸次硬化し、遂に聖書無謬説を唱ふるに至り聖書を批評するなどゝは以ての外の不敬と云ふ様になった。（同、三三一ページ）

といった言葉を読むと、同志社で教えた宣教師の多数が生徒の自由な探求を奨励する開発教育の支持者であったとは思えない。

一八七八年に同志社で授業を参観したバードは、彼女の参観した授業に出席していた学生達（もしかしたらほとんど全員が熊本バンドの人々でなかったかと思われる）を「彼等の質問の多くから深く考える人間であることの分かる、いかなることもうのみにするのを嫌い、どんなに些細なことでも理解出来ないことにはあくまでこだわるこれらの真面目な青年達」（*Unbeaten Tracks in Japan* II, 234）といった言葉で形容している。開発的教育で養われ、外から与えられる答えで満足しない態度を身につけた熊本バンドの人々と同志社の宣教師達との違いがやがて神学的問題をめぐっても表面化することになったのは驚くにあたらない。

ジェーンズの勧告

ここで、熊本バンドの人々が大挙して同志社にやってきた一八七六年秋に戻ると、いったんは同志社に入ったものの熊本バンドの連中はみな同志社に不満で、同志社を去る気を起こしてジェーンズに手紙でそのことを知らせた。そこで当時大阪にいたジェーンズは京都に来てデイヴィスの家で熊本バンドの連中に会い、その結果周知のように彼等は同志社に留まることになるのであるが、熊本バンドの一員の筆になると思われる「花岡山上の献身」（『九州文学』第三一号所収）の伝えるその日のジェーンズの言動は実に迫力に富んでいる。少し引用してみよう。

彼等其の旧師ニ相会して且つ喜び且つ其の志を語りて京師の止まるに足らざるを以てす、ヂエンス氏沈黙一言を発せず、唯だ曰く好し、子等の欲するが如くにせよ、余旅費を与ふ可《べけ》ればと言ひ終て黙然たり、是に於て諸子相見て茫然、乃ち罪を謝す、ヂエンス氏容を正《ただし》ふし、語を更《あらた》めて曰く、余が卿等を此の地に送りし者は、徒《いたずら》に学校の教育を受けしめんが為にあらず、子等をして自ら訓練せしめんが為のみ、［中略］若《も》し同志社にして子等の意に叶はずんば、進んで之を完全ならしめざる可からず、是れ実に子等の責任に非ずや、同志社の運命は子等の運命のみ、子等此に止れ、而して此の学校をして子等が希望せる完全の地位に至らしめよ、子等之を能はずと云ふかと

（附録、二五ページ）

もし、熊本バンドの人々が同志社に留まらなかったとしたら、同志社はずいぶん違った学校になっていたに違いない。

ここで一言、彼らと新島の関係に触れると、新島が熊本バンド出身の学生たちに抱いた感慨「実にあの熊本から来た連中のために自分は泣いた」（同志社大学人文科学研究所編『熊本バンド研究』三一〇ページ）は第一章で引用したが、彼らにもまれることによって新島がたくましくなった面があったよう

に推測される。青山霞村『同志社五十年裏面史』六〇ページでも、新島の授業に出た熊本バンドの連中が新島の「聖書の普通の説明や、神学を四方八方から質問攻撃」して困らせたことに触れた際に、「それがまた先生の修養になり」と書かれている。第十章で触れるように、晩年には彼らに対する失望を表明するようになる新島であるが、彼が野性的な九州人を高く評価するようになったことも（終章参照）、新島が熊本バンドの人々から知らず知らずのうちに受けた影響のためのように思われる。

第九章　欧化主義の時代と同志社の発展

1　欧化時代

改正徴兵令

同志社が当局によって、外国の伝道会社の支配下にある、教育を名目としてキリスト教宣教を目指す機関ではないかと疑われたため、すでに見たように、アメリカ人宣教師を教師として雇う許可を得るためなどに新島は非常な苦労をしなければならなかった。

新島が同志社の存亡にかかわりかねないとして憂慮した問題には、一八八三年一二月に公布された改正徴兵令のこともあった。簡単に言うと、この改正徴兵令では、官公府県立学校には、徴兵猶予などの特典を与えているのに、同志社のような私学には与えていない、これでは徴兵年齢が近づいた同志社の学生は徴兵猶予を求めて官公府県立学校に行ってしまう、同じ特典を得なくては同志社は学校として立ち行かなくなってしまう、と新島は憂慮したのである（「「改正徴兵令ニ対スル意見書（A）」」、全一・八二参照）。

注目すべきなのは、このような困難にもかかわらず、新島の生前には同志社は意外なほど順調な発展を遂げたことである。その理由としては、一八八一年に京都府知事が、キリスト教に対しても寛大で、同志社にも好意的な態度を示すことになる北垣国道に変わったこと（高久嶺之介「新島襄と北垣国道」伊藤彌彦編『新島襄全集を読む』晃洋書房、二〇〇二年、三五〜五六ページ参照）とか、いくつかの同志社に関係する具体的な事項を挙げることが出来るだろう。それとともに欧化主義の時代という言葉で言い表されるような一八八〇年代半ばくらいから特に顕著になった時代の風潮が同志社の発展に有利に働いたという面があったことは確かであろう。

キリスト教への態度の急変

新島の書いた「条約改正ヲ促スノ策」と題する草稿がある。その書き出しは、

> 先ヅ外人ノ信用尊敬ヲ得ル事ヲ要ス○其ノ信用尊敬ヲ得ントナレバ、先ヅ基督教ヲ奉ズルニ如《し》クハナシ　（全一・四五〇）

といったものだ。一八八〇年代の半ばという時期は、まるで新島の言葉に従ったように明治政府の有力者が条約改正を成し遂げるための一手段としてキリスト教奨励に変わった時期であった。この政府当局者の「宗教的同化説」の結果、キリスト教に対する「年来の逆風逆潮が、俄然順風快潮に変じ」

たため、「於《ここにおいて》爰幾十百の牧師宣教師は東奔西走、席の暖かなるに遑《いとま》あらざる事、殆ど中年の孔子の如くにありき」と、植村正久は一八九八年初出の「過去三十年宗教上の回顧」（『植村正久と其の時代』第五巻、二七ページ）で述べている。同じ文章の中では「外務大臣の如きは、痛く基督教を褒め立て」（同）以下、基督教奨励の態度の著しい高官の例として井上馨が挙げられている。その井上馨はちょっと前の一八八二年には、「耶蘇教を防御せんには、大臣参議なんどより、まず仏教を崇めて維持するには如かず」（『植村正久と其の時代』補遺・索引、一三三ページ）と言ったというので『六合雑誌』で批判されていた人物だった。一八八四年ごろの明治政府首脳のキリスト教に対する態度の変化は急激だったと言えよう。

一八八四年からの状況

改正徴兵令発布で危機感を抱いた新島は一八八四年二月には東京に行って政府高官にも会うなど奔走した。徴兵令上の特典は得られなかったけれども、この時新島は、政府当局者のキリスト教に対する態度が好意的なものに変わってきていることを実感したと思われる。新島は二月六日に古沢滋（一八七四年一月の民撰議院設立建白の署名者の一人、なかなかの政界通だったようだ）から、「近来内閣ノ諸公ノ内、伊藤、山県ノ二公ナドハ大ニ新教ノ伝播セン事ヲ望マル丶由」（全五・二四七）を聞いた。伊藤博文とは二月一〇日に熱海でゆっくり話をする機会があった。その時、伊藤が、キリスト教を政府が表に立って広めるわけにはいかないので、「何トカ信徒ガ大ニ憤発シ、一日モ早ク之ヲ伝翻セン事ヲ望マレ」（全五・二五二）ていることを確かめることが出来た。

キリスト教に対する逆風が急に順風に転じたのは、一八八四年のことと見てよさそうだ。同志社英学校邦語神学科の学生だった池袋清風《いけぶくろきよかぜ》の日記にもその急変を反映する記事が見られる。例えば、一八八四年七月七日付の日記には、同志社で教えていた宣教師から聞いたこととして次の言葉が見える。

先刻グリーン氏ノ話ニモ、今回政府ノ風吹キ変リシヨリ、是マデ耶蘇教ヲ蛇蝎視シタル者モ俄ニ賛成家ト変ジ、西京ニテモ明治専門学校創立ニ悉ク賛成云々。

（『池袋清風日記――明治十七年　下』編集・発行　同志社社史資料室、一七ページ）

明治専門学校と言うのは同志社の大学設立運動の際、一時期設立されるべき学校の名前として使われたものである。

仏教徒の抱いた危機感

『池袋清風日記』に書かれている伝聞の中には、浄土真宗の本願寺のある僧が「発議シテ曰ク、今日ニ於テ我仏教ヲ維持センモ中々能ハズ、如《しか》ズ大改革ヲ行ヒ、我本願寺ヲ耶蘇教ト為スノ英断ヲナサンニハ云々」（『池袋清風日記――明治十七年　下』三四ページ）などのように驚くようなことも少なくない。一八八四年には多くの仏教関係者は政府はキリスト教を国教にするつもりではないかと思ったらしい。池袋清風は『創設期の同志社――卒業生達の回想録』（編集・発行　同志社社史資料室）の中で和歌の先生として、また夏でも綿入を着るような奇人として多くの同志社の卒業生が回想している人物であるが、和歌を通じて仏教関係者の間にも知友がいた。池袋清風の一八八四年七月二三日付の日記には、その日彼の和歌の弟子の一人である「本圀寺住職権大教正三村日修翁」が「寺内数百ノ僧徒」に還俗を勧めた次の言葉が記録されている。

近来耶蘇教盛ニナリ、恐ラクハ政府ヨリ採用シテ国教トセンノ勢ナレバ、我仏教ハ棄ラルベシ。就テハ衆僧将来ノ糊口ニモ迫ルハ必然也。其期ニ投ジテヨリハ更ニ困難ナレバ、各早ク僧ヲ止メ帰郷シ、農工商ノ如キニ還俗スベシ、是レ即禍ヲ免ルノ良法也。

（『池袋清風日記——明治十七年　下』四七〜四八ページ）

時代に合った校風

要するに、一八八四年からの数年間は新島の事業にとって最も好都合な欧化主義の風潮が社会にみなぎった時期だった。欧化主義はキリスト教の伝道をやりやすくしただけではない。欧化主義の時代は、植村が「過去三十年宗教上の回顧」で書いたように、

バタ臭きもの全盛を極め、丁稚小僧の唇頭より端唄都々逸《どどいつ》の代りに、オール・ライト、グッド・バイ等、生齧《かじ》りの洋語を漏らし、英学先生は鞍馬山の天狗の如く、身に一物を有せず、嚢裡《のうり》一文を蔵せずして、而かも尚ほ鼻を高うし、手腕を伸べて、全国中を翺翔《こうしょう》し、

（『植村正久と其の時代』第五巻、二四ページ）

といった時期だった。

同志社はこういった時期に人気が出て不思議のない学校だった。岸本能武太《きしもとのぶた》（一八八四年六月普通科卒業、一八八七年六月神学科卒業）の回想の中に、同志社の教育についての次の言葉がある。

教場の用語は教師も生徒も総て英語であった。一年の始まりから訳読を除くの外は、数学も歴史も地理も総て英語でやったものである。暗算すらも英語でやった。当時、教師は西洋人と日本人と殆ど半して居ったが、日本人も皆英語で教へたのである。

（『創設期の同志社』一七ページ）

教授用語が英語であっただけでなく、教育内容が西洋一辺倒なものであった。このことについては、同じ岸本が次のように書いている。

大体の傾向が基督教的であるから、万事に日本の事を顧ないで西洋のものを輸入すると云ふ傾向であった。普通学校の稽古は、始めの中は悉く西洋のものばかりで、国語漢文等少しも科目の中に這入って居らなかった。

（『創設期の同志社』二六ページ）

初期の同志社の「バタ臭い」ところが、教授用語や教授内容に限らなかったことは、『蘇峰自伝』の中の同志社遊学時代を回想した個所に出てくる次の言葉、食堂の事は先に云った医師テーラ氏が監督してゐた。されば日本人の食性などは、全く無視して、予等にとつては意外なる食物を与へた。（徳富猪一郎『蘇峰自伝』中央公論社、一九三五年、七九ページ）

などからも容易に想像がつくけれども、これ以上は触れない。

2　新島の二度目の欧米訪問

明るい未来

先に見たように、改正徴兵令発布で同志社の前途に現われた暗雲は、欧化主義の時代風潮から来る順風によってひとまず吹き飛ばされた。新島が一八八四年四月に神戸を出帆して二度目の欧米への旅に出発したのは、このように同志社にとって明るい未来が予想された時期であった。新島の出発の一週間足らず前の四月一日には商工会議所で専門学校設立についての集会があった（全八・二八九）。七〇余名が出席したが、「同志社大学記事〔一八八一年～一八八八年〕」では、出席者を「府下名望ノ士（多クハ府会議員）」（全一・一九〇）と説明している。翌日の四月二日にも引き続き同じ場所で相談会が開かれ、「綱領」、「仮則」、「募集金仮則」が定められ、同志社大学設立運動は地方政界の有力者の積極的な支持を得た運動として軌道に乗り始めた。

同志社でのリバイバル

新島の出発の前の月の一八八四年三月には同志社ではリバイバル（信仰復興または聖霊降臨）が起こった。学生達が急にキリスト教の信仰に熱心になり、それが劇的な変化だったのでそれの体験者ないし目撃者の多くが、同志社に聖霊が降臨したと信じた出来事である。もっとも、宗教的熱狂が昂じて精神に異常をきたした学生も出てきた（『池袋清風日記――明治十七年　上』一二九～一三六ページに発狂した学生の行動についてくわしく書かれている。その一人は精神異常から回復しないまま精神病院で脚気のため急死してしまった――『池袋清風日記――明治十七年　下』一一ページ）。

同志社関係者中にも当時四年生として在学していた安部磯雄のように、リバイバルの熱にかぶれず、後年の回想でも、あまりリバイバルに感心しない書き方をしている人もいる（『創設期の同志社』二六五ページ参照）。しかし、デイヴィスにとってはリバイバルの起こった週は、よい意味において「決して忘れられない」週（*Davis Soldier Missionary,* p. 208）であったし、このリバイバルをすばらしい出来事と思った事においては新島も同じだった。『池袋清風日記――明治十七年　上』の三月二六日の項に、新島の言葉として次のように書かれている。

今回ノリバイブルハ欧米ニ往クニ最貴ノ土産ナレバ、誰カ筆記シテ与ヘ玉ハヾ之ヲカバン中ニ携ヘ、至ル処人ニ語ラント。（同書、一四〇ページ）

アメリカで同志社に対するさらなる資金援助を訴えるつもりであった新島にとっては、同志社に対する寄付が無駄ではないことをアメリカのキリスト教徒に証明する事実として貴重に思われたに違いない。

二度目の欧米旅行の目的

新島の二度目の欧米訪問の最も直接的な目的は健康回復であった。池袋清風の一八八四年三月一二日付の日記に、「昨日グリーン氏ノ話ニ、新島先生ハ脳病慢性ナレバ」（『池袋清風日記――明治十七年　上』一〇七ページ）と書かれているように、新島の病気は「脳病」であった。これはストレスからくる不眠、頭痛、頭の働きの鈍ったような感じといったものを全部ひっくるめて指した言葉で厳密な病名ではないだろう。（宮澤正典「新島襄と病気――書簡を通してみた」伊藤彌彦編『新島襄全集を読む』二〇七～二〇八ページ参照）。『新島襄全集』所収の「［第二回外遊記（B）］」の中にある、

○三月中洋行ノ話シアリ○余ノ目的ハ再行スルニ非レバ達セズ○故ニ八十ニ届キタル老人ヲ残シテ行○然レドモ病ノ為ノミナレバ行カズ　（全五・三三二）

という言葉からもうかがわれるように、新島の、この二回目の欧米行きには単なる病気回復を越えたねらいがあった。それが同志社のための募金であったことは新島がこの二度目の欧米訪問期間中にアメリカで執筆した、アメリカン・ボードの運営委員会宛の "My Humble Schemes of the Speedy Evangelization of Japan" をはじめとする合計三つの訴えの文章（全六・三五九～三六六）（また後に触れる）を見ても確かである。

新島は一八八四年四月六日に神戸から英国船に乗って二度目の欧米旅行の途についた。新島のこの旅行が「悲壮感に満ちた旅」（宮澤正典「新島襄と病気」前掲書、二〇八ページ）であったかどうかは疑問である。それはむしろ新島が一八七四年に日本に帰国して以来ずっとその実現を夢に見続けたものであったろう。そのことは、日本を出発してまもないころ船中で作ったと思われる漢詩の書き出しの言葉、

夢に見た旅

十年空蓄西遊志　今日遂成天外身

（小川与四郎『新島襄の漢詩』五八ページの書き下しでは、「十年空しく蓄う西遊の志、今日遂に天外の身と成る。」）

からも感じられよう。新島の一八八四年四月二七日付のハーディー夫妻宛の手紙に出てくる、

私はますます何と希有な機会を与えられていることかと感じています、そして私を待っているイタリアの諸都市のことを思っています

（全六・二二八）

といった言葉から見ても、この旅が全体として新島にとって喜ばしい旅と受け取られていたことは疑いない（もっとも、スイス旅行中に心臓発作を起こすといった予想外のこともあったけれども、旅の詳細には立ち入らないことにする）。確かに一八八四年一二月一六日付の同志社の三教員、市原盛宏、森田久万人、

下村孝太郎宛の「小生ハ何等ノ目的ヲ不達《たっせ》ザレバ再ビ諸君ニ御面会申マジト決断仕候」（全三・三一〇）は悲壮な言い方だけれども、それはこの旅行全体の性格が悲壮なものだったことを示すものではない。ヨーロッパでの新島が普通の観光客とそれほど違わないような時の過ごし方をすることも少なくなかったことは「新島襄年譜」からもうかがわれる。

伊勢時雄からの手紙

いま引用した三教員宛の手紙で悲壮に響く言葉は、恐らく数日前の一二月一一日伊勢時雄から受け取った手紙の内容と関係があった。その手紙のオリジナルは失われてしまったようだけれども、新島がその手紙を英訳して、アメリカン・ボードのジャドソン・スミス博士への手紙に同封したので、『新島襄全集』に収録されたその英訳によってその内容をうかがうことが出来る。注目されるのは、その中で、アメリカン・ボード派遣の宣教師が、日本人の牧師や伝道者に比べて、いかに特権的な待遇を享受しているかを述べた個所があることである。関係していたキリスト教主義の新聞の売れ行き不振からその頃特に経済的に困窮していた小崎弘道と、アメリカン・ボードの宣教師を対比させて伊勢は次のように書いている（原文がないので、新島の英訳を日本語に訳した）。

よくご存知のように、小崎さんは我が組合教会の柱ともいうべき人です。もし、私達が今、彼のために何もしないなら、彼はじきに貧困のうちに死んでしまうでしょう。悲しいかな、アメリカン・ボードからは同情も援助も来ないのです。しかし、アメリカン・ボード派遣の宣教師達の場合はどうでしょうか。彼らがいささかでも消耗すると、彼らはすぐに本国に呼びもどされるのです。彼らは大金を使ってアジアやヨーロッパを旅行し、美しい風景を楽しみ、健康回復のためにありうる最善の手段を用いることを許されるのです。

（全六・二四三）

享受した特権的な待遇

新島はアメリカ人ではなかったけれども、アメリカン・ボードの宣教師だった。日本人の普通の牧師や伝道師との比較においては、彼が常に特権的な待遇を受けていたことは事実である。一八七七年春に書かれたと思われる『生涯と手紙』初出のハーディー宛の手紙で、新島は、彼の給料についての誤解に触れている。彼の給料はアメリカン・ボードの会計から年五〇〇ドル、残りはハーディーが支払うことになったのを、新島は自分の給料が五〇〇ドルに減額されたと誤解したという件である。自分の給料が五〇〇ドルに減額されたと思った新島は同じ手紙に、「私はその減額された給料で生活するのを相当困難に感じました」（Hardy, p. 213）と書いている。しかしながら、新島が生活するのが困難だと感じた額でさえ、当時の日本人の給料としては決して悪い給料ではなかった。当時は一ドル＝一円なので、年五〇〇ドルというのは月四二円五〇銭である。一八七七年は沢山保羅（一八五二〜一八八七）が浪花教会の初代牧師となった年であるけれども、その時「月給は僅かに六円位」（『植村正久とその時代』第二巻、二四五ページ）であったという。この「六円位」というのは浪花教会が外国伝道会社から金銭的援助を受けない「日本最初の自給教会」（キリスト教学校教育同盟編『日本キリスト教教育史・人物編』四〇九ページ）であったこともあって、当時としても珍しいほどの薄給であったのかも知れない。しかし、明治前半期の牧師の普通の月給はそんなに高いものではなかった。全集に収められた新島の書簡中に散見する牧師の月給への言及から判断すると、新島の在世中の普通の日本人牧師の月給は十何円という程度だった。

新島の給料については、橘愛治氏が「宣教師の給料（明治初期の同志社）」『同志社談叢』第十八号、一四七〜一四八ページで、それがアメリカン・ボードからの補助金という名目で支給され、一八七六年度予算（一八七五年七月〜一八七六年六月）では年俸五〇〇ドルだったが、一八七六年一月の結婚により、一八七七年度は七五〇ドルに増額され、その後は一八七八年度と一八七九年度が七〇〇ドルだった外は、一八八〇年度から亡くなるまで年俸七五〇ドルが予算として計上される額であったことを説明されている。

ただ、右に出てくる年俸七五〇ドルといった額が新島の実収入の全部であったかは大いに疑問である。例えば、一八八七年夏に新島は健康上の理由で避暑のため北海道に行っているが、このことの関連で、「新島襄年譜」に、次の注記がある。

新島の北海道旅行については、この年のA・ハーディーから新島への指定寄付二百ドルの中から百二十五ドルが、アメリカンボードを通じて支出されたようである。（全八・四〇六）

この一二五ドルは明らかに、当時の新島の年俸七五〇ドルの外に支払われた額に違いない。和田洋一

『新島襄』二二七ページに、

新島の実収入がどの程度のものであったかは、ちょっとやそっと調べたのでは分からない。［中略］金の出入りは複雑である。

という言葉がある。新島の実収入がどの程度のものか分からないにしろ、彼にはアメリカン・ボードからの給料を超えて、自由になる金が相当額あったことは確かだと思われる。そう考える有力な根拠は、彼の書簡の中に、「幸便ニより此度十五円七八九ノ三ヶ月分、貴兄の御加勢之分トシテ御送申上候」（不破唯次郎宛、一八八九年七月二〇日付の手紙、全四・一七四）とか、「伝道費ニ御不都合ナレバ何時デモ御知セ被下度候也」（新島公義宛、一八八八年二月三日付の手紙、全三・五二〇）のように、若い牧師や伝道者に新島が金銭的援助を与えていることを示したり、金銭的援助を与えることを申し出ている言葉がかなり頻繁に出てくることである。こういうことは、新島の収入がボードからの俸給だけでは不可能であったろう。

新島に対する批判

要するに同時代の日本のキリスト教界の中では、新島は例外的な金力の持ち主だった。その金力は若い伝道者への援助といった形で行使されることもあったけれども、彼自身も日本人中唯一のアメリカン・ボードの宣教師として、他の日本人の牧師・伝道師などに比べれば常に特権的な生活を送っていたのである。しかも、それをかなりの批判を浴びながら続けていたようだ。『生涯と手紙』に次の言葉が見られる。

彼［新島］の最も親しい日本人の友人達の多くが、彼がハーディー氏から経済的援助を受けていることを厳しく批判しました――その援助はアメリカン・ボードから支払われる給料が薄給であることを考えればなくてはならないものだったのですけれども――そしてこの批判は時には激しい個人攻撃の形をとりました。（Hardy, p. 222）

宗教的人間などの中に時々、自分が他人よりも特権的な生活を送ることに耐えがたく感じる人間がいる。こういう人間はわざわざ自分の生活水準を下げて、まわりにいる恵まれない人間以上の生活をしないように努めたりする。一、二例を挙げると、宮沢賢治には多少そういうところがあったようだ。フランスの女性思想家シモーヌ・ヴェイユ（Simone Weil）がそういう感受性をほとんど病的なほど強く持っていたことは彼女の伝記を読むと分かる（Simone Pétrement, *La vie de Simone Weil*. Fayard. 1973）。新島の場合は、自分がアメリカからの金によってまわりの日本人よりもずっと恵まれた生活をすることを済まないと思うような感受性は、そんなに強くはなかったようだ。

前述の伊勢の手紙を、新島は数日前の一八八四年一二月五日から滞在していたニューヨーク州のクリフトン・スプリングスにある温泉療養所で受け取った。新島八重宛の翌一八八五年一月二二日付の手紙ではこの設備の整った高級療養所での生活を新島は「何にも彼にも手厚く行届き」（全三・三三七）という言葉で形容している。伊勢の手紙で日本人の牧師や伝道者に比べてアメリカ人宣教師達がいかに特権的な待遇を与えられているかという指摘を読んだとき、新島は、自分がアメリカ人ではないにしろ、暗に自分も批判されているように感じたのではないか。先に引用した「小生ハ何等ノ目的ヲ不達ザレバ再ビ諸君ニ御面会申マジト決断仕候」（全三・三一〇）という言葉は、新島のはったり的な自己弁護の言葉のように思われるのである。

募金には成功

新島の二度目の欧米旅行は健康回復ということでは、十分な成果が挙がらなかった。新島の英文の日記の一八八五年二月一一日の項には、数日前からの頭痛の再発でひどく落ち込んでいることに触れた中に、「私は十か月の休暇が何もならなかったと感じました。私の健康は日本を出た時よりただ悪くなっただけです。」（全七・二一五）という言葉が見える。しかし、もう一つの目的、募金、という点では満足できる成果が挙がったといえるだろう。新島八重宛の一八八四年一二月二一日付の手紙でアメリカン・ボードが同志社に五万ドル寄付することになったことを知らせた際に、新島は「此如き巨大之金を一度に寄付さるゝ事は実に珍しき事、また学校に取りては甚だ賀す可《べ》き事」（全三・三二一）と書いている。新島がサンフランシスコからシティ・オブ・ニューヨーク号で出航して帰国の途についたのはそれから一一カ月近く後の一八八五年一一月一九日のことだったけれども（全八・三六一）、帰国に際して彼が二度目の欧米旅行の総決算をしたとしたら、思ったほどの健康回復はならなかったけれども、上述の新島八重宛の手紙にあるように「此巨大之金を学校の為ニ募るを得」（全三・三二一）たのだから、二度目の欧米旅行は無駄ではなかったと新島は自ら慰めることが出来たのではないだろうか。

なお、新島のアメリカ滞在中のことについて、もう一言付け加えると、彼は在米中の二、三の日本人留学生に、推薦状を書くとか、相談相手になるとかいう形での援助を与えている。その一人が内村鑑三であった（『新島襄全集』第六巻所収の一八八五年夏に書かれた内村宛の二通の英文の手紙（下書）（書簡番号A2および二三三）参照）。内村は一八八四年三月に同志社女学校で学んだこともある新島から受洗した安中出身のキリスト教信者、浅田タケと結婚した。この結婚は数カ月後には事実上の破婚になり、内村はその打撃から逃れるようなかたちで一八八四年一一月に渡米したのであった。一八八五年五月八日に内村に会って以来（全七・二三九）、在米中の新島が手紙を通じて精神的に落ち込み、将来の進路について迷っていた内村にとって貴重な相談相手となったことは、『内村鑑三全集』第三十六巻に収録されている、その時から年末までの間に書かれた実に一二通もの新島宛の手紙（一通を除き全部英文）が示している。内村が一八八五年九月からアマースト大学で学ぶことになったのも新島の支援のおかげであった。

第十章　晩年の新島

1　同志社のほかに二つの学校

新島は一八八五年一二月一二日に横浜に帰着し、一年八カ月あまりにわたった二度目の欧米への旅は終わった。帰国後まもなく書いた一八八五年一二月二〇日の徳富猪一郎（蘇峰）宛の手紙には、静かに勉強に励んでいる徳富の身をうらやむという意味の漢詩が写されている（全三・三七二）。その書き出しの一句は、小川与四郎『新島襄の漢詩』六三ページの書き下しによって引用すれば、次のようなものである。

奔走の晩年

男児誤るとも公人と為る勿《なか》れ

前に触れたハーディー夫人宛一八七三年四月六日付の手紙にあった「宗教界において公人として立つためには」（Hardy. p. 161）という言葉から見ても日本での活動の初めから新島は自分を「公人」として意識していたようだ。静かに書斎で著述にはげむとか、人目につかないところで活動するというより、政府要人を含む多くの人々と会い、東奔西走することが多かった点で、新島の生き方は「公人」というイメージに合致する。田中真人氏の論文「新島襄の移動空間」（伊藤彌彦編『新島襄全集を読む』一八八～二〇二ページ）の「一　京都を留守にすることの多い校長先生」と題する最初の節には、同志社英学校創立以後の新島が（二度目の欧米旅行の期間は別として）一カ月以上にわたって京都を離れていた時期が列挙されているが（一八九ページ）、その半分は二度目の欧米旅行から帰国以後一八九〇年一月二三日大磯で死去するまでの四年余りの最晩年に属する。新島が京都を離れていた理由には奔走だけでなく、健康回復のための保養があったけれども、全体として見れば、この最晩年の四年余りは他のどの時期よりも忙しく「公人」として活動した時期と言ってよいだろう。新島は健康状態が悪くて文字通り奔走することが出来ないときは、手紙を書くことによっていわば精神的に奔走した。新島の書簡による「奔走」が晩年になるにしたがっておびただしくなったことは、全集第四巻「書簡編Ⅱ一八八九～一八九〇年」が実質的には一年一カ月にも満たない期間に書かれた書簡に当てられていることからも想像がつく。

精神的な奔走も含めて、二度目の欧米旅行から帰ってからの最晩年の時期の新島の奔走は主に三つの問題をめぐってであった。以下、それぞれ一つずつ取り上げてコメントしていこう。

仙台・東華学校と新潟・北越学館

「新島襄年譜」を見ると、新島は二度目の欧米旅行から帰国した翌々日の一八八五年一二月一四日には旧知の富田鉄之助を訪問した。旧仙台藩士の富田は一八八八年には日本銀行総裁になるような有力者であった。「年譜」のその日の項に引用されている富田の日記に新島が「仙台ニ一学校ヲ建ンコトヲ企テ右ヲ相談セラル」（全八・三六三）とあるが、これが一八八六年一〇月（全八・三九一）に新島を名目上の校長として宮城英学校（一八八七年に東華学校と改称、以下では便宜上、宮城英学校時代を含めて、東華学校と呼ぶことにする）が生まれることになる発端であった。

『新島襄全集』第五巻所収の「出遊記」の中に一八八六年五月下旬から六月上旬にかけて学校設立の件で仙台を訪問したことをその背景と前後のことを含めてくわしく書いているところがある（全五・二七四〜二八三）。それを見ると、新島が仙台に東華学校のような学校を作ろうと最初に思い立ったのは「十七［一八八四］年ノ此」、ニューヨーク州のクリフトン・スプリングスにある温泉療養所で健康回復をはかりながら、「東北地方ノ伝道ニ着手セン事ヲ計」（全五・二七四）っている時であった。そこに出てくる「伝道セン事ヲ欲セバ先ツ真正ノ教育ヲ敷クニアリト、依テ該地ニ一ノ英学校ヲ創立スル事ヲ企テ」（全五・二七四〜二七五）という言葉は新島が東華学校を作った根本の動機はキリスト教の伝道のためで、英学校はそのための手段だったことを示唆している。「出遊記」の同じ個所を読み進むと、滞米中の新島がアンドーヴァー神学校でも、アメリカン・ボードの「委員ノ集会」［運営委員会］でも自分の「東北策」を説明したことが書かれているが（全五・二七五〜二七六）、新島が「東北策」の一部として英学校設立の必要を訴えた時、訴えの相手が神学生や外国伝道会社であることを考えても、専ら伝道との関係でその必要が説かれたものと思われる。

このように、第一に、東北地方にキリスト教を広めるための手段として考えられた東華学校という英学校を長老派（一致教会）のキリスト教徒、押川方義との協力で作るより、大部分はキリスト教徒でない宮城県下の有力者との協力によって作ろうとしたことが新島らしい（『同志社百年史――通史編一』の第一部第十章「仙台・東華学校」の章参照）。結局、東華学校は、アメリカン・ボードの宣教師と日本人教員というキリスト者と、非キリスト者の理事が協力して運営する学校になった。

東華学校が一見はなばなしいスタートをきったあと新島の死の二年後の一八九二年にあっけなく廃校になってしまったのは、キリスト者の教員達（特にその中のアメリカ人宣教師達）と非キリスト者の理事達がはじめから同床異夢的な関係にあったからであろう。東華学校の理事会の首脳部は「県の最高官僚達」（『同志社百年史――通史編一』二八三ページ）であったというが、そのような理事会が欧化時代への反動期に入りキリスト教への風あたりが強まるにつれて、一八九一年七月に「聖書科」をカリキュラムから取りのぞいたのは不思議はないし、キリスト教伝道の機会を得ることを第一の理由として東華学校の教員になっていたアメリカ人宣教師達がそのあと総辞職してしまったのも不思議はない。結局、東北地方にキリスト教を広めるために東華学校を非キリスト者との協力で作った新島の目論見ははずれてしまったと言えるだろう。

新島はほぼ同じ時期新潟の北越学館という学校とも、本井康博氏が「実質的には陰の校長と見なしてよいだろう」（本井康博「新島襄と新潟伝道」『新島研究』四七号、一九七六年一一月発行、九ページ）と評されるほどの関わりがあった。北越学館の場合には新島の在世中にすでにいわゆる北越学館事件（新島が東華学校・北越学館といった学校に対して抱いたビジョンの問題性を暴露するような事件）が起こっている。この内村鑑三を一方の当事者とする事件を新島との関連に注意しながら少し見てみよう。

内村への就職の勧め

内村は一八八八年五月一六日に横浜に着き、およそ三年半ぶりで日本の土をふむ。内村は一八八八年六月一九日付のシーリー宛の手紙に「家に着くやいなや、二、三の呼び出しが私を待っていました」（『内村鑑三全集』第三六巻、二九一ページ）と書いている。新島も内村の帰国を待ちかまえていた一人らしい。内村の帰国の翌日の日記に新島は「十七日内村鑑三来着、一書ヲ遣ス」（「出遊記」、全五・三〇七）と書いている。

この一書は残っていないようだが、帰国後の内村の最初の職場となった北越学館への就職を勧め、その件で相談したいから会いにきてほしいといった文面であったものと思われる。帰国した内村に新島が北越学館教頭になることを勧めたことは一八八八年六月二五日付の小谷野敬三宛の手紙（全三・五九六）から分かる。

北越学館の性格

新島の構想に基づいた学校とも言える仙台・東華学校と同種の学校である新潟・北越学館には学校の基本的性格に無理があると、内村は初めから思ったようだ。

内村は帰国直後招聘を受けるかどうか決めるため実際に新潟に行って北越学館の関係者に会った時のことを「仙台東華学校外国教師総辞職ニ付余ガ感を述」（初出は一八九一年一〇月一六日発行の『基督

教新聞』）という文章の中で次のように書いている。

時ニ米国組合宣教師「スカツダー」氏父子「ヲルブレッキ」氏「ニユーエル」氏等総テ十余名該校ノ教授ニ従事セラル、時ノ館長加藤勝弥氏、幹事阿部欽次郎氏等余ニ告テ曰ク北越学館ハ北越有志者ノ設立并ニ維持ニ依ルモノニシテ其目的ハ基督教主義ヲ以テ高等普通教育ヲ施スニアリト余其言ヲ聞クヤ一聞以テ事ノ艱難ナルヲ悟レリ
（『内村鑑三全集』第一巻、一九九ページ）

右の引用文中に名前が出てくる加藤勝弥も阿部欽次郎もキリスト教徒であったけれども、内村は *"How I Became a Christian"*（「余はいかにしてキリスト信徒となりしか」）（『内村鑑三全集』三・一六四）でも、シーリー宛の一八八六年六月一九日付の手紙でも（『内村鑑三全集』三六・二九二）、北越学館を設立・維持する人々が全体として非キリスト教徒であることを述べている。これは本井康博「新島襄と加藤勝弥――北越学館をめぐって」の中の、「発起人会と校友の大部分が未信徒であった」（『同志社談叢』創刊号、一九八一年二月発行、一〇四ページ）という言葉から見ても事実のようだ。北越学館の教頭という地位が困難な地位だと思った理由について、内村は「仙台東華学校外国教師総辞職ニ付余ガ感を述」の中で次のように書いている。

今拾余名の宣教師諸氏ノ無給ニテ学館教授ニ従事セラル丶ハ勿論基督教伝道ヲ為シ得ラル丶ト信ズ

レバナリ、然ルニ所謂《いわゆる》北越ノ有志トハ其宣教師ヨリ得ベキ普通ノ教育ヲ求ムル者ニシテ基督教ハ寧《むし》ロ意ニ介セザル者ナリ、簡略ニ謂ハヾ宣教師ハ可成丈《なるべくだ》ケ宗教ノ勢力強カランコトヲ願ヒ設立者ハ可成丈ケ此レノ弱カランコトヲ望ムモノナリ即チ両者ノ注文ハ全ク趣キヲ異ニシテ此ノ中間ニ立ツ教頭コソ実ニ難難ノ位置ト謂《い》フ可《べ》ケレ

（『内村鑑三全集』一・一九九）

要するに、教育の場を利用して基督教を広めようとする宣教師と、キリスト教には興味はないが宣教師を利用して、ただで英語による普通教育を得ようとする設立者の、同床異夢的な結合からなる北越学館の前途のあやうさを見て取ったということであろう。それで内村は北越学館教頭になることを辞退したのだが、「館長其他ノ人士余ヲ勧メテ止マ」ないので、結局「一ケ年間仮教頭」に就任することに同意した（内村全一・一九九、内村全三六・二九二参照）。それは六月六日のことだった（『キリスト教新聞』第二五六号、一八八八年六月二〇日、三ページ）。しかし、その後も内村の北越学館就職の件に関する迷いが消えたわけではない（全五・三四三、全三・五九六参照）。詳細は省略するが、後に一八八八年一〇月二〇日付の新島宛の英文の手紙で内村が「私がここ［北越学館］に来ることに決めたとき、どんなに気が進まなかったかはあなたがご存知です。」（内村全三六・三〇四）と書いているように、内村が北越学館に実際に就任したのは、大いに迷った末のことであった。

内村鑑三

「仙台東華学校外国教師総辞職ニ付余ガ感を述」では、一八八八年六月に新潟に行って北越学館の関係者に会った時、「余ニシテ教頭ノ任ニ当ラバ遠カラズシテ大波瀾ノ校内ニ起ラン」（内村全一・一九九）と言ったことになっている。書中で北越学館運営をめぐる具体的事務的相談をしていることから見て、北越学館就任を決心してから書かれたと思われる加藤勝弥宛一八八八年八月七日付の手紙に出てくる、「小生ノ心配致スニ小生ノ自由独立主義ハ大ニ貴兄ヲナヤマスノ素トナランコトニ御座候」（内村全三六・三〇二）も、内村が北越学館に就任早々引き起こすことになる「大波瀾」（いわゆる「北越学館事件」）を予期したような言葉だ。そして、加藤勝弥宛のこの手紙の今の引用個所にすぐ続く次の言葉、

然シ宣教師ノ手ニ任シテハトテモ人物ノ養生〔成〕ハ出来不申《もうさず》、之ハ小生ノ独見ニ無之、今日迄ノ宣教師的ノ教育ヲ実検セシ志士ノ公論ニ御座候　（同）

は内村が予期していた「大波瀾」の性格を示唆している。それは北越学館の宣教師からの独立を計る過程で起こった波瀾であった。

『宣教研究』（日本基督教団宣教研究所編集発行）第一号（一九六八年）所載の松川成夫・本多繁「明治二十年代におけるキリスト教主義学校の一側面——北越学館・新潟女学校について」の「Ⅲ部　資料篇」の「D　北越学館ニ関スル意見書」に出てくる

九月十日（即開館式並に教頭就任式ノ前日）内村氏成瀬ニ謂テ曰ク今日北越学館ノ資金不足ナルナル《ママ》ハ論ヲ待タズト雖モ外国人ノ扶助ヲ辞シテ以テ独立セラ〔ザ〕ル可カラズ余ハ外国人ト事ヲ共ニスル不能《あたわず》
（『宣教研究』同号、八二ページ）

という言葉からうかがわれるように、一八八八年八月下旬に新潟に着いた内村は、着任早々から北越学館の宣教師教師をいわば追い出すことをねらった行動に着手した。新潟に着いてから内村は北越学館略則を改正し、その「第二条　目的」を彼の考えを反映させた、

本館ノ設立並ニ維持ハ単ニ有志者ノ寄附金ニ由ル其目的ハ高尚ナル徳義ト愛国々民主義ヲ以テ有為ノ人物ヲ養生〔成〕スルニアリ
（同、六八ページ、同、五八ページ参照）

という規定にしていた。内村が一〇月一五日に北越学館の発起人と校友に宛てた意見書を送り、宣教師に無給で教えさせることは「高尚ナル徳義ト愛国々民主義」にそむくことになることを主張したのも、端的に言えば宣教師追い出しをねらったと言えよう。宣教師とその支持者は内村に反撃し、いわゆる北越学館事件になったわけである。

新島との関連では、まずこの事件の主要な当事者が新島にこの事件について手紙を書いていることが注目される。

当事者たちからの報告

まず、北越学館の宣教師の中では、アルブレヒト（Geo. E. Albrecht）が一八八八年一〇月一九日付の英文の手紙（http://joseph. doshisha. ac. jp/ihinko/目録番号二六二九）を新島に送っている。内村の一八八八年一〇月一五日付の北越学館発起人および校友宛の意見書を同封したこの手紙で、アルブレヒトは日本のキリスト教化のための強力な助力者かと思った内村は事実において助力者ではなく敵であることが判明したこと、自分達外国人教師達は北越学館が始めの状態に戻り、復職を求められるまで辞任したこと、内村のような意見の持ち主と宣教師達が一緒に働くことは不可能なことなどを述べ、この問題についての新島の理解と助力を求めた。

アルブレヒトの手紙にすぐ続いてもう一方の当事者である内村もすでに言及した一八八八年一〇月二〇日付の手紙（英文）を新島のもとに送った。その書き出しは次のようなものだ。

私が当地に来てからすでに二カ月近くになります。それ以来戦いにつぐ戦いで二カ月がまるで二年間のように長く感じられます。私が従事しているのは相変ず昔からの同じ戦い――外国伝道会社および宣教師からの本当の独立を目指す戦いです。そして私は今そのただ中にいます。

（内村全三六・三〇三）

二日前からアルブレヒトを含む二人の宣教師が学校に来なくなったことに触れて、「私が前々から予期していた結果になりました。宣教師が去るか、私が去るかです。」（同）といったことを書いたあとで、内村は自分が新潟で成し遂げた「神と祖国に対する貢献」として次のように書いている。

私はこの学校が外国伝道会社と組合教会のいいなりの機関であることをやめさせました。はっきり言いますが、公衆は前年度においては北越学館の性格についてだまされていたのです。彼らはこの学校は普通教育（liberal education）のために創立された学校で、キリスト教道徳を徳育の基準として採用するにすぎないという説明を受けました。しかし、事実は、それは教会員製造のための機関に変えられていたのです。（同）

新島に、進行中の北越学館事件について手紙を書いた人物には北越学館館主の加藤勝弥もいる。アルブレヒトも内村も宣教師達と内村が協力することは不可能でどちらかが北越学館を去るしかないという意味のことを言っていたが、一八八八年一一月九日付の新島宛の手紙から加藤は内村も宣教師も共に北越学館に引き留めて学校を運営したいと思っていたことが分かる。加藤は内村が宣教師を北越学館からいわば追い出そうとしたことなどには賛成しなかったが、内村を宣教師達の思うようなひどい人物ではなく、基本的には「教育上ニハ適当ノ人物ニテ忠義ノ信者」（全九上・五一二）と考えていた。

新島の反応

このようないろいろな報告を受けて新島が北越学館事件をどのように判断したかというと、「故新島氏ノ如キモ氏ニアルマジキ書ヲ寄セラレテ余ヲ詰《なじ》ラレタリ」（「仙台東華学校外国教師総辞職ニ付余ガ感を述」『内村鑑三全集』一・二〇〇）から見ても、新島は実際上宣教師の北越学館からの追放を計るような内村の行動を非難したのであろう。

しかし、内村をなじったにしろ、新島はアルブレヒトほど内村の行動を悪意にとらなかったようだ。このことは、例えば、「北越学館事件」の最中の一八八八年一一月六日付の小崎弘道宛の手紙の中で、新島は内村を同志社に招聘したいような意向をもらしていることからも分かる（全三・六七〇参照）。当時は北越学館事件たけなわのころで、この手紙を書く直前には同志社出身者で北越学館予科の教員をしていた中島末治から、北越学館事件の内情を述べ、内村を「共ニ為ス能ハザル人ト信候ニ付辞職」（全九上・四七六）したことを報告する一八八八年一一月一日の手紙も着いていたはずである。要するに、「兼テご周旋申し御地へ送候内村氏ニハ甚不都合の挙動ヲ為シオリ候由」（加藤勝弥宛の一八八八年一〇月三〇日付の手紙、全三・六五三）を知って新島も「大ニ心配」はしたが、彼は内村の行動は彼なりの一概に否定できない主義に基づくことを理解したようだ。

晩年の回想として内村の一九二一年九月二七日付の日記に一八八八年米国から帰国早々新島に会って、「我国に基督教を伝ふるに方《あた》て外国人の補給を受くるの非と害とについて切言した」（『内村鑑三全集』三三・四三一）ことが書かれている。同じ日の日記によれば、新島はそれに対して「愁然として」［うれいを含んだ面持ちで］、「君は実に我国基督教界の伯夷叔斉なり」（同）と言ったという。司馬遷の『史記』の「伯夷列伝」に出てくる君を弑《しい》して建てられた周の粟を食べるのを恥じて首陽山に隠れ、わらびを食べてしばらく命をつないだがついに餓死したという兄弟の生き方は非現実的でも徹底した理想主義の現れとして畏敬の念を感じさせる一面を持つと言えるかもしれない。自分の事業を第一にアメリカ人の援助に頼ってやってきた新島も、自分のやり方とは全く違う内村に対して一種の畏敬の念のようなものを感じたのが、内村の日記に出て来る反応になったのかもしれない。いずれにせよ、こんなことがあったから、北越学館事件の発生を知ったとき、新島は、意外というより、やっぱりそうかといった感じを持ったようだ。それは加藤勝弥宛の一八八八年一〇月二〇日付の手紙に出て来る「小生ハ初メヨリ少々アブナキ事トハ心配致居候也」(全三・六五三)という言葉からうかがわれる。

『内村鑑三全集』第四〇巻所収の「年譜」によれば、内村は一八八八年一二月一八日「北越学館を辞し帰京」した。「仙台東華学校外国教師総辞職ニ付余ガ感ヲ述」では、「事終ニ名状スベカラザルノ混雑トナリ余ハ五ヶ月ヲ経テ新潟ヲ去レリ」(内村全一・二〇〇)と書かれている。内村の敗北で北越学館事件は一応の決着がついたように見えた。

松村介石教頭となる

内村が去ったあとは松村介石が教頭になった。その松村は「当時北越学館の騒動に関して、三種の党派があった」として、「宣教師派」、「内村派」、それに、「加藤校主を始め、どちらにも与《くみ》しない二、三の教師連」を挙げている(松村介石伝編集委員会編『松村介石』一一八ページ)。ところが「どちらかといえば、まず宣教師派すなわちキリスト教派より招へいされた」(同)と自任する松村が、北越学館教頭になると「毎朝教頭もしくは教授が、生徒を集めて、礼拝祈禱することを撤廃」したり、「日曜学校を館内に開いて聖書を生徒に教えていたのを禁止」したり(同、一一九ページ)、いわゆる宣教師学校の常型を破るやり方を実行した。松村にも宣教師学校にありがちな教育を伝道のための方便とするような傾向に対する反発があったのだろう（『宣教研究』第一号、六〇ページ参照）。松村は「学館では宗教を説かなかった。しかし教会では説教をした。」（『松村介石』一二五ページ）と書いているように、学校外では彼なりにキリスト教のためにも尽くした。しかし、彼の「教育と宗教を分離する」（『宣教研究』第一号、六〇ページ）やり方は宣教師には不満で北越学館で教えていた宣教師の大半は松村の在任中に帰国してしまう（同、六一ページ）。北越学館は一八九一年一二月に解散し、その後をついだ北越学院も一八九三年には閉校になってしまう（北越学館、北越学院の廃館・閉校の理由については『宣教研究』第一号、六一～六三ページ参照）。

東華学校も北越学館もアメリカン・ボードの宣教師が教師として協力したこと、日本人教師の中に同志社出身者が多かったこと、新島が人事などの面で大きな影響力を持っていたことなどの点で、同志社と縁の深い学校であった。内村は「仙台東華学校外国教師総辞職ニ付余ガ感ヲ述」でも、内容的に見てその英語版ともいうべき"An Unsuccesful Experiment in Japanese Missions"（内村全一・二〇三～二〇八）でも、非キリスト者が多数を占める設立者と宣教師という組み合わせがこの二つの学校に致命的な内部矛盾を作り出したことを指摘した。宣教師および、宣教師と同じように、学校を第一に伝道のための手段として考えるような日本人キリスト教徒が、非キリスト教徒と一緒になって学校を運営すべきではない、と内村は考えた。北越学館事件中に内村の批判者によって書かれた「D 北越学館ニ関スル意見書」の中に内村の言葉として引かれている「諸君ガ諸君ノ主義ノ教育ヲ施サントスルニ非基督信者ヲ発起者並校友トナシタルハ甚シキ誤謬ナリ」（『宣教研究』第一号、八五ページ）も、

「仙台東華学校外国教師総辞職ニ付余ガ感ヲ述」に出てくる、

又宣教師諸君ノ為ニ計ルニ如斯《かくのごと》キ学校ニ於テ諸君ノ天職ヲ満サントスルハ決シテ策ノ得タルモノニアラズ、諸君ノ所謂基督教主義ノ教育ヲ施サントナレバ宜シク基督教外ノ有志者ニ頼ラズシテ純然タル「ミッション、スクール」ヲ起スニ若《し》カズ（内村全一・二〇一）

もそういう考えの反映である。

考えてみると、キリスト教主義の学校に非キリスト者の協力を募るというやり方は、廃校に終わった東華学校と北越学館だけでなく、晩年の新島が何よりも力を入れたように見える大学設立運動においても新島が選んだやり方であった。

2　大学設立運動

日本人からの寄付金

同志社は創立以来数年は実質的には全くアメリカからの寄付金で維持運営される学校であった。日本人からの寄附金はおそらく微々たるものであったろう。一八八〇年代半ばのいわゆる欧化主義の時代になってキリスト教に対する世間の風向きが急変すると、非キリスト者が大多数を占める日本国民から寄付金を募って同志社の事業を拡大、発展させることが現実性を持った可能性として浮かびあがってきた。そして、晩年の新島が精魂をそそいだ大学設立運動においては、キリスト教徒だけでなく非キリスト教徒からも積極的に援助、協力を求めるという姿勢が顕著である。そして、事実、新島を中心に進められた大学設立運動の協力者の中には、中央や地方政界の有力者、財界人など多数の非キリスト教徒がいた。

北垣知事の協力　非キリスト教徒の新島の大学設立運動への協力を示す顕著な事実の一つは、同志社の地元である京都府下で大学設立運動を進める上での北垣国道知事の協力である。北垣はキリスト教に対する敵意や偏見を持たない人ではあったけれども、キリスト教徒ではなかった。北垣が大学設立運動に対する熱心な支援者であったことは、例えば、「同志社大学記事」の中に、一八八八年三月二七日の新島が明治専門学校発起人として自分と山本覚馬の二人の名で招集した集会における北垣の発言内容が、

北垣知事ニハ大ニ私立専門校ノ挙ヲ賛成セラレ、先ヅ其ノ美挙ナル事ト又人物養成ノ事ハ自治ノ政《ママ》度ニ進マントスル今日ニ取リ甚必要ナル事ヲ陳べ、国道一己人ノ地位ヲ以テ徹頭徹尾之ヲ翼賛シ、一日モ早ク此ノ挙ノ成功ニ至ルヲ望ムト　（全一・二一〇）

という言葉でまとめられていることからもうかがわれよう。「同志社大学記事」にはこの日、北垣知事が「来会ノ両区長初府下ノ有志家ニ向ヒ、懇々《こんこん》此ノ美挙ヲ助ケテ成功ニ至ラシムベキ旨ヲ勧メラレ

タリ」（同）とも書かれている。北垣知事の勧めの効果であろう、この日の集会の終わるまでには「両区長ヨリハ次回ノ集会迄ニ府下ノ有志家財産家ノ姓名取調ノ事ヲ承諾致サレタリ」（全一・二一二）ということになった。役所にある個人情報を私立大学設立のための募金運動者に本人の同意なしに提供するなどということは今日においては考えられないことといえそうだ。

中央の有力者の援助

新島は大学設立運動を進めるに当たって中央の有力者の援助を獲得することにも非常な重きを置いた。一八八八年四月二二日に出京中の新島のために自宅で大学設立運動のための集会を開くなど大きな援助を与えた一人は後に元老の一人になる井上馨であるが、中村栄助宛の一八八八年四月二九日付の手紙に「陸奥君等之御周旋ニより井上伯ニも大賛成」（全三・五六一）と書かれているところを見ると、井上馨が新島の大学設立運動を援助するようになるについては、後の外務大臣陸《む》奥《つ》宗光《むねみつ》の口添えがあったらしい。陸奥が新島の大学設立運動に政界、財界の何人かの有力者の援助をとりつける上でなくてはならない人物だったことは、新島が一八八八年五月一八日に鹿鳴館で二日後駐米公使の任に赴くため横浜を立つ陸奥のための「送別宴」（「出遊記」全五・三〇八）を開いていることからもうかがわれる。

北垣国道

一八八八年四月以来の東京での新島の大学設立運動は最終的には井上馨の援助のもとに大隈重信外相官邸で同年七月一九日に開かれた集会で出席の政治家・財界人から合計三万一〇〇〇円の寄付の約

束を勝ち得るという成果を生んだ（全五・三五二、全八・四五五）。こういう名士も大学設立運動を支持しているということの持つ宣伝効果のためであろう、「同志社大学発起人新島襄」の名で一八八八年一一月に発表された大学設立を訴える「同志社大学設立の旨意」にもこの時の寄付者一一名の氏名とそれぞれの寄付金額が書かれている（全一・一三四）。この一一人は、「大隈伯、井上伯、青木子［青木周蔵］」という三人の政治家の外は、渋沢栄一、岩崎弥之助、益田孝、大倉喜八郎といった有力な財界人である。

「漫遊記」に出てくるこの一八八八年七月一九日の集会についての記述を見ると、新島自身については、「富田氏［富田鉄之助］等ノ助言モアリ、予ハ別ニ口開カザリシ」（全五・三五二）とある。新島は、井上馨と、当日の主人である大隈が彼に代わって弁じてくれるに任せて寄付金のことが決まるまでは黙っていたらしい。その日の井上の新島に代わっての訴えについては「漫遊記」に、

井上伯先口ヲ開、学校ニ於テ将来ノ人間ヲ養成スルノ必要ヲ説カレ而、又養成スルノ一点ハ人物ヲ作ルニアリ、人物ヲ造ルハ智徳併行ヲ主トスル学校ニアラザレバ其ノ目的ヲ達スル能ハザルヲトキ、又其ノ目的ヲ達スルニハ同志社ヲ除キ他ニ望ムベカラザルヲトケリ（全五・三五二）

と書かれている。

ほとんど全員キリスト者でないこれらの人々が新島に援助を与えた理由には、日本を発展させるた

めに人材養成とそのための教育機関の整備が大切だといったことを別にすれば、新島の愛国者的熱に打たれたといったところが大きかったかも知れない。島田三郎は「新島先生に対する余の追憶」（『中央公論』、一九〇七年一一月号）の中に、彼が陸奥宗光から聞いた新島評を紹介しているが、その中に「其根本の性質は熱烈なる愛国者である」（同、六五ページ）、「其心の底は如何に宇内の形勢に対して日本を立派なる国と為さうかとの精神が胸中に躍って居った」（同）、「至極温和の人のやうに見えるが、其の胸中は火の如き猛烈なる人である」（同、六六ページ）といった言葉が見える。

しかし、新島の与える誠心誠意そのものといった印象とはややずれるものが新島にはあった。それは彼のいわば策士的一面である。

キリスト教大学という印象を避ける

大学設立運動のためのPR文書として一八八三年四月に脱稿された「同志社設立始末」にキリスト教への言及がまったくないことには、すでに触れた。一八八八年四月一二日知恩院で大学設立運動のための大集会が開かれたときに新島が行った演説は『国民之友』第二二号（一八八八年五月）に「私立大学ヲ設立スルノ旨意、京都府民ニ告グ」という題で掲載されたけれども、その中で「新島は一言もキリスト教には言及していない」（河野仁昭「新島襄の大学設立運動（三）」『同志社談叢』第一一号、一九九一年、一二八ページ）ことを河野氏が指摘している。

一八八四年四月から新島は大学設立運動を明治専門学校という名義の下に行っていた。一八八四年四月に明治専門学校という名前が選ばれたのは新島に協力する大学設立運動の委員の中に、「同志社英学校との峻別を強調する委員が多数いたからであろう」（河野仁昭「新島襄の大学設立運動（一）」『同

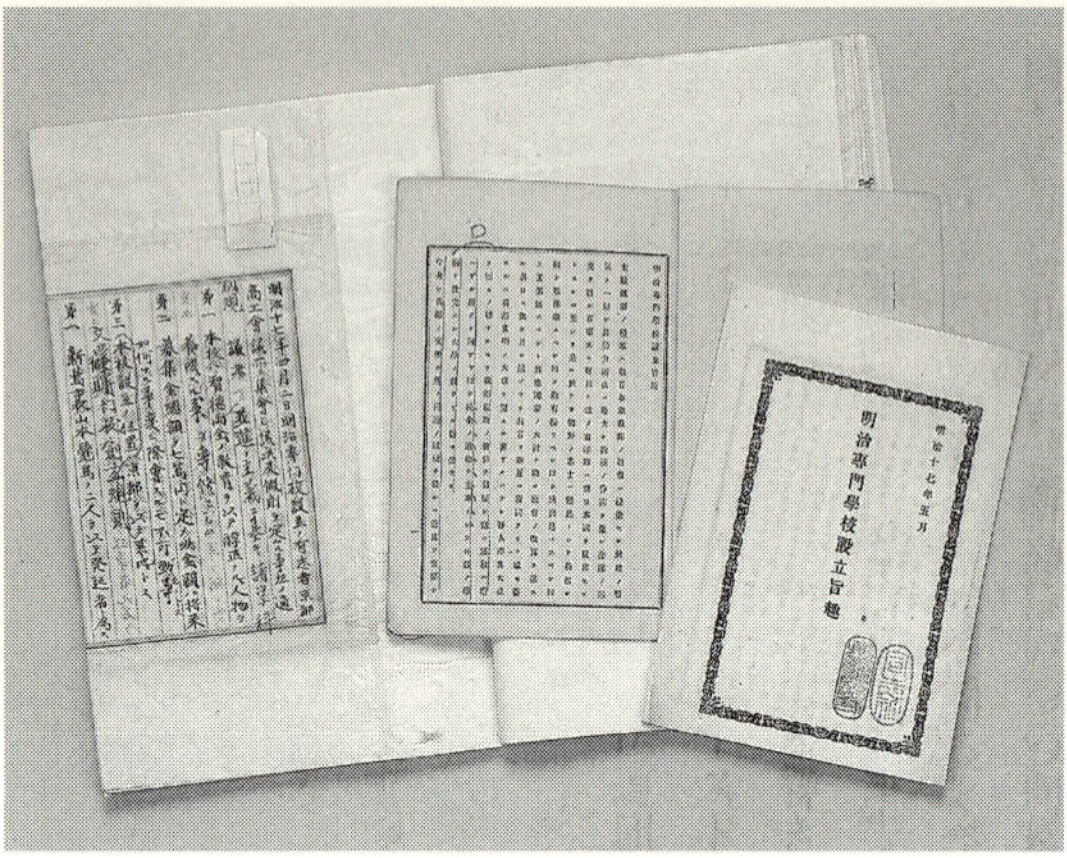

大学設立運動関係史料

志社談叢』第九号、一九八九年三月、三九ページ）と河野氏は考えられている。しかし、それは、理事委員会への新島の「譲歩」（河野仁昭「新島襄の大学設立運動（五）」『同志社談叢』第一三号、一三六ページ）というより、その時点では新島自身がそれが得策だと考えての積極的賛成ではなかったか。一八八四年四月に大学運動のための最初の大会、続いて翌日に相談会が開かれて明治専門学校という名称が選ばれる大分前に書かれ、一八八三年四月に印刷された「同志社大学設立旨趣」（全一・六六～七一）においてもキリスト教に対する言及は皆無である。とすれば、新島は設立されるべき大学がキリスト教主義の学校であるのを鮮明にしたかったのだが、他の委員ないし、発起人の反対であきらめ、名前も彼らに「譲歩」してキリスト教主義の学校という連想のない明治専門学校とすることに不本意ながら同意したと解釈する必要はない。「同志社大学設立旨趣」では新島は同志社英学校がキリスト教主義の学校であることでさえ隠している。だから、同志社英学校のアメリカ人教師がキリスト教宣教師であることには黙され、彼らは「品行端正ニシテ学術練達ナル米国人」（全一・六六）といった工合に言及されるだけである。一八八四年四月の知恩院での大集会で新島がキリスト教に全然言及しなかったのも、彼が明治専門学校という名前を進んで受け入れたのと同じ計算、つまりキリスト教主義の学校という目で見られない方が大学設立運動上有利だという計算だったと思われる。

本音を出させた徳富蘇峰

新島に本音を表に出させる役割を果たしたのは徳富蘇峰（猪一郎）であったようだ。その自伝に「余は最初に逢うた時より先生に傾倒していた」（「蘇峰自伝」『日本人の自伝』第五巻、七九ページ）と書いている蘇峰は、同志社は中退したが、新島に対する敬愛の念を持ち続けていた。新島の最晩年の大学設立運動において、文名の挙がったジャーナリストとしてその主宰する『国民之友』の紙面をも供して、新島の最大の協力者として活動したのが蘇峰であった。「蘇峰自伝」中の「同志社大学運動と予」の一節を見ると、蘇峰が新島に「明治専門学校などという名目よりも、むしろ当初から大きく同志社大学と持ち出した方がよからん」（『日本人の自伝』第五巻、一四八ページ）と言ったと書かれている。事実、『新島襄全集』の来簡編所収の蘇峰の一八八四年三月二四日付の新島宛の手紙（全九上・三九一～三九二）には「蘇峰自伝」の記述を裏付ける言葉がある。

蘇峰が、大学設立運動における新島のそれまでのやり方の逆を行ったのは、名前のことだけではなかった。彼が自伝で「而して新島先生の依頼に応じて、いわゆる同志社大学の趣意書なるものを起稿する事となった」（『日本人の自伝』第五巻、一四八ページ）と書いているように、一八八八年一一月に同志社大学発起人新島襄の名前で発表された「同志社大学設立の旨意」を実際に起草したのは蘇峰であった。『新島襄全集』第三巻所収の一八八八年一〇月一三日付の徳富猪一郎［蘇峰］宛の手紙（書簡番号四八二を付してあるもの）に言及のある「今回アッピール之マテリアル」（つまり「同志社大学設立の旨意」執筆に際して蘇峰に参考にしてもらおうと新島が提供した材料）に当たるのが、すぐそれに続く書簡番号四八三の「書簡」であろう。この書簡番号四八三の資料（以下では、「マテリアル」と略称）と蘇峰執筆の実際に発表された「同志社大学設立の旨意」を比べてみよう。

一番大きな違いは、キリスト教への言及の有無である。「マテリアル」の方には、五年前の一八八三年に印刷して配付した「同志社大学設立旨趣」と同じく、キリスト教には全く言及がない。「マテリアル」では教育方針については、

教育ノ目的ハ智徳併行ニシテ人物養成ノ一点ニ止マレリ、人才養成ニアラズ人物養成ノ意ナリ
（全三・六四八）

と述べるにとどまっている。

ところが、「マテリアル」を受け取ってから半月足らずで書き上げられた「同志社大学設立の旨意」（全九上・四六一参照）蘇峰執筆の「同志社大学設立の旨意」になると、

之を要するに吾人は敢えて科学文学の知識を学習せしむるに止まらず、之を学習せしむるに加へて、更に是等の智識を運用するの品行と精神とを養成せんことを希望するなり、而して斯くの如き品行と精神とを養成するハ、決して区々たる理論、区々たる検束法の能く為す所に非ず、実に活ける力ある基督教主義に非ざれば、能はざるを信ず、是れ基督教主義を以て、我が同志社大学徳育の基本と為す所以《ゆえ》ん、而して此の教育を施さんが為に、同志社大学を設立せんと欲する所以んなり

（全一・一三九）

というように、同志社大学での教育がキリスト教主義に基づく教育であることが明確に宣言されている。

このようなキリスト教主義教育（徳育）のはっきりとした宣言がこれまでの新島自身が書いた同志社ないし、同志社大学の設立関係の文章の中には見られず、蘇峰執筆の「同志社大学設立の旨意」にはじめて現れるというのは、考えてみれば皮肉である。「蘇峰自伝」にも書かれているように、蘇峰は同志社在学中に新島から洗礼を受けてキリスト教徒になったけれども、「洗礼は受けたが、基督教の主体たる基督に就いては、何等親しむ心が起らなかった」（『日本人の自伝』第五巻、七四ページ）彼は、年とともにキリスト教に疑問を感じて、キリスト教から離れていった人間だったからである。「蘇峰自伝」の「新島先生とともに木曾道中をなす」という見出しの一節には一八八二年七月新島を含む数人と中山道を旅行したとき、新島が蘇峰をキリスト教に復帰させようとくりかえし懸命に努めたが蘇

峰は心を動かされず、不成功に終わったことが書かれている。ここで起こる疑問は、その節に出てくる「予は先生の信者ではあったが、基督教の信者でもなく」（『日本人の自伝』第五巻、一〇五ページ）という言葉から分かるように、一八八二年の段階ですでにはっきりと「基督教の信者でもなく」なっていた蘇峰が、新島が隠そうとしていた「基督教主義を以て我が同志社大学徳育の基本と為す」ということをなぜ「同志社大学設立の旨意」に書いたのかということである。

「キリスト教主義」明言の理由

私自身はこれに対して推測以上の答えを持たない。一つ考えられるのは、「同志社大学設立の旨意」発表の二カ月ほど前の一八八八年九月に制定された「同志社通則」との関連である。「蘇峰自伝」に「当時制定せられたる同志社通則、すなわち同志社の憲法なども先生の望みに任せて、予がその原案を起草した」（『日本人の自伝』第五巻、一五七ページ）と書かれているように、その原案の起草に当った蘇峰は当然最終的に制定された同志社通則の内容も知っていたと考えてよいであろう。そして、「同志社通則」の「第壱章　綱領」の第二条に「本社ヲ同志社ト称ス本社ノ設立シタル学校ハ総テ同志社某校ト称シ悉ク本社ノ通則ヲ適用ス」、第三条に「本社ハ基督教ヲ以テ徳育ノ基本トス」（『同志社百年史——資料編一』一二一ページ）とあれば、同志社大学でもその設立されたあかつきには当然この通則があるかぎり、それに従ってキリスト教に基づいた徳育が為されることになることを知っていたはずである。それならばそれを隠すことはおかしいと蘇峰は考えたのではないか。なぜ、新島がおかしいと思わなかったことを彼がおかしいと思ったかといえば、もう全くの憶測を述べる外はない。一つは蘇峰と新島の性格の違いであろう。

涙もろい熱情の人という彼の性格の他の一面とは一見矛盾するが、新島は容易に自分の手のうちを見せない人間だった。

先生は神前には赤裸々に跪《ひざまず》いたであらう。されど人間には、全くとは云はぬが、容易に肺肝を吐かなかった。

（徳富猪一郎「日本精神と新島精神」『新島先生記念集』一三ページ）

と蘇峰も書いている。

もう一つ、蘇峰は同志社大学のキリスト教主義ということを公言することが新島の大学設立運動にとって必ずしも不利とは限らないと思ったのかも知れない。「同志社大学設立の旨意」が発表された一八八八年一一月は欧化主義に対する反動が始まっていた時期だとは言えるだろう。欧化主義の風潮に冷水を浴びせるようなノルマントン号事件が起こったのがすでにほぼ二年前の一八八六年一〇月のことである。『植村正久と其の時代』第五巻、七一ページにあるこの事件の解説によれば、これは、暴風雨の中で暗礁に乗り上げ、英国汽船ノルマントン号が沈没したとき、「乗組員卅九名の内、印度人・支那人水夫十二名と船客日本人廿三名が溺死したにも拘らず、船長以下英国人廿六名が助かった」という事件である。この事件が日本のキリスト教界にもかなりの痛手を与えたことは、同じ個所に、これがキリスト教国の道徳であり人情であるのかとしばし下火となった耶蘇退治への導火線ともなって、欧化主義の波に乗って、いささか大きな面をしてゐた連中は、さながら、青菜に塩をかけたらんやうになり、一般基督教会は痛くもない腹を探られるやうに、とんだトバッチリをうけたのであった。（同）

と書かれている。新島もあまり気の進まないままにノルマントン号事件についての京都での集会に出席して「一時噪立チ、英国人ヲソシリ、耶蘇教ヲソシリ、宣教師ニ不平ヲ鳴ラスノルイ、事軽薄ニ走ル」（「『ノルマトン号事件について』」、全一・四一三）とこの事件に対する過剰な反応を戒める発言をしている。しかしながら、欧化主義に対する反動が始まったと言っても、政界の欧化主義者は健在であった。新島の大学設立運動に援助を与えた政界人の中心は当時の有力な欧化主義者達だったのである。

蘇峰は井上が新島の大学設立運動に援助を与えた理由を次のように推測している。

井上侯の側においては、恐らくは欧化主義の一端として、宗教も基督教を日本に輸入するの必要を感じ、そのためには新島先生及び同志社が適当の機関であろうと認め、その力をこれに藉さんとしたのではあるまいかと思う。（「蘇峰自伝」『日本人の自伝』第五巻、一四九ページ）

ミネルヴァ日本評伝選 通信

発行：ミネルヴァ書房　NO.13　2005年4月1日
〒607-8494 京都市山科区日ノ岡堤谷町1 Tel075-581-5191　Fax075-581-0589／価格税込

陰陽の達者なり

斎藤英喜氏『安倍晴明』を語る

◆星々のメッセージと安倍晴明

地球外知性体を探査する団体SETI（セチ）によると、最近、プエルトリコの電波望遠鏡が一千光年彼方のうお座とおひつじ座のあたりから発信された、「未知」の電波をキャッチしたらしい。「SHGb02+14a」と命名されたその電波が、本当に知性をもつ「異星人」（ET）からの「交信」なのか、未知の物質にすぎないかは、まだ確定はされていないという（『朝日新聞』二〇〇四・九・一〇「天声人語」）。

電波望遠鏡が受信した「未知」の電波は、一千光年彼方の宇宙空間からやってきたものだ。つまり千年前に発信された電波が、千年かかってようやく地球に届いたのである。そして同じく千年前に、天体を観測し、天空の星々が発信するメッセージを解読し、その災いを除去する呪術を駆使していたのが、本書の主人公・安倍晴明である。それにしても、晴明が生きた、その同じ時代から、「未知」なる電波がこの地球に届いたことは、どういう符合か……。

斎藤英喜氏

さいとう・ひでき
現在、佛教大学文学部教授。『いざなぎ流 祭文と儀礼』（法藏館）『〈安倍晴明〉の文化学』（共編著、新紀元社）ほか著作多数

◆安倍晴明の実像とは

さて、今や、安倍晴明の名前は小学生ですら知っている。また中学生に平安時代で知っている人物はと聞くと「安倍晴明」をあげる子供が多いという。そのぐらい、今、晴明はメジャーな存在になっている。しかしあらためて、その「実像」については、どれぐらい知られているだろうか。

小説や映画、コミックから得られる陰陽師・安倍晴明のイメージは、妖術を使い、悪霊と対決し、死者をも蘇生させる呪術のスーパースターである。けれども近年の歴史研究が明らかにしてくれた史料が示す晴明の実像は、陰陽寮という役所に勤め、天変の占いや、貴族たちの日常生活や政務に関わる占いを行い、天皇の延命長寿を祈る祭祀を取り仕切り、あるいは災厄を祓うための呪術を奉仕するといった、きわめて地味な役人だという。そして史料上の晴明が「陰陽師」として活躍するのは、ほとんど老年からである。

◆陰陽道の〈現場〉へ

いうまでもなく本書も、史料にもとづく晴明の評伝である。しかし、本書が解き明かす史料の上の晴明は、けっしてルーティンワークを地道にこなしているたんなる役人ではなかった。このことを明らかにしたのが、この本の一番のウリだ。

反閇、泰山府君祭、追儺、熒惑星祭、玄宮北極祭…。これら平安中期に行なわれた陰陽道にもとづく祭祀、呪術、儀礼は、じつはほとんど晴明が新しく開発し、あるいは先例を改変して行なったものなのだ。晴明の生涯とは、陰陽道の儀礼・祭祀の現場のただ中にあった。その儀礼は、なんらかの形で天空の星々とリンクしていく。そうした晴明の現場から見いだされるのは、神祇官や密教僧侶たちとの対抗、競合関係であり、師匠筋になる賀茂保憲の「陰陽道」を凌駕し、新しい「陰陽道」の創生をめざした実践である。それによって、彼の陰陽道は平安中期の貴族たちの精神世界と呼応し、それをリードしていく力をもつ。

彼はけっして先例を反復する役人ではなかった。それを明らかにするキーワードは、〈現場〉。読者は、共に、晴明が創り上げた陰陽道の〈現場〉へと赴かれんことを。その〈現場〉のただ中から、あらたな歴史を体感されんことを――。

『安倍晴明』
陰陽の達者なり　斎藤英喜著
338頁／2520円（税込）
ISBN 4-623-04055-0
2004年10月10日刊

ミネルヴァ日本評伝選

＊価格はすべて税込で表示しています。

●4月刊行

新島襄

太田雄三　同志社を創立し、「明治の大教育家」と呼ばれた新島襄。国禁破りの脱国、アメリカ留学を経て名声を得た躍動の生涯と、欧化時代のなかでの彼の評価を大胆に論じる。　２６２５円

安倍晴明　斎藤英喜　２５２０円

忍　性　松尾剛次　２５２０円

満　済　森　茂暁　２６２５円

今川義元　小和田哲男　２５２０円

北村季吟　島内景二　２５２０円

二代目市川團十郎　田口章子　２５２０円

松永安左エ門　橘川武郎　２６２５円

岡倉天心　木下長宏　２６２５円

正宗白鳥　大嶋　仁　２６２５円

井上有一　海上雅臣　２８３５円

●続刊予定──

兼　好　島内裕子

松方正義　室山義正

鶴屋南北　諏訪春雄

乃木希典　佐々木英昭

源　義経　近藤好和

特別寄稿

糸井重里氏、井上有一を語る

ただそこにいただけなのに、いつまでも憶えている日。

いまでもそうだとも言えるのだけれど、当時はもっとハナタレ小僧だったぼくに、井上有一のインタビューをやらせようと決めた人は誰だったのか。すごい博打うちだと思う。

なにせ、ぼくは何も知らないのだ。井上有一についても、書についても、インタビューというものについても、何もわからないのだった。そんなやつを、まる坊主の井上家に送り込んだ。まる裸のハナタレ小僧を、まる坊主の井上有一が迎えてくれた。何も知らないぼくは、この人のことをただのやさしいおじさんと見ていた。ぼくの背中のうしろにはテレビカメラがあったのだけれど、だからといって何を訊いたらいいのか脳みそを使って考えることもしなかった。

ぼくは、ただ単にそこにいて、その場の流れのようなものに、身を任せているだけだった。無責任だとか、無能だとかいう以前に、ほんとうに近所のこどもが、縁側から座敷に上がり込んだように、そこにいた。なのに、あの日の記憶がくっきりと残っている。それが不思議でたまらない。

『井上有一』
書は万人の芸術である
海上雅臣著
352頁／2835円（税込）
ISBN 4-623-04328-2
2005年2月10日刊

特別連載　〈読者との集い〉(6)

ミネルヴァ日本評伝選〈読者との集い〉

ミネルヴァ日本評伝選〈読者との集い〉（昨年九月二五日、京都市アバンティホール）での模様を再構成・掲載する連載の最終回。
小和田哲男氏による講演「桶狭間合戦の真実」より。

小和田　結局どこが桶狭間山かというと、「明治二十一年名古屋近傍圖」という地図（図8）の右側に○を付けておいたんですが、六四・九メートルの三角点、たぶんそこらで昼食休憩を取ったんではないかと思うのです。そういった意味でいきますと、迂回奇襲、つまり従来のテレビドラマあるいは映画などで信長軍が山の上から坂をかけ下っていくような、そういうシーンは嘘だったということになります。ですから、八年前に私が時代考証をやりました大河ドラマ『秀吉』の時の桶狭間のシーンは、麓から織田軍が攻め上って行くという作り方にしておりましたけれども、おそらくそれが実際の姿だろうと思います。

▽図8　明治二十一年名古屋近傍圖

◆鍵を握る簗田政綱の情報

それでは、なぜ迂回ではなくて、正面から奇襲して成功したのでしょうか。

桶狭間の戦いがあった次の日、信長は将兵を集めて論功行賞を行っています。その史料によりますと、桶狭間の戦いの時に一番最初に今川義元に槍をつけたのは服部小平太。しかし義元が必死の抵抗をしたものですから、服部小平太は義元の首を取ることができず、二番手に入ってきた毛利新介が義元の首を落としました。となれば、誰もが、一番槍の服部小平太か、あるいは一番首の毛利新介か、だいたいそのどちらかが一番手柄として信長から褒賞を受けるものと思っていたと思うのですけれども、実はこの時に一番最初に名前を呼ばれたのは、その二人ではなく、簗田出羽守政綱という武士でした。彼は目立った働きをしたわけではありません。裏に隠れて実際の今川軍の進軍状況、出て行く方角、そういった今川方の情報を逐一信長に報告をしていたのです。ですから信長は簗田政綱からの情報によって、今川軍が今どっちの方面に進んでいる。守っている兵はどのくらいかというようなことを察知していたのです。

しかもこの時義元は輿に乗って出陣しているんです。去年だったか一昨年だったか、朝日新聞の「天声人語」という欄の中で、その時は肥満のことがメインテーマだったのですが、「義元みたいに太りすぎて馬に乗れないで命を落とした例もある」と書いてあったので、「それは違うよ」と、よほど投書しようかと思ったんですが、五〇円がもったいないからやめました。けれども、これは義元が何も太りすぎていたからとか、足が短かったから馬に乗れなかったというのではなくて、義元は将軍家から「外に出る時には輿に乗ってもいいですよ」という特権をもらっていたからなのです。要するに織田信長はまだ小大名だから、自分が輿に乗って出ていけば相手も少しはビックリするだろうというような、相手を威嚇するつもりで輿に乗って出て行ったわけです。

しかし、結局はそれが仇になってしまうのです。つまり、馬であればどこに大将がいるかというのがなかなかつかみにくいのですが、輿となれば、輿のある比較的近くに御大将の義元がいるというのがわかってしまうんです。ですから信長としては、服部小平太が一番槍、毛利新介が義元の首を取った、それはすごい手柄だ。だけどその手柄を彼らが立てるその作戦は、簗田正綱がもたらした情報によって信長が立てた作戦ですから、むしろその二人よりも簗田正綱のほうが手柄が上だと評価したのです。

おそらくこのことが戦国時代をこの瞬間にがらっと変えたと思うのです。つまりそれまでは武将たちの働きを評価する物差しは武功、いわゆる槍働きだけだったんです。ところがこの時から、武功だけではなく、情報も評価の対象となったわけです。ですからその後、秀吉がそんなに武功、つまり腕力もないのにどんどん出世していけたのは、この時の信長による（評価の）転換というのが大きかったのではないかと思います。

◆事前の離間策

今日配りました資料に引用しておきました「朝野舊聞裒藁（ちょうやきゅうぶんほうこう）」という史料をご覧ください（図９）。これは江戸時代の半ば以降、徳川幕府が編纂したいわゆる徳川家創業の歴史なんです。その中に結構詳しい史料がたくさん入っていまして、ここに永禄元年のこととして「公（つまり家康）岡崎を発して駿府に帰らせ給ひ」云々と出てまいります。その永禄元年の頃の出来事として、下段の真ん中辺ですが、「新武者物語に曰く、今川義元の家人に戸部新左衛門と云（ふ）者あり」云々と出てまいりまして、それから八行目くらいのところに、「信長その筆跡をまねて」どうのこうのと出てまいります。要するに、戸部新左衛門というのが当時の笠寺というところの城主だったのですが、織田信長から今川義元に寝返っていたのです。そこで寝返られた信長は、その戸部新左衛門の手紙を手に入れて、右筆に筆跡を真似させて、いかにも戸部が信長に宛てて手紙を出させたような、一種の工作をしたのです。つまりその偽の手紙を、いかにも途中で拾ったかのようにして商人に仕立てた森三左衛門という者を使って今川義元の手に入るようにし向けたという経緯が出てまいります。要するに、一度自分から離れて今川方についた者を今度は向こうに討たさせる工作をしたわけです。実際に今川義元

▽図９（前半）　朝野舊聞裒藁

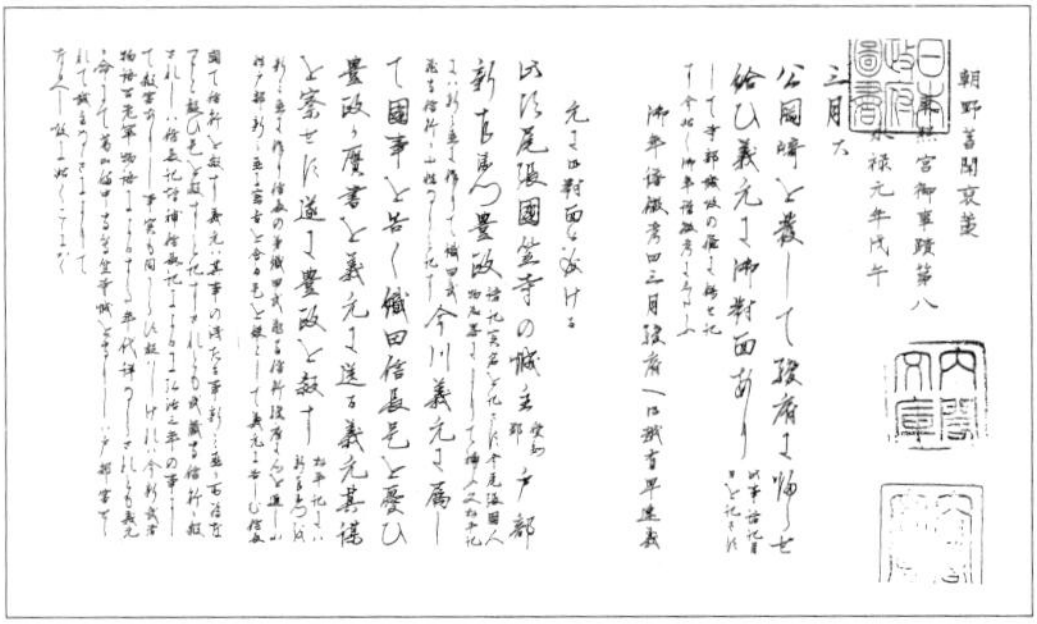

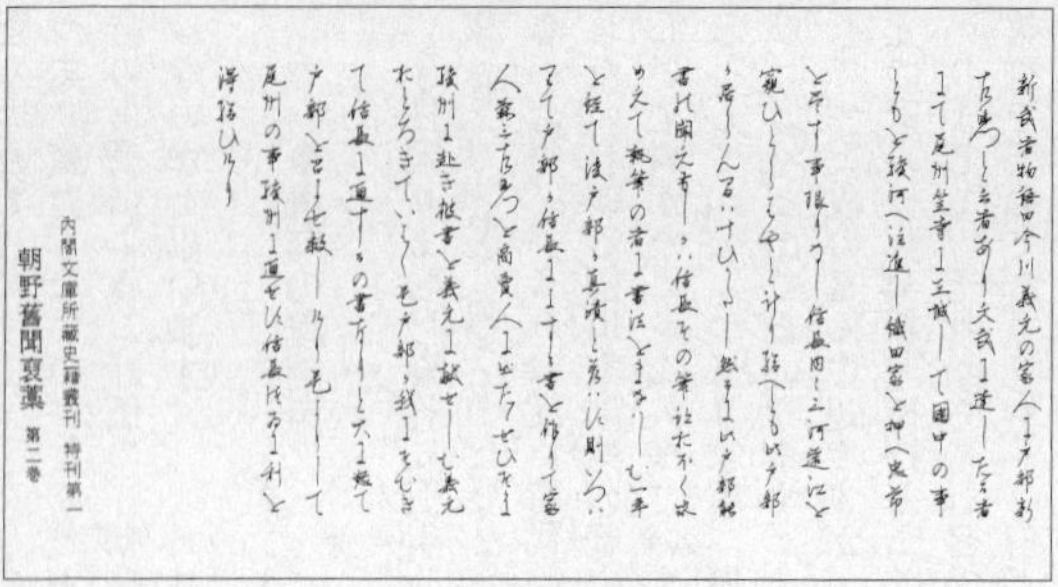
内閣文庫所蔵史籍叢刊　特刊第一
朝野舊聞裒藁　第二巻

△図9（後半）　朝野舊聞裒藁

は、再度戸部が信長に密かに通じているのではないかと疑って戸部新左衛門を殺すということが起きています。

このことは、「朝野舊聞裒藁」だけではなくて、下段には『甲陽軍鑑』にも同じようなことが出てきます(図10)。

ところで『甲陽軍鑑』というと、年輩の方の中には「あれは史料として使えないんじゃないの」と思われる方もいらっしゃると思うんです。しかしそれは三五年前の話で、たしかにこれを書いた春日虎綱(高坂弾正)の思い違いもあるけれども、肝心なところ、大筋では結構合っているので、最近の戦国史では『甲陽軍鑑』はある程度使えるという認識になっております。私もそこでは上の「朝野舊聞裒藁」と

◁図10　甲陽軍鑑

……信長公廿四歳にて是非《ぜひ》義元をうたんと心がけ給へ共、爰《ここ》に妨ぐる男あり、戸部新左衛門とてかさ寺の辺《あたり》を知行する者也《なり》、能書才学如レ形の侍にて渠《かれ》無レ二義元に属し、尾州を義元の国にせんと、二六時中はかるによつて尾州聊《いささか》の事をも、駿州へ書送る、依レ之《これにより》信長御心安き寵愛《ちょうあい》の右筆《ゆうひつ》に、彼新左衛門が消息共を多くあつめ、一年餘ならはせらるゝに、新左衛門が手跡に不レ違《たが》、於《カイ》二此時一義元に逆心の状思のまゝにかきしたゝめ、織田上総守《かずさのかみ》殿へ戸部新左衛門と上書をし、頼もしき侍を商人に出たゝせ、駿府へぞこされける、義元運の末にや、是《これ》を実なりとおぼして、彼新左衛門をめすに駿府までまいるに及ばずとて、参州吉田において速《すみやか》に頭をぞはねられける、

同じようなことが書かれており、しかももう少しわかりやすく書かれているという点で、そこに引用しておきました。

そうした離間策という手を使って、信長もただ手を拱いて、今川義元が来るのを待っていたわけではない。それなりの対応をしていたということがわかります。

◆桶狭間での義元と信長

さきほどお話ししましたように、義元本人は、沓掛から出発し、その日の終着点は大高というコースを取っています。そこを通って、途中ちょうど中間地点の桶狭間でお昼になったのでお昼を取ったわけです。今私は、お昼になったからそこで昼食休憩を取ったという言い方をしましたが、史料によっては二日も前からここに家臣たちが陣所を設けていたという史料もあります。ですから通説でいう谷間の底のようなすり鉢状の所に陣を置いたというのは、いかに間違いかがおわかりいただけるかと思います。やはり三カ国の総大将ですからそんなふうに「通っていたらたまたまちょうどお昼になったから、すり鉢の底のような所ではあったがそこで食事にした」ということはないと思います。やはり見晴らしのいい山の上で昼食を取ったのではないかと考えるのが自然だと思います。

そこに信長率いる精鋭二千が突っこんでくるわけです。今川軍の二万五千のことをさきほどの『信長公記』では四万五千と書いてあるのですが、これはちょっと太田牛一がオーバーに書いたと思われます。いろんな史料から二万五千と推定できます。

では、二万五千の軍勢が、たった二千になんで負けるのかということになります。それは、たぶんこの二万五千のうちのほとんどが、もう鳴海と大高のほうに入っていて、おそらく義元本体は五千くらいではなかったか。しかも、そのうち、ほんとうに義元の周りを固めていたのは『信長公記』に出てまいりますが、わずか三〇〇ほどだったのではないか。ですから、仮に五千対二千であったとしても、油断をしている今川軍に対して、「輿がある所だけ目指せ」という形で突き進んで行った二千とでは、やはり迫力の点で違いがあり、これは軍勢の数だけでは決まらなかったと思います。

◆味方も欺いていた信長

引用した『信長公記』の真ん中辺に、「爰にての御諚には(ここでの信長からの言葉には)、各よくよく承り候へ(おまえらよく聞け)。あの武者(今川軍)、宵に兵粮つかひて夜もすがら来り、大高へ兵糧入れ、鷲津・丸根にて手を砕き、辛労してつかれたる武者なり。こなたは新手なり。」と書いてあります。要するに信長は自兵に、「敵は夜中から闘って疲れている。我らは新手だ」という言い方をしているのです。実は、ここ桶狭間にいた今川軍は、前の鷲津・丸根の砦の戦いには加わっていませんので、十分睡眠を取っていた部隊なんです。だけど信長は「あいつらは夜もすがら戦って疲れている。俺たちは今来たばっかりだ」と鼓舞したわけです。これはまさに戦場におけるマインドコントロールだと思うのですが、そうした演出のうまさというのも信長勝利の背景にあったのではないかと思います。

◆古戦場が二カ所あるのはどうしてか

ところで、私は最初に桶狭間に行った時に、古戦場が二カ所あるのに正直びっくりいたしました。豊明市栄町南館という、名鉄の中京競馬場前を降りてからすぐのところに古戦場があり、さらにそこから二キロくらい南西に行った方に、これは名古屋市緑区桶狭間北という、そこにも古戦場がある。なんで二カ所あるのかと最初は疑問に思っていました。要するに行政が違うものですから、本家争いみたいにしているのかなと思ったりしたのです。

▽講演中の小和田哲男氏

ところが実はそうではなくて、桶狭間山に今川軍がいたところに、織田軍が攻め上ってきた。たぶん今まで居た、というか、朝出発してきて沓掛の方に戻ろうとしたグループと、奇襲を受けて慌てふためいて大高城に駆け込んで行こうとしたグループと、この二つのグループに分かれてしまったのではないかと思うんです。それで、山の麓でちょうど二カ所になる。また同時に、今公園となっているあたりが、たまたま人家がなくて公園として整備するのに適した場所だったということで、二カ所が残ったということではないかと思います。しかもその今残っているところは平地ですから、桶狭間山と『信長公記』には出てきたけれども、戦いがあって多くの将兵が討たれたのは、たぶんそう

いう平地だったのではないかと思います。

ということで時間がまいりましたが、今日は「桶狭間合戦の真実」ということで、従来通説として考えられてきた事柄に対して自分なりの「これが正しい、これがほんとうの桶狭間合戦ではないか」ということで見てきました。史料をいろいろと引用、紹介しましたけれども、みなさんもそれぞれの立場になって、「信長ならこういうことをしたのではないか」とか「今川義元は何故こういうことになったのか」ということも併せて考えを巡らせていただければと思います。

今回はミネルヴァ書房から出版した私の『今川義元』という本をきっかけとして紹介させていただきました。これまで今川義元というのは人気がありませんでしたが、これからは、少しでも多くの方々に好きになっていただければありがたいと思いまして、講演を終わらせていただきます。ご静聴ありがとうございました。（拍手）

—了—

▽左二人目より、上横手雅敬氏、島内裕子氏、小和田哲男氏、芳賀徹氏、島内景二氏、小社社長・杉田啓三。
読書感想文受賞者のみなさんと関係者をまじえて「読者との集い」終了後の舞台にて。

広告&書評（2005.1.6〜2.13）

読売新聞（夕刊）	1・12	書評	『忍　性』	
朝日新聞	1・14	広告	一面三段1／8	
読売新聞	1・17	広告	一面三段1／8	
東京新聞	同	広告	一面三段1／8	
中日新聞	同	広告	一面三段1／8	
京都新聞	1・23	広告	一面三段1／8	
読売新聞	同	書評	『忍　性』	
演劇界	1・25	広告	一面三段1／8	
聖教新聞	2・9	書評	『二代目市川團十郎』	
週刊読書人	2・11	書評	『二代目市川團十郎』	
下野新聞	2・12	記事	田口章子氏	（共同）
福島民報	同	記事	田口章子氏	（共同）
奈良新聞	2・13	書評	『安倍晴明』	
秋田さきがけ	同	記事	田口章子氏	（共同）
信濃毎日新聞	同	記事	田口章子氏	（共同）
福井新聞	同	記事	田口章子氏	（共同）
京都新聞	同	記事	田口章子氏	（共同）
山陰中央新報	同	記事	田口章子氏	（共同）
山陽新聞	同	記事	田口章子氏	（共同）
宮崎日日新聞	同	記事	田口章子氏	（共同）
高知新聞	同	記事	田口章子氏	（共同）

営業部から

日本を築いた礎ともいえる人物を現代に甦らせ、再び光を当てるシリーズ「ミネルヴァ日本評伝選」もこの三月には二十冊目が刊行されました。思えば初めてこの企画の全容が明らかにされ、当時ラインナップされた二〇〇人を超える人物の名前を目にした時は本当に驚きました。膨大なラインナップの数はもちろん、あまり知られていない（まったく知らない）人物の名前がたくさん並んでいたのですから。いったいこれからどんなシリーズに育っていくのか、期待と少々の不安を感じつつ、シリーズが誕生するその場に居合わせたことを、今では懐かしく思い出します。

営業に出向いた書店でも、当シリーズの案内をすると皆さん一様に驚かれました。二〇〇巻を超えるシリーズはそうはありませんし、この先何年も刊行が続くのですから。しかし、今ではシリーズの既刊が増えるにつれ多くの書店で「評伝選コーナー」を作っていただいたり、フェアを開催いただくなど様々な形でご協力いただいています。皆さんからの期待に後押しされ、「ミネルヴァ日本評伝選」はさらに大きく育っていきます。まだまだ魅力的な「人物」たちが、読者の皆さんと出逢う日のためにスタンバイ中です。お楽しみに。（営業部・中城京子）

郵便はがき

料金受取人払

山科局承認

107

差出有効期間
平成17年7月
20日まで

6078790

（受　取　人）
京都市山科区
日ノ岡堤谷町1番地
（山科局私書箱24）

㈱ミネルヴァ書房
ミネルヴァ日本評伝選編集部 行

◆以下のアンケートにお答え下さい。

＊　お求めの書店名

＿＿＿＿＿＿市区町村＿＿＿＿＿＿＿＿＿＿書店

＊　この本をどのようにしてお知りになりましたか？　以下の中から選び、3つまで○をお付け下さい。

A.広告（　　　　）を見て　B.店頭で見て　C.知人·友人の薦め
D.図書館で借りて　E.ミネルヴァ書房図書目録　F.ミネルヴァ通信
G.書評（　　　　）を見て　H.講演会など　I.テレビ・ラジオ
J.出版ダイジェスト　K.これから出る本　L.他の本を読んで
M.DM　N.ホームページ（　　　　　　　　）を見て
O.書店の案内で　P.その他（　　　　　　　　）

ミネルヴァ日本評伝選愛読者カード

書 名 お買上の本のタイトルをご記入下さい。

◆上記の本に関するご感想、またはご意見・ご希望などをお書き下さい。
「ミネルヴァ通信」での採用分には図書券を贈呈いたします。

◆あなたがこの本を購入された理由に○をお付け下さい。(いくつでも可)
A.人物に興味・関心がある　B.著者のファン　C.時代に興味・関心がある
D.分野(ex. 芸術、政治)に興味・関心がある　E.評伝に興味・関心がある
F.その他（　　　　　　　　　　　　　　　　　　）

◆今後、とりあげてほしい人物・執筆してほしい著者(できればその理由も)

〒

ご住所　　Tel　（　　　）

年齢　性別

お名前《ふりがな》　　歳　男・女

ご職業・学校名
(所属・専門)

Eメール

ミネルヴァ書房ホームページ　http://www.minervashobo.co.jp/

明言を避け続けた新島

蘇峰が同志社大学がキリスト教主義に基づいた教育（徳育）を行うことを「同志社大学設立の旨意」で明言したことは、前述の「マテリアル」の内容から見て、新島の予定外のことだった。それを読んで新島がどう思ったかは分からない。確かなことは『新島襄全集』第一巻に収録されている「同志社大学設立の旨意」発表後に書かれたと思われる、大学設立募金運動中の演説草稿五篇を見ても、その中で同志社大学でのキリスト教主義に基づいた徳育ということに触れている草稿は皆無だということである。編者によってそれぞれ「明治二十二年頃・草稿」、「明治二十二年三月・草稿」、「明治二十二年八月十六日・徳富蘇峰秘書写し」と注記されている「[同志社大学設立募金演説稿]」、「[同志社大学資金募集に付]」、「大学設立主旨」の三つの文章に共通するのは、智徳兼備の完全なる人物の養成を教育目標としているという意味の言葉だけれども、「同志社大学設立の旨意」と違ってそのためにキリスト教主義に基づいた徳育を施すのだということはどこにも出てこない。むしろ、キリスト教色の強い大学になるという印象を与えないように注意が払われている。そのことは「同志社大学設立募金演説稿」からの次の引用からもうかがわれよう。

弊校学校ノ如キ、世評ニヨレバ只説教家計ヲ出ス学校、社会ニ立チ社会ノ為ニ尽ス実業家ハ出サズト、其レ或ハ然ン、当時普通学部ニ神学専門、普通学部ノ人ハ未ダ世ニ出ズ、神学部ハ伝道者ナリ、学校ガ只一専門学部ニ止マレバ自然狭隘ニ陥ルノ弊ナキ能ハズ、ツマリ大学ノ計画アリシハ即チ致富ノ元理社会ノ通則ヲ学バシメン為ナリ　（全一・一四四）

右の引用を言い換えれば、同志社はキリスト教の伝道者を出すだけで社会のために尽す実業家は養成しないではないかという世評に対して、それは現在までのところ同志社には普通教育を施すだけの英学校の外には、唯一の専門学部として伝道者を養成する神学部しかなかったので、そういうことになったので、大学を設立しようというのも、経済や社会などの原理などを研究する専門学部もあるようにして、今までのような狭さから脱却し、社会で活躍する実業家をも養成しようというねらいからなのだ、といったことになろう。

内容から大阪での募金運動の際の演説の草稿と思われる「大学設立主旨」には、設立すべき大学を「吾人一個人の私事と認められず〔中略〕諸君の共同共有物」（全一・一五二）と思って援助してほしいと呼びかける言葉もある。内容から見て教会関係者などでなく、募金に応じてくれる可能性のありそうな実業家などの一般人を対象とした演説の中での、こういった訴え方はアピールする側とされる側の共通の利害関係を前提としている。だから、これが効果を持つためには、新島達（「吾人」）と聴衆（「諸君」）との違い、つまり新島達はキリスト教徒なのに、聴衆は大多数はそうでないというようなことを目立たせてはだめである、新島が「大学設立主旨」ではキリスト教主義による徳育ということには全然触れていないのはそのためであろう。

要するに、新島は、「同志社大学設立の旨意」発表後もキリスト教主義ということを表に出さないやり方を変えなかった。新島にとっては最後まで、人々に教育方針を正確に伝えるということより、募金に成功することの方がより大きな関心事だったといえるだろう。

新島が同志社大学とキリスト教との関係を強調するより、むしろそれを目立たせないように努めたことは、一八八九年一一月六日付の徳富猪一郎宛の手紙に引かれている大学設立運動への支援を得る目的で会った群馬県庁の有力な役人（第二部長）との次のやりとりからも否定できない。

同志社之事ハ宗教ノ色ヲ帯ビタレバ公然ト御世話ハ出来ヌト被申候、依而大学ヲ起スノ目的ハ宗教拡張ノ為ニアラズ、其結果タル、宗教ノ大敵ヲ起スモ計ラレズ、吾人ハ社会ニ必用ナル諸学科ヲ以テ天下ノ生徒ヲ薫陶セントノ目的ナレバ、宗教一方ニ偏スルモノニアラズ云々申候（全四・二五〇）

キリスト教主義の徳育とは

実は、キリスト教主義の教育をはっきりと打ち出したはずの「同志社大学設立の旨意」にも「吾人は基督教を拡張せんが為に大学校を設立するに非ず」（全一・一四〇）とか、「此の大学なる者は、決して宗教の機関にも非ず」（全一・一三九）といった言葉があった。この文脈においては、「同志社大学設立の旨意」においては、キリスト教主義についてはは次のように書かれていた。

唯だ基督教主義は、実に我が青年の精神と品行とを陶冶する活力あることを信じ、此の主義を以て教育に適用し、更に此の主義を以て品行を陶冶する人物を養成せんと欲するのみ（全一・一三九）

言い換えれば、同志社大学でキリスト教主義に基づいた徳育をしようとするのは、それによって学生の精神と品行を高め発達させることをねらいとするだけで、学生をキリスト教徒にすることをねらうわけではない、といったことなのであろう。しかし、右の引用の意味は必ずしも明確ではない。キリスト教学校教育同盟編『日本キリスト教教育史・人物篇』所収の酒井康「M・F・デントン」によると「六十年間を同志社のキリスト教主義教育に献身した」ミス・デントンは、「礼拝をサボると校内を追いかけ廻してまで、出席を強制した」（同、二二九ページ）という。全学生に礼拝とか聖書研究会といったキリスト教活動に強制的に参加させるといったことが、「同志社大学設立の旨意」にいうキリスト教主義を教育に適用するということがとる具体的な形態なのだろうか。もしそういうことなら、特定の宗教に援助を与えるべきでない地方政府の役人が「同志社之事ハ宗教ノ色ヲ帯ビタレバ公然ト御世話ハ出来ヌ」といったのは、今日の我々の目から見ても、むしろ正当なことではないか。

キリスト教主義を明白に打ち出したはずの蘇峰起草の「同志社大学設立の旨意」さえも、キリスト教徒でない一般の日本人からの募金に成功するため、極力キリスト教との結びつきを目立たせないようにしてきた新島の配慮を引き継いでいる面があるので、そこにうたわれているキリスト教主義による徳育というものが具体的にはどういうものなのかアピールの受け手には見えにくくなっている面がある。

新島自身の発言からは、設立されるべき同志社大学とキリスト教との関係はさらに見えにくい。新島は一方では、上述の群馬県の役人とのやりとりに見られるように、同志社大学設立の目的はキリスト教を広めるためではない、卒業生の中からはキリスト教の大敵といった人物が生まれるかも知れないけれども、それは覚悟の上だ、というようなことを言う。しかし、それは日本人向けの発言で、彼がアメリカで大学設立運動のアピールしたときの発言は大いに違う。

アメリカでのアピール

『新島襄全集』第七巻（英文資料篇）には新島が第二回目の欧米旅行中に書いた三つのアピールが収録されている。そのうちの一八八四年五月の日付のある最初のものは、「解題」で指摘されているように、日本人向けに書かれた「明治専門学校設立旨趣」の「自由訳」（全七・四〇七）だから除いて、本当にアメリカ人向けに書かれた残りの二つだけにコメントすることにしよう。

この二つのうち"My Humble Schemes of the Speedy Evangelization of Japan"（「解題」では、「日本伝道促進についての試案」と訳されている）はアメリカン・ボードの運営委員会宛の文書である。彼の大学設立計画が「日本伝道促進についての試案」の一部と説明されていることだけを見ても、この英文のアピールでの大学設立の必要の訴え方が、日本人向けの場合とは大いに違うことが分かる。こういう私の判断が単なる私一人の主観的な印象でないことを示すために、この文書の中の大学設立の必要を訴えた部分が全集第七巻の「解題」の中で、編者（オーテス・ケーリ、北垣宗治）によってどのように要約されているかを次に引用してみよう。

日本がいま緊急に必要としている部分はキリスト教を教育の基盤とする高等教育である。同志社は立派なクリスチャンの男女を輩出しつつあり、その卒業生たちはその善良な性格のゆえに日本の社会で大変喜ばれている。しかし同志社が大学を持たないために卒業生達はこの世的な無信仰の国立大学に入らざるをえず、結局は悪魔のえじきとなるのがおちである。それ故にこそキリスト教主義大学がいますぐ必要なのだ。（全七・四〇八〜四〇九）

アピールの最後のもの“An Appeal for Advanced Christian Education in Japan”（「解題」ではこの題は「日本におけるキリスト教主義高等教育のためのアピール」と訳されている）は、「日本伝道促進についての試案」と違って、広くアメリカの一般の人々に向けられたアピールである。一般の人々といっても新島の頭にあったのは主に熱心なキリスト教徒というタイプの人々であっただろう。だから、今までにもいくつか似た例があったように、一般の日本人向けの文章とは違うアメリカのキリスト教徒に合わせた書き方がされている。例えば、そこでは同志社英学校は「教会に最も熱心で最も克己心に富む日本人伝道者を供給するために数年前に京都に設立されたボード［アメリカン・ボード］の教育機関」（全七・三六二）と形容されているのである。

伝道のための大学

この「日本におけるキリスト教主義高等教育のためのアピール」では、大学設立の必要は「日本伝道促進についての試案」におけるよりもくわしく説明されている（全七・三六二〜三六五参照）。その詳細は略すが、注目すべきなのは、日本人向けの文章や演説などと違って、大学設立の必要がキリスト教の伝道、日本のキリスト教化という目的との関連で説明されていることである。

日本をキリスト教によって救うのが私達の願いである。（全七・三六二）

日本で将来起る戦いは外国からの侵略者との戦いではないかも知れない。しかし、疑いもなくそれはキリスト教と不信との戦いであろう。（全七・三六五）

右の二つの引用は、「日本におけるキリスト教主義高等教育のためのアピール」の中でも最も直接に大学設立の必要な理由を述べた個所に出て来る言葉である。要するに、この英文のアピールでは大学設立が必要なのは「三千七百万の尊い日本人の魂にキリスト教を伝え、彼らをキリスト教信者にするため」（"to reach and win thirty-seven million precious souls to Christ"）（全七・三六四）なのである。

いま見たように、新島は彼の大学設立運動を日本でもアメリカでも成功させるために、日本人向けとアメリカ人向けではまるで違った、相両立しないと言ってよい訴え方をした。彼の本心がどちらに近かったかの問題は別として、確かなのは、新島には、油断のならない策士という一面があったことである。新島の策士的面は、晩年の新島が精力を傾けた三つ目の事柄、教会合同問題に最もよく発揮されたと言えるかも知れない。

3　教会合同問題と新島

日本に外国の宗派（この章では宗派と教派という言葉を区別せずに使うことにする）と関係ない教会を作ろうという動きが活発であった時期は新島の生きている間に二度あった。一つは新島の帰国の少し前である。一八七二年に出来た日本最初の教会、日本基督公会、が無宗派主義の教会だったこと、一八七二年九月に長老派（プレスビテリアン）、改革派（リフォームド）、およびアメリカン・ボード所属の外国人宣教師が横浜に会合したとき、「日本には諸外国に於ける如き宗派を立てず、小異を棄てて大同に合し、日本基督教会なるものを樹立するに協力」することの申し合わせがなされた（『植村正久と其の時代』第三巻、六三五ページ）ことなどはその時期の顕著な出来事であった。アンドーヴァー神学校に在学中の新島に神戸在住の七人のアメリカン・ボードの宣教師が連名で送った一八七四年一月一日の手紙（新島に帰国して自分達と一緒に働くように呼びかけた手紙。http://joseph.doshisha.ac.jp/hinko/ 目録番号二三二六）もそういった風潮を反映して、宗派主義的な色彩を極力押さえて書かれている。だから、この手紙の中では宣教師達は新島が帰国して自分達と協力してくれることを熱望していると言いながらも、新島がアメリカン・ボードの一員として日本にやって来るかどうかはどうでもよいと言っているのが特徴的である。

最初の教会合同への機運

ところが新島が実際に日本の土をふむまでの間に一時は非常に有望に見えた無宗派主義の運動（別

の角度からいえば、日本国内での教派合同——以下では、同じことを教会合同ということもある——の運動）にもかげりが出てくる。同じ神戸の七名のアメリカン・ボードの宣教師達は新島宛の一八七四年一月一日付の手紙を書いたおそらく直後に、今度はアメリカン・ボード宛に手紙（http://joseph.doshisha.ac.jp/ihinko/ 目録番号二三二六ａ）を書くが、この手紙では彼らは、プレスビテリアン派の宣教師団が一八七二年九月に申し合わせた教派合同計画から脱退することにしたという知らせを受け取ったことを報じ、それを一つの理由として今度は新島がアメリカン・ボードの一員として日本に来ることを望んでいる。

新島は実際にもアメリカン・ボード派遣の宣教師として母国の日本に戻ってきたわけだが、帰国後の新島の言動をみても、会衆派教会（Congregational Church）および、会衆派を中心とした海外宣教団体、アメリカン・ボード、双方の有力な一員だったハーディーを恩人として持った新島にははじめから無宗派主義や、教派合同に興味がなかったようだ。帰国後それほどたっていないころに書かれた一八七六年五月六日付のＮ・Ｇ・クラーク宛の手紙の中の「私は合同問題についてあまり語りません。」（全六・一七五）という言葉もそのことを示している。

二回目の盛り上がり

教派合同問題が再び日本のキリスト教会で大きな問題となったのは一八八〇年代の後半のことである。今度問題になったのは会衆派の組合教会と長老派（プレスビテリアン）系のいくつかの教会が合同して生れた一致教会との合同であった。

植村は、

新島は、明治八年頃、其の如く教会の合同に反対したのみでない。明治二十年日本基督教会および組合教会の間に合同の議が起ったときも、事漸く成らんとするに当りて、あへなく沙汰止みとなった原因は、新島の反対からであることは隠れもない事実である。

（『植村正久と其の時代』第三巻、六二七ページ）

と書いている。この言葉の示唆するようにこの時の教派合同問題の帰趨に新島は相当大きな影響を与えた。

教会合同のことが再び浮び上がり、特に一致教会との合同の可能性が組合教会内部で議論されるようになったことは組合教会と密接な関連を持っているアメリカン・ボードの宣教師によって、かなり早くからボストンのアメリカン・ボードの本部にも伝えられていたようだ。実際に合同の議が起こる一年あまり前に新島がボストンのアメリカン・ボード本部のN・G・クラークから受け取った一八八六年四月二六日付手紙（http://joseph.doshisha.ac.jp/ihinko/ 目録番号二五五五）の中には教会合同への言及がある。それは教会合同にあまり積極的な態度を示したものではなかった。ただ、この手紙の中でクラークがこの合同への動きが日本人牧師や日本人の教会から生まれた（ということは、アメリカ人宣教師が言い出したのではなく――太田注）だけに、そうでない場合よりも好意的に見なければならない、という意味のことを言っているのは注目される。

教会合同問題への感情的反応

実際に合同の議が起きてからの新島の態度を見ると、この問題が彼の深い感情的反応を引き起こすような問題だったことが分かる。

我党ヨリ一致論〔教会合同賛成論――引用者注〕ヲ吐キ出シタルモノハ非常ノ馬鹿モノト云テ苦シカラズ（全三・四八七）

と徳富猪一郎宛の一八八七年一一月六日付の手紙にある。同志社で学んだ熊本バンドの人々の多くは当時組合教会の有力者になっていたが、彼らのほとんどは合同に賛成だった。彼等について同じ手紙の中に次のように書いてある。

伊勢〔横井時雄〕ハ一致シテ大運動ヲ為スノ説、近眼ノ甚シキモノ嗚呼近浅ノ思考亦一ノ流行病雷同病ナリ……金森宮川等モ此病ニ伝染セリ（全三・四八八）

同じ組合教会内の合同促進派の人々に向けた新島の軽蔑の念は「彼老成人中」（徳富猪一郎宛一八八九年六月一日付の手紙等に出て来る）、「彼ノ先生等」といったそれらの人々の呼び方にも表れているようだ。

編者によって一八八九年一一月中に書かれた広津友信宛の手紙と推定されている書簡では、新島は「彼ノ先生等」の彼によれば自分に対する「ジエロシー」〔ねたみ〕に彩られた、合同問題が起こってからは公然と自分を批判するような態度に触れて、「是恰モ一家ノ忰ガ妻ヲ持チ子供ヲ得タルトキニ、其親父ニ向ヒ早ク世体ヲ渡セト申スト同一ナリト窃ニ冷笑し、又彼等ノ喋々スル事ハ最早意ニ介し不申候」（全四・二五五）と書いているが、これも感情的な言葉だ。

典型的な欧化主義者だった新島はこの教派合同問題の背景にある日本のキリスト者の多くをつきうごかしていた強い外国からの独立の志向といったものが分からなかったようだ。だから、此の教派合同の動きは新島にはほとんど不可解なものに映ったのである。N・G・クラーク宛の一八八八年一一月一〇日付の新島の手紙（英文）に次のような言葉がある。

独立志向への無理解

私はこの教会合同のことははじめ一致教会側の二、三の主だった日本人教役者によって計画され、我々組合教会側の二、三の指導者に熱心に説かれたものだと確信しています。その考えは組合教会側のそれらの指導者と二、三の有能な宣教師の大賛成を受けて、これらの人々も合同の実現を目指すことになりました。そして、残りの人々（我が組合教会の牧師連と我が宣教師の兄弟達）は、少数の例外は別として、彼らによって無条件に、また、完全に説得されてしまいました。これは実に奇妙な現象で、ほとんど不可解と言ってもよいと思います。（全六・三三九）

本当の動機に洞察を欠いた新島が、教会合同の動きの説明として持ってくるのは少数者の陰謀という考えである。一八八七年一〇月二七日付のN・G・クラーク宛の手紙で新島は教会合同の運動（"union movement"）に触れて、それを「一致教会が自己拡大のためにしかけたわな」（全六・三二七）と形容している。しかし、新島は一致教会の教会合同の運動が善意の運動でないという彼の主張に対して何の具体的な証拠も提出していない。このことは、

此聯合論ハ一致会ノ何人ニカ多年計画シオル呑併論ナリ、陽ニ我ガ自由ヲ容ル丶ト云テ陰ニ我ガ教会ヲ呑併スルノ策ナリ（全三・四八七）

とある一八八七年一一月六日付の徳富猪一郎宛の手紙においても同じである。

「自治の精神」という言葉

新島が教会合同に反対した一番大きな理由として表面に出ているのは、合同が個々の教会の自治と自由をそこなうと考えたためであった。しかしながら、新島の教会政治上の自由主義や自治主義の主張は言葉の上では非常に美しくとも、明治二〇（一八八七）年頃の日本のキリスト教界の現実とはあまり接点がなかった。新島は一八八八年一月二八日付の小崎弘道宛の手紙で合同問題に触れた際に「万一此聯合ニヨリ漸々自治ノ精神ヲ失フノ傾向アルト見ナセバ小生ハ甚不賛成ニ候得バ」（全三・五一七）と書いているが、日本の組合教会が元来「自治ノ精神」を持っていたとは言えない。新島は一八八七年一二月九日の小崎弘道宛の手紙で組合教会の人々の多くが自己の所属する教会の性質に無知だとして組合教会の牧師である「或ル人」の次

のような言葉を引いている。

我レハ我カ組合会ハコングリゲーショナル会トハ知ラザルナリ　（全三・四九九）

同じ手紙の中には次の言葉もある。

又教会政治ニ付キテハ甚ダイグノラントニアルカ如シ　（全三・五〇〇）

これらの引用が示すように、新島も気付かざるを得なかったことは、平均的な日本人信者にとって彼らが一致教会ではなく組合教会に属しているということは、決して新島のいう「教会政治」の面で自治を重んずる会衆主義が長老主義よりもよいと判断して意識的に組合主義を選び取ったためではなく、住んでいる地域がたまたまどの教派の伝道団の伝道区域になっていたかといった偶然に左右された事柄だったわけである。新島は教会合同の問題を外の信徒にも教会政治の面での会衆主義と長老主義をめぐる問題と理解させようと努めたが、こういった問題は多くの信徒にとっては彼らの現実の人生や実感とはあまり関わりのないように思われたのではないだろうか。新島の同じ手紙に出てくる「速ニデクトルノハンドブークオフコングリゲ［シ］ョナリズムの尤モ大切ナル所ヲ訳シ度存シ候」（全三・五〇〇）という言葉は大部分の信徒には会衆主義についての理解が欠けていたこと、したがって新島のような問題の立て方が現実から遊離した人工的なものだったことを示唆している。

会衆主義への忠誠

新島は会衆主義に対する忠誠の念を表明して、N・G・クラーク宛の一八八八年一一月一〇日付の手紙で、次のように書いている。

私は依然として会衆主義をありうる最上の組織法だと思います。教会組織に関しては私は民主的組織法の大讃美者です。(私はここで自分の政治的見解を述べるつもりはありません。)私は自分がかって選び取ったこの自由な原理に忠実でありたいと思います。私は死に至るまでそれを信奉するつもりです。私はまたこれまで私達のためにかくも多くのことをしてくれたアメリカン・ボードおよび、アメリカの会衆教会のためにも献身したいと思います。(全六・三四〇)

新島は教会政治の面で純粋の会衆主義を維持することが、彼の重んじた自由と自治を守ることだと考えたが、他の日本人信徒の多くは自由や自治について新島とは違う理解を持っていた。つまり、他の信徒が自由だとか、自治だとか独立だとかいう時、彼らの念頭にあったのは多くの場合、新島とは違って、外国からの統制から自由なこと、日本の教会が外国の教会に従属しないで独立、自治の地歩を占めること、といったことであったからである。

アメリカン・ボードの権威を借りる

新島が一八八八年一月二八日付の小崎弘道宛の手紙で、教会合同についての自分の考えを述べた中に次の言葉がある。

小生ノ意見ハ他ニアラズ飽マデモ各教会がインディペンデント・セルフコンプリートネス［独立し自足した性格――引用者注］ヲ失ハザル様ニ致し度積ナリ　（全三・五一七）

彼の考えは、部会とか、連会とか総会といった機関が各個教会の上に作られて大きな権限をにぎるのは困る、各個教会は上級機関の統制に服さない、自由な自治教会でありたい、といったことであっただろう。しかし、その新島も日本の教会が全体として外国の教会や伝道団体に対して、彼の言う「インデイペンデントセルフコンプリートネス」［independent self-completeness］を完全に持つようにしようとは考えなかったようだ。逆にアメリカン・ボードの権威をふりかざし、またアメリカン・ボードの意向に逆らうとアメリカン・ボードからの財政的援助が来なくなる可能性を指摘することによって組合教会内の合同問題に関する意見を自分の思う方向に引っぱろうとしたように見える。例えば、一八八八年一一月二三日付の宮川経輝・海老名弾正・小崎弘道・伊勢時雄、金森通倫、湯浅治郎という当時の組合教会の中心人物六名に宛てた手紙の中に、

尚々、数日前米国ノアメリカンボールドヨリ電報ヲ以テ、聯合ノ決議ハ先見合スベシト申来候由、又該局内部ノ議論ハ甚シキ非併合論ナル由薄々伝聞仕候、又コングリゲーショナル教会モ非常ニエキサイト致シ居、日本組合会ガ合併スルナラバ日本ノ伝道ヲ引揚ゲテ支那亞弗利加ノ内地ニ迄尚一層ノ手ヲ広グベシト迄被申候よし、カク教会ガ不同意ヲ唱フルトキハ、ボールドハ必ラズ年々ノ寄

附ヲ止、メラルベシ　　（全三・六八六）

と書いている。一八八九年二月十一日付の新島宛の手紙（http://joseph.doshisha.ac.jp/ihinko/ 目録番号二六七六）で、在米中のD・C・グリーンは、

当地にいるあなたの最も親しい友人の長男や、あなたのアンドーバーの友人達は教会合同の熱心な支持者です。クラーク博士も教会合同に賛成です。

と書いている。アメリカのキリスト信徒が教会合同に示した反応は決して新島が伝えるように一方的に拒絶的なものだったわけではない。新島宛の一八八九年六月一一日付の手紙（http://joseph.doshisha.ac.jp/ihinko/ 目録番号二七一〇）でアメリカン・ボードを代表する立場にあったN・G・クラークも、

教会合同のためにこれまでになされたすべてのこと、そのためになされたすべての譲歩を思うと、合同計画が実行されなければ、多くの厄介な事が生ずるだろうと思います。

とやや消極的な言い方ながら合同実現を望む気持ちを表明している。

「公式の回答」を求める

新島はN・G・クラーク宛の一八八八年一一月一〇日付の手紙で合同反対の意見を述べた際に合同問題に関連して「公式の回答」を求めて、次のような質問をしているのが注目される。

一、在米のあなたご自身の見解では、アメリカン・ボードは提案されている合同のための憲法案をどのように評価するでしょうか。その主要な条項に会衆派的要素が認められますか。憲法は本当に長老派［一致派］的なものになっているのと違いますか。

二、もし、アメリカン・ボードと米国内の会衆派教会がこの合同を日本国内の会衆派教会［組合教会］が同国内の長老派教会［一致教会］に併呑されてしまったものと見なすならば、あなた方は今後私達をどのように扱うつもりですか。あなた方は依然として伝道および教育の両面で私達の仕事を援助し続けるつもりですか。

三、もし、米国の会衆派教会が或る人々が新しい教会政治の形態を採用したとの理由で、アメリカン・ボードに金を出すことを拒否するならば、ボードは日本でのボードの事業をただちに停止せざるを得ないかも知れませんね。その場合は、伝道、教育の両面での私達の事業をどうすればいいのでしょう。我が同志社の運命はどうなるでしょうか。［後略］

四、アメリカン・ボードが合同実現後も我が教会の伝道事業を援助し続けるとします。その場合、私達の間にこの合同を承認せず、依然、会衆主義にとどまり、これらの事業を合同派（つまり、合同組合教会とその宣教師達）とは無関係に行っていく分派が生まれるとしたら、あなた方はこの一派とどのような関係を持ちますか。［後略］

（全六・三四〇〜三四一）

新島が宮川はじめ六名の人々に一一月二三日付の手紙を書いた時点では、これらの諸点についての回答に接していないのは明らかだから、その手紙の中で「薄々伝聞仕候」といった表現を隠れ蓑に新島がアメリカン・ボードやコングレゲーショナル教会の合同に対する態度として提示したものはフィクションに過ぎなかったことが分かる。

新島は、クラークがアメリカン・ボードを代表してこれらの諸点に公式の回答を寄せてくれることを強く望んだ（新島のN・G・クラーク宛の一八八八年一二月一一日付の手紙（全六・三四五）やクラーク宛の一八八九年二月一三日付の手紙（全六・三五二））。新島はボストンのアメリカン・ボード本部が合同絶対反対という態度を明確に打ち出し、その力で日本国内で合同反対派が勝つことを望んだようだ。新島が一致派との合同に反対した最大の理由の一つが、合同によって教会政治が中央集権的になるのを恐れることであったはずだから、新島がこのようにいわば中央からの指令に頼ろうとしていることには矛盾があるが、すでに述べたように外国（アメリカ）からの統制について無感覚なのが新島の特徴だった。

N・G・クラークは新島がくり返し「公式回答」を求めたのに対して、一八八九年一月一八日付の手紙（http://joseph.doshisha.ac.jp/ihinko/ 目録番号二六六四）の中で、私達は教会憲法（church polity）の問題をあなた方現地にいるキリスト教徒の兄弟達に任せなければなりません。あなた方は独立しています。あなた方こそ日本におけるキリストの仕事のために何が一番適当か一番よく判断できるのです。

と書いている。この「あなた方」というのが日本人キリスト教徒を指すことは、すぐあとに出てくる"native Christians"（現地生まれのキリスト教徒）という言葉が示している。こんな言葉を見てもN・G・クラークの方が新島よりずっと当事者である日本人キリスト教徒の自主性を重んじる姿勢を持っていたと言えそうだ。

新島が公式の回答を得たいとした諸点の半分は教会合同の持つ財政的な意味合いという問題をめぐっている。教会合同をそれのもたらす財政的な結果を強く意識して考えた点において、新島は日本人キリスト教徒の中ではめずらしかったかも知れない。それは新島の事業がアメリカからの金に依存する度合が大きかったことの反映であろう。彼の場合は金の面からも教会政治をめぐる信念の面からも教会合同に反対したので、彼の反対が非常に強硬な全力を傾けたものになったといえよう。

「主義ノ戦争」に正攻法を避ける

新島の合同問題に対する動きを見ていくと、彼の性格にあるしたたかな策士といった一面の強さにあらためて気付かされる。徳富猪一郎宛の一八八八年一〇月五日付の手紙で新島は教会合同問題に触れて「今回ハ実ニ吾人執ル所ノ主義ノ戦争ナリ」（全三・六四四）と書いたが、彼の教会合同を阻止するという目的を持って戦った「戦争」のやり方を見ると正面からの正攻法はむしろ避け、側面や背後から攻めたという印象を受ける。徳富猪一郎宛の一八八八年一〇月一九日付の手紙で新島は、

万一貴兄之御工風ニテ湯浅ノ明日明后日中ニ高崎へハ出発セヌ様ニ御仕懸被下間敷や

（全三・六五二）

といった奇妙な依頼をしている。これは教会合同を説く遊説員（湯浅）の到着前に合同反対の遊説員を送り込んで高崎の教会を合同反対の陣営に加えておくためであったことが手紙の前後から分かる。合同賛成の人々と率直に議論するのではなく、よく考えて一番効果的に行動しようとしたようだ。

先ツ当時ハ将来ノ策ノ為ニ黙シ居ル事カヨロシカラント存居候

（全四・一二八）

と新島の徳富猪一郎宛の翌一八八九年五月一二日付の手紙にある。ひそかにいろいろ手を打っておき、同時に反対派には自分の手のうちを極力見せないようにしておくというのが新島のやり方だったようだ。新島が自分の合同反対の意見を「貴君之御説トナシテ」組合教会の教役者の集会で発表してくれるように依頼した甥の新島公義宛の一八八八年一〇月二九日付の手紙の中に出てくる「別紙ノ手扣写ハ他人ノ手ニ落チサル様精々御注意アレ」（全三・六六一）という言葉等も新島の教会合同問題に対す

る対処の仕方が公然と反対意見を提出して合同賛成派の説得に努めるというより、表面は「厳正中正ノ地位」（全四・一四六）（この言葉は一八八九年六月二日付の徳富猪一郎宛の手紙に出てくる）をたもちながら、黒幕的な動きによって合同を阻止しようということだったようだ。

本音を隠す

新島は当時熊本在住の海老名弾正宛の一八八八年一二月二八日付の手紙で合同問題に触れた際に、

小生ハ元来合併反対論者ニアラズ、只今ノ如キ仕方ニ痛ク反対シタルナリ、人ノオピ〔ニ〕ヨンヲ差止メテ吐カシメザルノ手段ヲ施スガ如キ未熟未練千万ノ所置ニ大不同意ヲ唱フルナリ、小生ノ望ム所ハ合併前ニ充分種々ノオピニヨンヲ呈出シ充分ニ商量シ前後左右ヲ顧ミテ然シテ後方針ヲ定ルニアリ（全三・七二六）

と彼の反対が決定に至るまでの手続きの非民主的なことに基づいていると言明している。しかし、「小生ハ元来合併反対論者ニアラス」というのはどう見ても彼の本音ではない。むしろ、手続きに対して彼が異議をとなえたのは合同を阻止する手段にすぎなかったようにさえ見える。海老沢有道・大内三郎共著、『日本キリスト教史』の中で大内三郎は「合同への手続きは非常に慎重に一歩一歩の積み上げ方式で運ばれた」（二三二ページ）と評している。新島は、

主義と立ち主義と仆《たお》れん我身なり浪華の夢の世にしあらねば　（全五・五〇六）

という歌を詠んだが、この教会合同のことも彼は主義の問題として絶対譲れないと考えたようだ。大内三郎が言っているように、新島は「大上段に会衆主義を振りかざした」（『日本キリスト教史』二三七ページ）わけである。新島は海老名宛の上述の手紙で「小生ノ取ル所ハ自治自由平等主義ナリセクトハナンデモ宜シク候」（全三・七二六）と書いたが、実は彼の「自治自由平等主義」は会衆主義の別名で、「セクトハナンデモ宜シク候」と言いながら、実際には彼が自由平等主義に立つと認めるセクトは唯一つアメリカの会衆派教会、および、それの忠実な模倣者である限りの日本の組合教会しかなかった。その意味では「セクトハナンデモ宜シク候」というのはただ言葉の上だけだった。

アメリカン・ボードの性格

新島自身を宣教師として日本に送っていたアメリカン・ボードは実質的には会衆派の伝道会社という色彩が強かったが、原則上は超教派的な伝道会社であった。大阪にいたアメリカン・ボードの宣教師の一人で教会合同の支持者だったデフォレスト（J. H. DeForest）は新島宛の一八八八年（推定）一一月二六日付の手紙（http://joseph.doshisha.ac.jp/ihinko/ 目録番号二七六八）でこの点を強調して、

アメリカン・ボードの性格については重大な誤解があります。すなわち、多くの人々はそれが会衆派の伝道機関だと思っています。しかし、そうではないのです。アメリカン・ボードは無教派です。

と書いている。この手紙の冒頭に十一月二六日の日付があるが、年が明記されていないので、『新島先生遺品庫収蔵目録』下では「年紀未詳」とされているが、その中の、

過去数日の会合で述べられたことの中には会衆派でないすべての人々の感情を傷つける言葉がありました。

が、一八八八年一一月二三日に始まり教会合同の問題を討議した組合教会臨時総会（全八・四七九〜八一参照）への言及であることは確実と思われるのでこの手紙は一八八八年のものであろう。新島はもともとアメリカン・ボードの宣教師の宣教活動によって生まれた組合教会が会衆派の教会であることを自明のことと思い込んでいたけれども、この組合教会の臨時総会に出席した宣教師の中には会衆派でない人もいたわけである。新島は組合教会内の合同賛成の人々が「我取所之主義乃チコングリゲーショナル会ノ組織等」（全三・四九九）を牧師から教会員に十分説明させないままに合同をすすめようとしているのを憤慨した（全三・四九九〜五〇〇）。しかし、上述の手紙でデフォレストが指摘しているように当時同志社で教えていた宣教師の中にも長老派の人、メソジストの人、エピスコペリアン（監督主義）の人もいた。組合教会が会衆主義に立つ教会であるという新島の見解は実は、アメリカン・ボードの総主事N・G・クラークの見解ではなかった。新島宛一八八九年一月一八日の手紙（http://joseph.doshisha.ac.jp/ihinko/ 目録番号二六六四）で、クラークが書くところによれば、日本で今

問題になっている教会合同は会衆主義に立つ教会と長老主義に立つ教会の合同というより単に二つの違った外国伝道会社と関係を持つ日本の教会の合同問題に過ぎない。そのことを説明してクラークは次のように書いている。

私はある人から、日本にははっきりとした会衆派教会というものはない、日本の教会は、全然でないにしろ、ほとんど教派的感情に関係なく組織されてきたと聞きました。私は、我々の教会、つまり、あなたの努力やアメリカン・ボードの宣教師の努力によって生まれた教会、についてはその通りだと確信します。ともかく、私達は教会の憲法（polity）の問題などはほとんど考えもしませんでした。私達の考え、私達の全注意は日本にキリストの生きた教会を作ることに向けられたのです。

そして、数行後にクラークは次のように言う。

私は日本であれ、外のところであれ、私達の教会に関して、それがどの教派のものであってくれといった感情は持ちませんし、私達の教会が教派の名前を持つことも望まないのです。

新島はアメリカン・ボードの事業をデフォレストなどよりも、ボストンのアメリカン・ボード本部の人々よりも教派的なものと考えていた。

つぶれた教会合同

アメリカン・ボードとの関係の深い組合教会とプレスビテリアン・ボードと関係の深い一致教会の合同問題は一八八九年一一月に両教会とも大阪で大会ないし総会を開いて合同を決めるはずであったが、特に組合教会側にいろいろ異議が出たので、この時には決まらず、この問題は懸案として翌年に持ちこされた。そして、一八八九年五月に一致教会と組合教会はそれぞれ東京と神戸での大会ないし総会でこの問題に最終的な決着をつけることになった。教会合同は結局この時には実現せずに終ったが（組合教会総会で合同中止の決議がなされたのは、新島の死後の一八九〇年四月――『日本キリスト教史』二三五ページ）、組合教会側でこの教会合同のために尽力した小崎弘道はこの一八八九年五月のことについて次のように書いている。

彼［一致教会――引用者注］は大なる寛容を持って我派提出の憲法規則に対する大修正案を受納し、兎に角合同を成立せしめんと為したるにも拘らず、電報行違ひの些事より終に破裂を見るに至ったのは実に千歳の恨事である。

（『小崎全集』第三巻、五六～五七ページ）

「電報行違ひの些事」というのは、一致教会の大会で、組合教会と協議するためインブリー・植村正久・井深梶之助の三名を神戸で開催中の組合教会総会に派遣することが決められ、三人は組合教会側の修正案に対する回答を持って神戸に到着するが、彼らの到着した時にはすでに組合教会総会は解散した後だった（全八・五二〇～五二一）という行違いを指すのであろう。しかし、単なる「行違ひの些

事」が教会合同をつぶしたというより、

組合側にては新島襄先生の如き最も勢力の大なる人及宣教師デビス、ギュリキ等が全然反対したので事は甚だ容易でなかった。

（『小崎全集』第三巻、五六ページ）

という状況があったので、そういった些事が教会合同をつぶすような結果になったのであろう。

小崎は「新島、デビスなどの合同に反対したる行動に甚だ公明正大を欠く点があった」（『小崎全集』第三巻、五七ページ）と言っている。『新島襄全集』第二巻には教会合併問題関係稿が二〇編近く収録されているが、この巻の「解題」、六八〇ページに引かれている小崎の『日本基督教史』の合併問題に触れた記述を見ても、小崎が公明正大でないと感じたのは正面から正々堂々と反対論を述べずに裏面で画策したということのようだ。

小崎の批判は当たっているか

新島が自分の合併に対する強硬な反対を一般の目からは隠そうという傾向があったことは否定出来ないだろう。小崎は、

元来我国の教会は欧米の夫れと異り、何等教派的の観念を以て之を信ずるのではなく、只漠然と基督教を信じたものであれば、教派合同の精神が最初より旺盛であったのは寧ろ当然の事である。

（『小崎全集』第三巻、五六ページ）

と書いているが、当たっていよう。このような状況では、新島は正面から合併反対を宣えるのは得策ではないと思ったようだ。だから、新島の自分は合併そのものに反対するわけではないという類いの言葉は本音というより、彼の戦術的ポーズに過ぎなかった。組合教会内の教会合同賛成者の人格に泥をかけるような言辞を弄していることが少なくないことも彼の本音が強硬な教会合同反対論であったことを示している。徳富猪一郎宛の一八八七年一〇月六日付の手紙では、組合教会内の教会合同賛成者の一人、伊勢［横井］時雄については次のような言葉がある。

氏ハコマッタ事ニハ甚器ノ小ナルモノナリ、人ヨリ自在ニ動カサレ易キ男ナリ、其ノ薬ノナキニハ閉口　（全三・四八八）

しかし、新島はそういう自分の態度をくらまそうと努めた。そのことをよく示しているのは、前に触れたデフォレストの手紙に対する新島の返事である。大阪で組合教会臨時総会が開かれ、一致教会との合同の件が討議されている最中に書かれたこの手紙に対して新島は一八八八年一一月二八日付の返事（英文）を書いているけれども、その中にある一致・組合両教会の合同問題についての次の言葉などはそういう韜晦《とうかい》を反映している。

私は長い間病気であるため、出来るだけこの件に関わることを避けてきました。私の友人の多くがまさにこの総会のためにこの問題に対する私の見解を明らかにするように強く迫りましたけれども、私は繰り返し断りました。それは、私は自分に満足が行くだけこの問題を注意深く徹底的に検討することが出来なかったからです。（全六・三四二）

教会合同問題に最後の決着をつけるべき、一八八九年五月二二日からの神戸での組合教会総会が近づいて人々がまた教会合同に関して「小生之意見」を聞きたがったときも、新島は自分の見解を正直に明かさなかった。一八八九年五月七日付の徳富猪一郎宛の手紙に「彼等ニ向ひ余り反対之鋒を顕すも決而得策ニ非らず」（全四・一一九）とある。実際は新島が教会問題に関して研究不足で自分の見解がないどころか、強い意見を持ち、教会合同（少なくとも自分の納得のいかない形での合同）を阻止するためにいろいろ（多くの場合合同賛成派に知られないように私かに）画策したことは『新島襄全集』所収の彼の書簡から疑いの余地はない。例えば、一八八八年一〇月四日には新島は教会合同の熱心な支持者だった小崎が牧師を勤める東京の番町教会の有力会員、三好退蔵司法次官に会って、教会合同を阻止すべき理由を説明し、さらに教会合同を阻止するためには、合同に組しない関東の教会の連合（「コンフェデレーション」）を作るのがよいことなどを説いた。その日のことを説明した一八八八年一〇月五日付の徳富猪一郎宛の手紙の一部を引用してみよう。

小生ハ痛ク小崎氏ノ迂遠無鈍着、会中一個人ノ権理ヲ重ンゼザルノ手抜ヲタヽキ三好ヲ非常ニ激サシメ、コンフィデレーションノ手続ヲ詳細ス、メオキ番町ノ教会ニ若シ火ノ手ガ揚ガラバ、同氏ハ内応スル迄ニハなし置候〔中略〕小崎氏ハ油断シオレリ該会テ衝キ之ヲ降スハ一挙ニアルベシ、小生ハ今夕再ビ三好、和田垣、森ノ三人ニ当ルノ計画ナリ（此ハ極内々ニ）、右人見君ニ御知セ被下度候也（全三・六四四）

この手紙や二週間後の同じく教会合同をめぐる徳富猪一郎宛の一八八八年一〇月一九日付の手紙（手紙の冒頭に「秘密」（全三・六五二）と書かれている）などは、新島の策士的一面をはっきりと示している。

乏しかった超教派的態度

新島はもともとキリスト教徒としてエキュメニカルな精神に乏しい人だった。同じキリスト教といってもカトリック教とかギリシャ正教、ロシヤ正教などは彼の目にはほとんど何の価値もなかった（全一・四五二参照）。例えば、『新島襄全集』の英文資料編に収録されているアメリカ滞在中の英文の日記の中に一八八五年一月二〇日付のなぜ仙台で自分達が伝道活動に着手すべきかの理由を四つほど挙げている個所があるが、その四つめの理由は次のようなものだ。

四、仙台に強い根を下しているギリシア教会〔ロシア正教会〕を押しつぶすため（全七・二一四）

「押しつぶす」と訳したところは、原文では"crush down"だが、「踏みつぶす」とか、「粉砕する」というった訳も可能であろう。

新島は同じプロテスタントの他の教派に対してはさすがにカトリック教やロシア正教に対するようなことは言っていない。一致教会の井深梶之助に、最近東京や上州で新島先生は教会合同に不賛成だと言いふらす者がいるので、この問題に対する意見を「表明」してほしい（全九上・四八五）といわれて書いた井深梶之助宛の一八八八年一一月一二日付の手紙では、新島は「独リ我ガ欣奉スル共和主義ナル会衆教会ノミヲ指テ真正ノ教会トハ見做サズ」（全三・六七五）と書き、続けてプロテスタントの諸教会を「皆地上有益ナル教会ト確認シ、之ヲ尊敬」（全三・六七五）するという意味のことを書いている。しかし、この手紙は新島は教会合同に不賛成だという真相をつく噂が広まりかけた時、戦術的理由から巧みに教会合同に反対なわけではない（「敢テ聯合ヲ拒ミシニ非ズ」全三・六七五）というように言い逃れることに主眼がある手紙と思われるので、右に言及したようなプロテスタントの他教派に対して開かれた態度を示唆するような言葉もどれだけ新島の本音かは疑わしい。

一方的な両教会の対比

何れにせよ、『新島襄全集』第一巻所収の教会合併問題関係稿や、『新島襄全集』第三巻、第四巻所収の書簡中に現れる教会合同問題への言及を読んで感じられるのは、「会衆教会ノミヲ指テ真正ノ教会トハ見做サズ」と言ったにしては、それらに現れる一致教会と組合教会の特徴づけがあまりに一方的に見えることである。

新島は例えば、「[一致・組合両教会合併問題に関する稿（一）]」では、一致教会を「寡人政府主義中央集権ノ教会」、組合教会を「共和政府主義地方分権ノ教会」（全二一・四九九）というように形容する。また、合併は「自由自治共和平民主義」を捨てて時代遅れの「中央集権貴族的主義、乃チ寡人政府主義」を取る結果になるだろう（全二一・四九九）といった意味のことを言う。外の所では組合教会は「自治自由共和平等主義」（全二一・五二二）と「平等主義」という言葉を入れたり、また一致教会の形容には、「寡人政治独裁主義」（全二一・五二二）と「独裁主義」という強い言葉を使っていることもある。新島によれば、一致教会と組合教会のよって立つ主義はこのように全く違い「両主義不両立」（全二一・五一二）だから、教会合同には反対しなければならないというわけである。

今日ノ動議トナリタル一致論ハ甚面白クアルモ、我ガ邦家千百年ノ後ノ世迄自由ノ泉トナルベキ民治衆治主義ヲ失フノ憂アレバ、我ガ必ラズムシロ旗ヲ立テ我ガ自由ノ為ニ戦ハザルヲ得ズ

（全二一・五〇九）

と、新島は「［一致・組合両教会合併問題に関する稿（七）］」で書いている。教会合同に反対するのは、自由のための戦いだ、というと非常に美しく響くが、問題はこのような言葉が現実に対応しているかどうかということである。個別教会の独立、自治ということに特徴がある会衆派教会は長老派教会に比べれば「地方分権」的であったとは言えるだろうが、新島が言ったような黒白的対照が組合教会と一致教会の間にあるとは、一致教会側の人間は決して思わなかっただろう。新島自身、「［一致・

組合両教会合併問題に関する稿（十五）〕」の中では、一致教会の「体裁」を「貴〔族〕治的中央集権政〔治〕」と規定した後で、一致教会側からの予想される反論を、「或ハ日本ノ兄弟ハ教会ハ代議政体ニシテ共和ノ米国ノ政体ニ則トルモノト云ハンナレ〔ド〕モ」（全二一・五二八）と書いている。しかし、この稿を含めて、新島はどこにも一致教会側からの予想される反論に答えていない。

　新島の教会合同問題についての発言を見て気付くのは、彼がこの問題に対する自分の態度を説明するに当たってキリスト教信仰といったものを引き合いに出すことがほとんどないことである。海老名弾正宛の一八八八年一二月二八日付の手紙の中に、組合教会中に教会合同への支持者が多いことに対して、

　之ヲ以テ我ガ党中少シモ政事志操ノナキヲ表スルニ足レリ　（全三・七二六）

とコメントしている。「〔一致・組合両教会合併問題に関する稿（七）〕」の中にある「我カ自由ヲ失フハ決テ政治上ノ日本ニ対シテ得策ナラズ」（全二一・五一〇）という言葉を見ても、新島は教会合同問題を信仰問題というよりは、広い意味での政治問題と思ったようだ。

　予ハ望ム。我ガ輩ノ自由主義ハ我ガ国一般ノ自由ヲ存シ、自治ノ精神ヲ養フ泉トナルベキ事ヲ　（全二一・五〇九）

という言葉も、自由主義に立つ教会を維持することによって社会全体を自由と自治の精神に富んだものにしようという志向の表現と見られよう。

　しかし、「教会政治ハ一ノポレーテー［ク］ナリ」（一八八八年一二月二八日付の海老名弾正宛の手紙、全三・七二七）と会衆主義と長老主義の違いといった教会の組織の問題とその政治的意味合いにひどくこだわった新島の議論にはすでに述べたように多分に机上の空論的なところがあったのではないか。それは、組合教会は「自由自治共和平民主義」（全二・四九九）などと言っても現実の組合教会の人間が実際に外の教会の人間以上に「自由自治共和平民主義」を自分の主義としているか、それを身に付けているかと言えば、新島も認めざるを得なかったように、全然別問題だったからである。「［一致・組合両教会合併問題に関する稿（十一）］」で新島は、維新後も「自由ノ人民」が少ないこと、教会もその点で変わりないことを述べ、「試ニ我ガ党ノ教会ヲ見ラレヨ、真ニ自治主義――《［コングリゲー］》ショナル主義ヲ知テ之ヲ履行スル人物ハ幾人ゾアル」（全二・五一八）と書いている。結局、新島が組合教会の特徴ないし、よって立つ主義、として挙げたものも「銘々ヲシテ自治会ノ会員タルニ価スル丈ケノモノタラシメヨ」（全二・五一八）という新島の言葉からうかがわれるように、新島が組合教会の人間にとっての理想であってほしいと願った主義に過ぎなかった。そして、どうしたら自由なら自由という価値を本当に内面化し、自分のものとできるかという問題には新島はあまり注意を払わなかった。

新島は自由の闘士だったか

　新島はまるで長老主義か会衆主義かという教会の組織の問題が日本で自由が栄えるかどうかのカギのような書き方をしたが、こういう書き方はプロパガンダの書き方であろう。言葉だけ追っていくとこの上ない自由の闘士のように見える新島だが、彼が現実にそうであったかは別の問題であろう。

新島は「［一致・組合両教会合併問題に関する稿（十一）］」で、

> 中央集権乃貴族的主義ニ傾向アル我日本ニ取リ、我カ教会ニモ此主義ヲト〔イ〕ントロデューススルハ如何　（全二・四九九）

と書いているところを見ると、彼は当時の日本の政治体制が「中央集権乃貴族的主義」の傾向を持っていると認めていたのであろう。しかし、教会政治の場合と違って、政治体制の問題では、新島は中央集権的だとか貴族的だとか言うことに対してそれほど反発を感じなかった。一八八八年一二月三日付の押川方義宛の手紙で新島は「小生ハ国家ノ政体ニトリテハ今ノ立君憲法政体ヲ好シトスルモノ」（全三・七〇四）と言明している。彼が大学設立運動の際に藩閥政府と批判された「寡人政府」である明治政府の高官の援助を大いに求めたのは私達の見たところである。井上馨について「同伯ハゼーピーフル之友と称して可ならん」（徳富猪一郎宛、一八八八年七月三〇日付の手紙、全三・六〇七）と井上こそだれにもまして最良の国民の友である、という意味のことを言っているのも新島が標榜した「平民主義」とちょっとそぐわないものを感じさせる。さらに新島は自由民権運動に伴った思想的傾向に概して敵意と警戒の念を持った。

長者ヲシノギ、定律ヲ嫌ヒ、道理ト称シテ、其ノ実豪［モ］道理ニアラズ、真理ト称スレドモ其実真理ニ似タルモノ、其ノ結果ハ遂ニ破壊主義ニ流レ、稍モスレバ政府ニ抵抗シ転覆スベシナド奇怪ノ説ヲ立ツルニ至ル○今之カ鉾ヲ挫クノ策ヲ立テザレハ、他日我東洋ニ第二ノ仏国革命ヲ画キ出スモ計リ知ルベカラズ
（全一・四五〇〜四五一）

と新島は「条約改正ヲ促スノ策」に書いている。「第二ノ仏国革命」といった危険を避けるためにも、キリスト教を「布クノ必用」があるとこの文章で新島は訴えているわけである。「基督教ハ信徒ヲシテ政者ニ違背セシムルモノニ非ズ」（全一・四五二）と新島は書く。この文章の中の、「天皇自カ［ラ］属シ賜フ教会勿カルベカラズ」（全一・四五三）といった言葉を見ると、新島は暗にキリスト教国教化を求めていたようだ。欧化時代の風潮に乗じて国家権力に頼ってキリスト教を広めることを考えていたように見える新島が、どこまで本当に自由というものを尊重する人間だったか疑わしく思われる。

「旧バイブル・クラスの連中」への失望

新島が全力を挙げて教会合同阻止に努めたことは、熊本バンド出身の組合教会の有力な指導者達（熊本洋学校のジェーンズのもとで学んだ後同志社に移り、神学科という学科が正式にできる前に同志社英学校余科（いわゆるバイブルクラス）で神学を学んだ人々）のほとんど全員とこの問題をめぐって反対の立場に立つことになった。新島は一八八九年七月二一日付の徳富猪一郎宛の手紙で右に述べたような熊本バンド出身の組合教会指導者達（新島のこの手紙の中の表現を使えば、「旧バイブルクラスの連中」）について、次のような辛辣な

批評を加えている。

小生ハ彼ノ大先生方ニハ益失望致居候、已ニ卓見ナク見キリナク迂遠ニシテ仕事師ニアラズ、毎会壮士ノ為ニタヽカレ其怨ヲ今トナリ小生一身ニ持来、小生ヲ怨居候由敢テ小生ニ向ヒ議論モナク只女ラシキイヤミノミ、アヽ（全四・一七八）

右の引用中の「毎会壮士ノ為ニタヽカレ」以下「小生ヲ怨居候」までは、敷衍すれば、「教会合同を議論する組合教会総会といった場で、いつも若手によって反対され合同をはばまれてきたことに対する怨みを、彼らが背後にいる黒幕と思った私〔新島〕に向け、私を怨んでいるそうだ。」といったことなのであろう。新島は「旧バイブルクラスの連中」を「女ラシキイヤミノミ」と評したが、新島の手紙も決して正々堂々と自分の確信を述べているといった快感を与えるものではない。新島は少し前の一八八九年六月二八日の手紙（書簡番号六七三）でも、明らかに同じ人々を念頭において、

教会ノ錚々タルモノト自信スル連中凡庸人ノ多キヲ占ムルニハ小生モ大ニ失望仕居候（全四・一六四）

と書いている。新島の態度から正々堂々としているという印象を奪うのは、その手紙に引かれている

彼の狂歌、

見ぬふりや聞かぬふりやら知らぬ振り馬鹿のふりして世を渡るかな　（全四・一六五）

に表現されているような率直さとは正反対の自己韜晦の姿勢である。その女々しさや凡庸をなげいた旧バイブルクラス中の教会合同推進者の一人、小崎弘道に対しても直接彼に宛てたこの時期の手紙（一八八九年六月一五日付）には、

小生ハ徹頭徹尾合併ニ反対スルモノニアラザル事ハ明ナリト御賢察有之度候也　（全四・一五五）

と書き、また、

小生ニ於テ兼テ尊敬スル貴兄ニ対シ、少シモイルフィーリング〔悪感情――引用者注〕無之事ハ天父之前ニ断言仕候間、左様思召被度候也　（同）

と書いている。

なお、教会合同問題という基督教界内の問題についてまで、新島がもうキリスト教徒ではなくなっ

ている徳富猪一郎を最大の相談相手としたのは一見かなり奇妙なことである。これも新島がこの問題に信仰問題としてはアプローチしなかったことの証左といえるかも知れない。

4 終焉

最後の旅

前節で見たように、一致・組合両教会の合同問題は新島にとってゆるがせにできない大問題であった。しかし、合同問題のさなかにも同志社大学設立運動が忘れられていたわけでは決してなかった。一致・組合両教会の大会ないし総会のあった一八八九年五月に合同が決まらなかったことは、それでこの問題にケリがついたわけではなかったけれども、新島の注意をそれ以前よりはこの大学設立運動に向ける余裕を与えたようだ。一八八八年は七月に大隈邸の集会で三万一〇〇〇円の寄付の約束を得たり、一一月に「同志社大学設立の旨意」及「同志社大学義捐金募集取扱広告」が『国民之友』をはじめとする多数の雑誌や新聞に掲載されるなど（全八・四七七）大きな成果があった年だったけれども、その後は大学設立運動の進行は必ずしも満足できるものではなかった。新島は一八八九年九月から一一月にかけて田中賢道という人物に同志社大学設立運動（そのための募金運動）の運動員になってくれるよう依頼する手紙を何度か出している。

万一遅々進マズ天下ノ信用ヲ失ナヒ、事遂ニ敗ル丶ニ至ラバ、何ノ面目アッテカ吾人頭ヲ挙テ天下ノ人士ニ面会スベキゾ貴兄ヨ願クハ特別之御英断ヲ以御承諾アリ賜へ、是レ小生畢生ノ願望ニ候間、伏而御承領アリ賜へ　（全四・二一三）

というのは、その中の一通、一〇月四日付の手紙にある言葉である。同志社大学設立は新島にとって、「小生畢生の願望」になっていた。

そして新島自身も一一月下旬から大学設立運動のため前橋に向かった。しかし、そこで胃腸カタルにかかったため募金運動を切り上げて一二月中旬には東京に帰った。そして徳富猪一郎の勧めもあり、大磯でしばらく休養することにした。

大磯に落ち着く

新島が実際に東京を出て、大磯の百足屋《むかでや》という旅館に落ち着いたのは一二月二七日だった。そして、新島はそこで一月も経たない一八九〇年一月二三日に腹膜炎で死去した。

新島が心臓病の全治の見込みがなく、いつ死ぬかもわからないと医師に宣言されたのは、大磯に来る一年半近く前の一八八八年七月二日のことだった。その宣告を受けて新島は自分の感慨を、

イツ此世ヲ卒爾ニ去ラネバナラヌ、又遺言モ出来ズ、暇乞モ出来ズ、俄ニ死スルカモ知レズト思ヒタレバ、感涙転《うたた》枕ヲ湿スニ至ルモ知ラザリキ　七月二日ノ夜　（全五・三四七）

という言葉で終わる自分のそれまでの生涯を回顧した文章に表現している。しかしながら、いつ死ぬかもわからないことを宣言されてからの新島も全体とすれば意外に元気で大学設立運動、教会合同問題などで働き続けたことは、一八八八年七月二日以降に書かれたおびただしい数の書簡が示している。

一八八九年一二月二七日に大磯の百足屋に落ち着いた時の新島はここで一月足らずのうちに死ぬとは思わなかったに違いない。一八九〇年一月一日には今年も大きな目標を目指して活動したいという気持ちを述べた「尚抱壮図迎此春」という言葉で終わる漢詩を作っている。一月二日には徳富猪一郎、金森通倫《かなもりみちとも》、小崎弘道の三人が大磯にやって来た。金森は一八八九年五月末に同志社の普通・神学・予備各校の校長になり、小崎と徳富は一八八八年から同志社社員に加わっていた（『年表』『同志社百年史――資料編二』）。新島はこの日の日記に「種々ノ面白キ談判アリタリ」

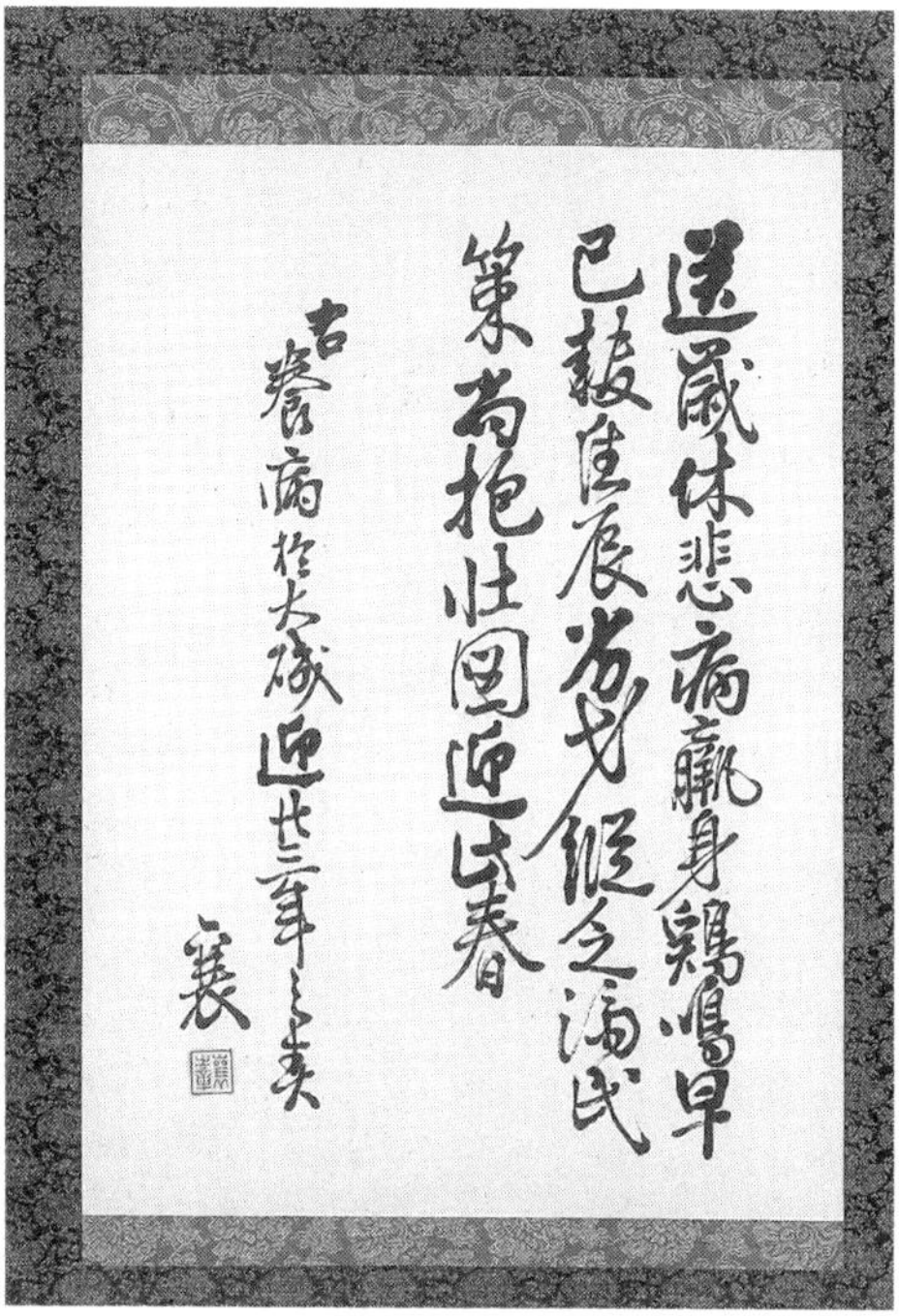

大磯で揮毫した書（1890年）

（全五・四〇七）と書いている。この三人とは翌日も同志社の将来をめぐって話が弾み新島は愉快でたまらなかった。「此ノ日ノ談判ハ実ニ奇々妙々、弥出弥快ナリ」（全五・四〇八）とその日の日記にある。今ある京都の同志社の外に分校を東京に開いてそこに「政法理財部」を設けることについても一応の意見の一致を見たらしい。「政法理財部を分校トナシ〇〇ニ設クル事」（同）の「〇〇」が「東京」であることは、編者が「注解」で指摘するように新島の「遺言」（全四・四〇三参照）の中にその解釈を支える言葉があるので間違いないであろう。一八八八年九月に制定された「同志社通則」では「京都ヲ以テ本社ノ位置ト定ム」というのは決して変えてはならない同志社の綱領の一部のはずだったが、新島には状況に応じて動くという一面もあった。

大磯で新島は同志社の将来についてだけでなく、日本の伝道（具体的には関東北越地方の伝道）についても計画をめぐらした。その跡は「四間足ラズノ長文」（全四・二九五）の一八八九年一二月二八日付の広津友信宛の手紙の外、全集所収の数通の手紙となって残っている。一月一五日に彼の勧めに応じて上毛の伝道者三人が長野地方の伝道に着手したことを知った新島はその日の日記に「此ヨリ信州伝道ノ端緒ヲ開クベシ、愉快々々」（全五・四一〇）と書いている。

大磯での新島は今触れたことからもうかがわれるように気分的にはかえって高揚した状態にあったらしい。死ぬほんの直前まで新島が死期が迫っているとは思っていなかったことは、この大磯滞在中に掘り出し物の安い土地を二八五円で買っていることからも分かる。新島はその土地は夏になって売ろうと思えば八〇〇円には売れると思って買ったのである（新島八重宛の手紙、全四・三五五）。そんなことにまで心をまわすことが出来たのも、彼がすぐ死ぬとは思わなかったからであろう。

遺　言　新島は一月一一日に胃カタルにかかった。一月一七日の新島八重宛の手紙では、「もふ今日ハよろしく候」（全四・三五二）と書いているけれども、結局この胃カタルから「急性腹膜炎症」（「新島襄葬儀記録」『同志社談叢』第十号、七一ページ）になったのが命取りになった。一月一九日の朝に容態が急変し、午後には危篤の電報が打たれた（新島八重子「亡愛夫襄発病ノ覚」、『同志社談叢』第十号、八三ページ）。

新島は、死の二日前の一月二一日に京都からかけつけた夫人の新島八重および小崎弘道、徳富猪一郎の立会のもとに遺言（『新島襄全集』第四巻所収）を口述した。肉体的衰弱にもかかわらず、新島は明晰な精神を保っていた。

遺言の口述は同志社関係の遺言から始まった。その中の同志社教育の目的や教育上注意すべきことを述べた次の条々などはなかなか印象的である。

㊞同志社教育の目的はその神学政治文学科学などに従事するニ係らず皆精神活力あり真正の自由を愛し、以て邦家に尽すべき人物を養成するを務む可き事
㊞社員たるものハ生徒ヲ鄭重ニ取扱ふ可き事
㊞同志社に於てハ倜儻不羈なる書生ヲ圧束せず務めて其の本性ニ従ヒ之ヲ順道し以て天下の人物ヲ養成す可き事

㊞同志社は隆なるニ従ひ機械的に流るゝの恐れあり切に之を戒慎す可き事　（全四・四〇三）

しかし、この同志社に関する遺言の中には、後任者と目される立場にあった金森通倫について「其の教育家として人を順育して之を誘掖するの徳に欠け」（全四・四〇三）ることなどを指摘した問題のある項目もある。金森についての項は、「金森通倫氏を以て余の後任と為す差支えナシ」という言葉で始まるけれども、もし、それは口先だけで新島の真意はこの遺言中の辛辣な金森評によって彼が後任になるのを阻止することだったのなら、新島は最後までしたたかな人物だった。

同志社についての遺言の後、新島は同志社大学設立運動で世話になった政治家、財界人、同志社の将来を託したく思った数人の在校生や卒業生、宣教師のデイヴィスや一、二の日本人牧師などの個人宛の遺言を口述した。自分の死後も同志社のために力を貸してほしいといった公人としての遺言という感じのものが多い。その中で新井毫という人物にあてた遺言だけは、「別ヲ告グ、足下ニ再会して快活ノ談話ヲ聴ク能ハザルヲ憾む、君余ヲ信じ余も亦君を信ず」（全四・四〇八）という書き出しで友達への別れの言葉という感じの強い異色の遺言といえそうだ。遺言を口述する時の新島は気力が充満して、死を目前にした人とは思えないような大きな声で口述した。「先生遺言を為さしむるに当て其精神大に発揚し、殆ど演説せらるゝが如き有様」だったと池本吉治編『新島襄先生就眠始末』、八ページにある。

死の前日の一月二二日には新島は「芳野の山花咲く頃の朝な〳〵心に懸る峰の白雲」という古歌を

書かせ「余が同志社ニ関する感情常に此の歌の如し」（全四・四〇九）と言った。さらに「天を怨ミズ人ヲ咎めず」（全四・四〇九）という言葉を「声を揚げて」（池本『新島襄先生就眠始末』、九ページ）言った。新島は一月二三日午後一一時二〇分に死去したが、竹越與三郎が「新島襄先生長逝す」（初出、『基督教新聞』第三四〇号、池本『新島襄先生就眠始末』に再録されている。）で、

其死する何ぞソレ潔ぎよきや、何ぞソレ丈夫らしきや　　　　（池本、五四ページ）

と書いたように、新島の死に様は人々に強い印象を与えた。

新島の遺体は一月二四日に汽車で京都に運ばれた。京都七条駅には教職員生徒をはじめ六〇〇人ほどの人々が出迎え、遺体は生徒に担がれて自宅まで運ばれた。そして、一月二七日、参列者四〇〇〇人という盛大な告別式のあと、柩は同志社生徒に担がれて若王子山墓地に運ばれ、同墓地に埋葬された（全八・五七七～五七八）。

終章　新島の人と事業はどのように評価できるか

1　新島死後の同志社と内村・植村の新島批判

死後の「同志社問題」

新島ははじめは主にキリスト教界で知られているに過ぎなかったけれども、同志社大学設立運動の過程で『国民之友』に掲載された「福沢諭吉君と新島襄君」で福沢とならぶ日本の二大教育者の一人として紹介されたり、「同志社大学設立の旨意」が『国民之友』をはじめとする全国の新聞雑誌に掲載されたことなどを通じて彼の名と事業は全国的に広く知られることになった。新島はその死去の時点において天下の偉人と目されるようになっていたと言ってよいだろう。このことは四〇〇〇人という告別式の参列者の数からも想像がつく。

しかしながら、新島死後数年経つと新島に対する厳しい評価も出るようになった。これは新島の死後一八九〇年代の半ば位から同志社のかかえる問題が表面化し、学外の人々の目にも留まるようになったことと関係があろう。

同志社では言葉や文化の違いもあって、外国人教師（アメリカ人宣教師）と日本人教師の関係は必ずしも円満でなかった。同志社で教えるアメリカ人宣教師と日本人キリスト教徒の間には神学上の見解の違いもあった。宣教師達が正統的な信仰の持ち主だったのに対して、日本人教師の間には当時のいわゆる「新神学」の影響を受けて宣教師の目から見れば異端的な見解の持主もいた。欧化主義的な風潮が消えた一八九〇年代にはキリスト教は伸びなやみ、同志社でも洗礼を受けてキリスト教徒になる学生が激減したが、同志社の宣教師達はそれを時代風潮の変化との関連で理解するより、「社員、教員、校長にて宗教を軽ぜし故」（小崎弘道「同志社設立二十一年記念演説」［一八九六年一一月二九日］、『同志社百年史——資料編二』、一二二二ページ）と解釈した。宣教師達からの報告を受けて、同志社のキリスト教主義に立つ教育機関という性格が維持されているかどうかに不安を感じたアメリカン・ボードは、そのことを一つの理由として一八九五年秋に調査のため日本に委員を派遣した。結局、同志社とアメリカン・ボードは意見の違いを調整することが出来ず、一八九六年に同志社はアメリカン・ボードからの援助を謝絶し、同志社で教えていた宣教師は全員同志社を辞任した。しかし、これで同志社とアメリカン・ボードとのあつれきが終わったわけではなかった。同志社は一八九八年二月に徴兵猶予の特権を得るために、「同志社通則」の綱領の一部を削除した。削除されたのは、綱領の第二条の中の同志社の設立した学校には「悉ク本社ノ通則ヲ適用ス」という部分と、その削除を可能にするため綱領を変えてはならないことを定めていた第六条であった。第三条「本社ハ基督教ヲ以テ徳育ノ基本トス」はそのままであったけれども、この変更はこれによって神学部以外の男子諸学校はキリスト教を教えるための宗教学校ではないと文部省に認めてもらい、徴兵猶予の特典獲得の障害を除くことをねらいとしていたようである（『同志社百年史――通史編一』四四六ページ）。これに対しては、この削除によって同志社のキリスト教主義に立つ教育機関という性格が変わるのではないかと不安を感じた卒業生をはじめとする日本人の間にも反対の声が上がったけれども、アメリカン・ボードも在日宣教師の報告を受けて、それは同志社に寄付してきたアメリカ人の信任を裏切るものだと、委員を日本に送り、綱領をもとに戻すか、アメリカからの寄付金の全額を返還するように要求した。同志社はアメリカン・ボードが日本に送った委員と交渉したが、不調に終り、要求を入れなければ訴訟を起こすというアメリカン・ボードを前に同志社社員が総辞職したのが一八九八年一二月のことであった。

新島伝との関連で重要なのは次の問いである。こういった問題は、新島の死後後継者達が彼のやり方を変えたために起こったのだろうか。それとも、それは新島のやり方のいわば当然の帰結として起こったのだろうか。

内村・植村の新島批判

新島に対するもっとも辛辣な批判者となった内村鑑三と植村正久の見方は後者だった。『万朝報』英文欄の主筆だった一八九七年からすでに少なからぬ英文の同志社および新島批判の文章を発表していた内村は、一八九八年一二月の同志社社員総辞職の直後の一八九九年一月に「俗と神とに併び事へんとせし同志社の、今日の非運に迫りしは決して怪むに足らず」という言葉で始まる「同志社」と題する文章を発表した。その中に次の言葉がある。

一方に於ては米国基督教信徒の浄財を仰ぐかと思へば、他の方に於ては故後藤象二郎等の穢財を乞ひ、以て精神的教育を我国子弟の上に施さんと試みたり

（『内村鑑三全集』第六巻、三二〇ページ）

内村はこの文章で同志社は「同一の手段に依て起された」（同）仙台の東華学校の跡を追って滅亡することを予言している。東華学校はすでに見たように新島が深くその設立にかかわった学校である。新島が同志社大学設立運動に際して後藤象二郎の援助を求めたことは新島の一八八八年九月三〇日付の日記（「漫遊記」、全五・三七六）に出ている。新島の名は出ていないけれども内村は「同志社」の中で新島のやり方が同志社の「今日の非運」を招いたと言っていると解釈してよいであろう。

植村正久の新島に対する批評としてもっともまとまっているのは、初出が一九〇三年八月の『福音新報』の「新島襄」（『植村正久と其の時代』第三巻、七一〇〜七一三ページ）という文章であろう。植村の見るところでは、新島の最大の誤りはあまりに「己の事業を偶像」として、その成功のために手段を選ばなかったことであった。植村は次のように書いている。

事業上の必要は彼を駆つて、非基督教的勢力を抱合し、之を利用せんとするに汲々たらしめた。彼は世間の政治家や財産家をも利用し、外国の宗派と其の勢力を自家薬籠中のものとなし、之を工合よく操縦しつつ己の理想を実行せんと試みた。俗的勢力、外国宗派の金力、及び自己の信念と理想、

此等三者を遣り繰りして調和せしめて好結果を収めんと試みたのが新島の遣り方であった。

（同、七一二ページ）

植村は新島の遣り方を「出来《いでく》べかざる芸」（七一二ページ）と見たが、植村的見方に立つと、新島の遣り方の無理が誰の目にも明らかな形で暴露されたのが、一八九〇年代後半の同志社とアメリカン・ボードのあつれきを通してであったと言うことになろう（紛争の当事者達がそのことをどれほど意識したかは別として）。

異なった同志社観

新島がアメリカのキリスト教徒向けの文章や演説で言ったことと大多数が非キリスト教徒の日本人向けの文章や演説で言ったことでは大きく違っていることがしばしばあった。このことは私達が見たところである。一八九〇年代の半ばからの同志社とアメリカン・ボードのあつれきの重要な一因はこういう新島のやり口のために同志社側とアメリカン・ボード側が同志社の性格などをめぐって違う理解を持つようになったことにあるといってよいだろう。アメリカン・ボード側の理解では、同志社の一番重要な役割はキリスト教伝道者養成所という役割であったと思われるし、同志社は何よりもキリスト教を日本に広めるという目的に奉仕すべき教育機関であった（新島のアメリカでの発言はすべてアメリカン・ボード側のこういう理解を支えるものであった）。同志社側の理解は、例えば、訴訟を避けるために心ならずも総辞職した同志社社員達が自分達の立場を説明、弁護するために書いた「同志社社員総辞職の顚末」（一八九九年印刷）によく出ている。冒頭の言葉を引用してみよう。

同志社ガ従来執リ来レル教育方針ハ通則第一条ニ云ヘル如ク知徳並行ノ教育ヲ施シテ広ク人材ヲ養成スルニ在リ基督教ヲ以テ徳育ノ基本トナスト云フハ固ヨリ本社創立以来ノ主義ナリト雖是唯ダ基督教ヲ以テ徳育上必要ノ要素トシテ認メタルニ外ナラザルナリ同志社ガ宗教学校即チ伝道師養成所ニ非ズシテ大ニ此種ノ学校ト其撰ヲ異ニスル所以ノモノハ同志社創立ノ顛末及ビ大学設置ノ主旨書等ニヨリテ明ナリ　（『同志社百年史――資料編二』一二四三〜一二四四ページ）

新島が日本人向けに日本語で書いた文章はすべてこの主張を裏付ける内容を持っている。新島は同志社がキリスト教主義の学校だということから一般の日本人が抱くかも知れない懸念を取り除くことに努力した。一八八九年五月六日付の中村栄助宛と推定される手紙の中で、新島は同志社大学設立運動のため和歌山県に行く同志社社員の中村に演説中で触れてもらいたい要点を指示しているが、その要点の一つは、

今ノ同志社ハ宗教ノ一点ハ自由ニ任ス（已ニ僧侶モ入学シオル云々）　（全四・一一八）

ということであった。

2　イメージ操作・情報操作の達人

売り込み術を意識

今日ではイメージを売り込むということが非常に重要になっている。新島は時代に先駆けてその重要さに気付いていたらしい。新島は募金という目的を達成するために、アメリカと日本で二種類の違う同志社のイメージを売っていたと言えよう。新島はまた売り込みの術を意識的に使った人間だった。例えば、『新島襄全集』第七巻に編者によって"For My Effective Presentation"という題を付された短い英文の文章がある。寄付金を募るために口頭での訴えをするに当たって留意すべきことを個条書きにした自分自身のための覚書きである。その中の二項目ほどを訳してみよう。

五、私の目的、キリスト教主義学校の必要を述べよ。しかし、いくらほしいとは決して言ってはならない。いただけるだけのものをいただきたい、たくさんいただければいただくほど私達は多くのことが出来ると言え。

六、私の演説の途中で演説が長くなって申し訳ないと言え。聴衆に辛抱してほしいと言え。決して「私」と言うな。複数形の「私達」と言え。（全七・二三八）

非凡な「コピーライター」

広告文を作る人を英語で copywriter というがこれはいまでは、コピーライターとして国語辞典にも出ている。全十巻の『新島襄全集』を見て、新島は少なからぬ数の著書のある著作家だったと想像する人があるかも知れない。しかし、実際は新島には一冊の著書も、生前に発表された唯の一編の論文もない。

新島の書いたもので生前活字になったのは、論文とは違う二種類の文章だけである。一つは「同志社大学設立旨趣」（一八八三年四月、活版）とか、「同志社設立の始末」（一八八三年四月・稿、一八八八年一一月・活版）といった大学設立運動のために書かれ、活字にされた文章である。二つ目は「『将来之日本』序」、「J・D・デイヴィス著『基督教之基本』序文」のように、著者または訳者に乞われて他人の著書に付した序文（実質的にはその著書や著者に対する賛辞に満ちた推薦の文章）である（いずれも『新島襄全集』第一巻、所収）。

新島の生前に活字にした数少ない文章に共通するのは、それらが広い意味で広告・宣伝の文章だということである。公刊する意図なしに書かれた新島の書簡中にも、コピーライターの文章を思わせる言葉が見つかることがある。新島の生涯の目的を表現した言葉として知られている「自由教育、自治教会、両者併行、国家万歳」もその例である。

この言葉は、一八八九年一一月二三日の横田安止《やすただ》宛の書簡に、「小生畢生之目的ハ、自由教育、自治教会、両者併行、国家万歳、小生之心情御洞察可被下候」（全四・二四六）と現れる外、一八八九年一一月の広津友信宛（全集編者による推定）の手紙にも月日未詳の大久保真次郎宛一八八九年の手紙

(全集編者による推定)にもそれぞれ「畢生《ひっせい》之目的」(全四・二五四)、「襄畢生ノ目的」(全四・三一一)という説明を付して出てくる。この言葉も新島のコピーライター的能力を示す巧みなキャッチフレーズである。しかし、思想的に深い言葉ではないだろう。新島の生涯と関係づけてこの言葉の意味を考えてみるとそれは見かけほど実質を持たないようにも思われるからである。

初期の同志社卒業生と新島(最左が新島)

同志社はどこまで自由教育の場だったか

例えば、新島は「自由教育」ということについて首尾一貫した考えを持っていたのだろうか。新島が生きていた頃の同志社の有様を『創設期の同志社——卒業生たちの回想録』(編集・発行　同志社社史資料室)に探っても、同志社が本当の自由な教育を目指し、実践したところとは必ずしも言えない。一つは、松尾音次郎の回想に、「いったい、同志社では飲酒したものは必ず退学させられる規定であった」(同書、一二六ページ)とあるように、同志社には規則にうるさいという一面があった。飲酒、喫煙の外に芝居見物のような一概に悪いとは言えないものも学生には厳禁されていた。教師の浮田和民が芝居見物に行ったのさえ「いくら立派な先生であっても、学生に禁足してある所へ行ったと云ふのは怪《けしか》らんことであるから、公然攻撃して以後を謹しんで貰はねばならぬ無い」（同書、一六三〜六四ページ）という話になったことは森次太郎の回想にある。芝居見物に行くことがよいことか悪いことかを学生に自分で判断させるほうが今日の私達の目には自由教育というにふさわしく思われるであろう。芝居見物を厳禁したことからもうかがわれるように、新島が校長をしていた頃の同志社は、学生の持つあらゆる可能性を伸ばし開花させようと努める所ではなかった。一八八八年に同志社を卒業した湯浅一郎は、「我々は或意味に於ける感化院に収容された感があった」（同書、九六ページ）と書いている。確かに、新島には遺言にあった「同志社ニ於てハ倜儻不羈なる書生ヲ圧束せず務めて其の本性に従ひ之ヲ順導し以て天下の人物ヲ養成す可き事」（全四・四〇三）というような学生の個性と自由を尊重する意味の言葉もある。しかし、そのような教育を具体的にどのように実現させていくのかを説明した文章はないのである。

思想の自由の問題

新島の考えた「自由教育」が思想の自由を尊重するものだったかも疑問である。

小崎弘道は新島の死後まもなく表面化した、同志社に於ける外国人教師（宣教師）と日本人教師の衝突は第一に「思想の自由」をめぐる衝突だったと次のように述べている。

彼等［宣教師――引用者注］は曰く同志社は基督教的の学校なればこれに反対する如き演説はなさしむべからず、又此の如き意見を有するものは学校に止め置くべからずと、されど我校多数の日本教

師は大ひに之を不可とせり、同志社由来思想の独立を重ずる所なり、如何でその思想を束縛せしむべけんや

（「同志社設立二十一年記念会演説」『同志社百年史――資料編二』一二二二ページ）

このような「思想の自由」をめぐる衝突に際して、「自由教育」を主張した新島なら思想の自由を擁護する側に立つだろうとは必ずしも言えない。新島は日本人ではあったけれども、アメリカン・ボードから派遣された宣教師であった。晩年の新島が小崎をはじめとする熊本バンド出身の旧バイブルクラスの人々と教会合同の問題をめぐって反対の立場に立ち、彼等に失望の念を抱いたことはすでに見た。新島は彼の死後同志社の日本人教師の中核となった旧バイブルクラスの人々と違って、キリスト教についてもあらゆることを自分の納得のいくまで検討するといった態度が乏しい人だった。このことは、例えば、『新島襄全集』第二巻、宗教編、所収の「道理ト信仰ノ関係〔A〕」の一編を読んでも感じられよう。新島は「何故ニ人問ハ人間社会ニ一日モ欠ベカラズ」（全二・一四〇）と言い、他宗教については、「道理上ヨリ論〔ジ〕、仏ニ委頼シテ極楽浄土ニ入ル能ハザルヲ知ルベシ」（全二・一四三）と言った言葉から分かるように、簡単にその真理性を否定している。キリスト教についてだけはなぜキリスト教が真理なのかという問いを本当には向けていない。ある意味で、キリスト教に困難な問題を提出した聖書の高等批評とか進化論などにも一切触れず、はじめからキリスト教の真理性を当然の前提としたいわば手前勝手な論になっているのである。要するにはじめからあまりにも簡単に正しい答え（正統的理解に立つキリスト教）、まちがった答え（それ以外）と決めつけるような態度のあっ

た新島には、思想の自由というものの大切さが分からなかったのではないかと疑われる。新島が時折示したキリスト教を押し売りするような態度も、彼が本当に他人の自由を尊重する人であったかを疑わせる。例えば、一八八四年二月一〇日熱海で伊藤博文と「五時より十時ニ至ル迄縷々之閑話」（「出遊記」、全五・二五二）をする機会があった時、新島が「宇宙ニ一ノマインドアリ、支配セラル丶事ヲトク　今死セントスルノ期来ラバ如何」（全五・二五三）等と言ったのは、伊藤博文に対するキリスト教に改宗させようという押売り的試みと解釈できよう。「出遊記」には伊藤の反応が「口ヲ結ヒ答ナシ」（全五・二五三）と書かれている。

「自治教会」とは

新島の使った「自由教育」という言葉に見かけほどの実質がなかったとすれば、「自治教会」という言葉もそうであろう。「自治教会」というのは新島においては実質的には他の教派ではなく組合教会（新島の理解では会衆派主義＝コングリゲーショナリズムに立つ教会）という意味しかないからである。新島が自分の「畢生之目的」を明かした一人だったことからもうかがわれるように晩年の新島が最も信頼した同志の一人（特に教会合同をはばむ戦いにおける）である大久保真次郎は一八八九年一一月二六日付の新島宛の手紙に、これからは「公然ト我レハ宗派心ニ充満ス、コングリゲーショナリズムニアラザレバ実ニ日本ヲ救フ能ワザルナリト信ズルナリ」（全九・一一五二）と主張する必要があることを述べている。

同じ手紙の中で、大久保は組合教会中の合同賛成派と合同反対派の衝突に触れた際に、新島について「其巨魁タル袋冠リタル先生」（全九・一一五一）という表現を使っている。「其巨魁タル」というのは、明らかに教会合同反対派の巨魁という意味である。策師である新島は、大久保の表現を使えば、袋をかぶって顔をかくし、彼が教会合同反対派の中心であることが合同賛成派にはなかなか分からないようにした。新島も本音は、上に引いた大久保の言葉通り、コングリゲーショナリズムでなければ日本を救うことが出来ないと信じていたのではなかったか。ただ、新島は「公然ト我レハ宗派心ニ充満ス」ということを顕わすよりやはり袋をかぶり続けることを得策だと思う人間だった。彼が「組合教会」と書かずに「自治教会」と書いたのは、教会合同反対運動の際にかぶった袋に類した自己韜晦のための手段に過ぎなかったように思われる。彼が最後まで「宗派心に充満」した人という一面を持っていたことは、死去の月に書かれた一八九〇年一月七日付の広津友信宛の手紙の中の「将来一致教会ニ加勢し、彼等之誘導等ヲ為スニ至ラザル様予メ御防キオキ被下度候」（全四・三二六）という言葉や、一八九〇年一月一一日付の原忠美宛の手紙の中の「一致会之兄弟之手ニハ御渡し無之様仕度候」（全四・三三四）といった言葉に現れている「一致会」に対する対抗意識を見ても明らかであろう。

3　「嚢、畢生ノ目的」

新島の変化

生涯の目的を言い表す言葉とした「自由教育、自治教会、両者併行、国家万歳」という言葉で新島が言おうとしたことを具体的に言い換えれば、同志社のようなキリスト教主義の私立学校を通して人々に自由な教育を与え、会衆主義に立つ教会を通して人々にキリスト教信仰を与える、この二つによって、国家は本当に繁栄することが出来る、そのことの実現を計るのが私の生涯の目的であった、とでもなろう。この節では、新島の生涯の目的といったものを新島自身の言葉にとらわれずにもう少し考えてみることにしよう。

まず、『創設期の同志社――卒業生達の回想録』から新島の変化ということに触れた回想を二つほど引用することにする。最初は吉田清太郎の回想からの引用である。

　先生ニ向って、先生の志と云ふものは変りはしないか、私共は替ったりする恐れがあると。と云ふたら、米国へ行って信者ニなった時、欧米の文明はChristianityニありと信じた。故ニ一巻の聖書を以〔持〕て帰へって伝道する事が出来れば幸であると思ふた。

　岩倉〔具視〕その他の一行が巡視せられた時には、基〔督〕教と学術と加味したものであると思ハれた。

（同書、二八四ページ）

一八八〇年一月に同志社に入学した小野英二郎も吉田清太郎の回想を支えるような次の言葉を残している。

　新島先生は察する処、私共の居った時にも考へが変ったと思ふ。初めはミッションschoolでやって行こうと思ふて居た。然しあの人は根が国士の考えを以〔持〕て居るから、次第ニ他の方面ニ延びる様ニならねばならぬと云ふ議論が起って来た。私の居った十五六年〔一八八二〜一八八三〕頃から、其の考へが非常ニ盛んニなって来て居られたと思ふ。（同書、三〇八ページ）

彼らの回想に出て来る新島の変化というのは、キリスト教を日本に伝えれば自分の使命は果たされるという考えから、キリスト教だけでは十分でないと思うようになったという変化と言える。新島は最後までキリスト教の伝道に熱心だったけれども、新島の価値観の中ではだんだんキリスト教のわくをはみ出すものの比重が増してきたようだ。

日本への部分的回帰

それは一面では彼が二一歳で日本を脱国する前に身に付けた価値観への部分的回帰と言ってよいかもしれない。「一時米国的に塗り潰したる先生の地金が時間と共に追々と露現した」（徳富猪一郎「日本精神と新島精神」『新島先生記念集』九ページ）と徳富も書いている。

新島は日本にいる時は、すでに見たように、主君にも父親にも反抗するような、武士としてはめずらしいほど忠孝といった価値観を身に付けることの少ない人間だった。新島が脱国までに徳川社会について非常に否定的なイメージを持つようになったことも間違いない。しかしながら、「日本伝道促進についての試案」のはじめの方で新島が明治維新後の目覚ましい日本の変化について感嘆の意を込めて書いているように、新島もやがて自分がかつては「我が未開の国人」（Hardy, p. 156）というように否定的にのみ形容した日本人が「私達の目にさえ驚異的に見える結果を生み出した最近の革命」（全七・三四六）（「日本伝道促進についての試案」中の明治維新の形容）を達成した国民であることを認めざるを得なかった。新島は、全体とすれば、日本の伝統に対する尊敬の念の薄い極端な欧化主義者であり続けたけれども、新島は一つの点では日本の伝統を見直し、その中に高く評価出来るものを見つけた。それは伝統に培われた武士階級であった。「日本伝道促進についての試案」の中で武士階級について次のように書いている。

彼らは彼らの主君に対して死に至るまで忠実であるように教育されました。愛国の精神が彼らの間では世代から世代へと受け継がれてきました。彼らにとっては名誉がすべてでした。命とか財産は物の数ではありませんでした。小刀で自分の腹を切り割く切腹という自害の方法はこの階級の人々にとってのみ使われました。それは彼らにとって他人に殺されることは恥ずべきことだったからです。彼らは全く東洋の騎士――日本の精神、国民の精華です。（全七・三五六）

そして、同じ文章の中で、新島は封建制度が廃止された後も日本は依然としてこの階級の人々に指導されていること、将来も当分は父祖から武士の精神を受け継いだこの階級の子弟が日本の指導者になると思われること、明治維新をはじめたものも彼らであること、日本の繁栄は彼らにかかっていること等々士族階級の重要性を説明する言葉を続けていく。「日本伝道促進についての試案」において新島がこれほど士族階級のことを書いたのは、日本のキリスト教化の成功のカギをにぎるものもこの士族階級であること、だからこの階級のキリスト教化に一層努めなければならないことを主張するためであった。

かつては、自分の主君の供を命じられることにさえ大憤慨するような、武士的メンタリティの希薄な人間だった新島がここでは非常に武士階級を理想化して書いていることは確かである。新島が、徳富猪一郎を含む多くの人々によって幕末から維新期にかけての志士と同種の人物と思われるようになったのは、おそらくこのような新島自身による武士階級理想化によって惑わされた結果といってよいであろう。新島がもともと「維新の志士」（徳富猪一郎「日本精神と新島精神」『新島先生記念集』一〇ページ）などという形容がふさわしくない人物だったことは、まだ維新の動乱が収まっていない時期に書かれたハーディー夫人宛の一八六八年四月二七日付の手紙を見ても分かる。この手紙で新島は日本の家族から来た手紙に触れ、江戸がいつ反徳川軍によって攻撃されるか分からない状況で不安を感じた江戸にいる父親をはじめとする家族が強く帰国を望んでいるけれども自分には帰国の意志はないことを述べている。注目されるのはその理由を述べた中にある次の言葉である。「もし、私が今帰国すれば私は戦争に行かなければならないだろうと思います。私はこんな野蛮な戦争で命を落すのは真っ平です」（全六・三四）「こんな野蛮な戦争」という言葉から分かるのは明治維新や戊辰戦争の帰結が日本の運命を分けるような意味を持つ、という認識を新島が全然持っていなかったことである。新島は自藩（長州藩）による外国船砲撃のことを聞くとすぐにそういう重大な状況の中で自分なりの役割を果たすためにイギリス留学を半年で切り上げて帰国した伊藤博文や井上馨（石附実『近代日本の海外留学史』二三二〜二三四ページ）などと違って、安全なアメリカにいることを喜ぶ単なる傍観者だった。

豪胆な武士の理想化

しかしながら、戦国の世がすっかり過去のものになってから生まれ、実際には全然戦闘経験もない山本常朝が戦国武士のメンタリティを理想化した書という一面を持つ『葉隠』を口述したのにやや似て、戊辰戦争がすっかり収まってから帰国した新島は、やがて彼のいう「野蛮な戦争」で戦死した人々に対して称讃の念を持つようになる。一八八二年七月に夫人の故郷会津若松へ行くがその時「維新之際東西軍之大ニ激戦セシ」（徳富猪一郎宛、一八八二年七月二八日付の手紙、全三・二二二）白河を通った。この旅行の際に新島が会津戦争についていろいろ聞いたことは、「遊奥記事」中の言及（全五・二二四）から分かる。この時受けた印象は最晩年の手紙の中で次のように回想されている。

小生ハ明治十五年初メテ会津若松ニ遊ビ官軍之為メニ陥イラレタル孤城ヲ一周シ、又生キ残リタル人々ニモ面会シ、当時ノ有様ヲ聞キ、会津藩人ノ如此モ宗家徳川氏ノ為ニ官軍ニ抵抗シ、白骨ヲ原野ニサラスモ顧ミザルノ勇気ニハ大ニ感服致シ、其時ヨリ会津人ニ向ヒ非常ナシンパセーを顕ハシ、其レヨリ該地伝道ノ事ヲ主唱シタリ　（時岡恵吉宛、一八九〇年一月一七日付の手紙、全四・三五三）

同じ夏に新島は米沢にも行ったが、「遊奥記事」で米沢の旧藩士の気風について書いた中に、「骨ヲ戦場デサラスヲ以愉快トスルモノハ少キヤト思ワル」（全五・二一三）と書いている。彼自身は真っ平御免と避けた戦死を恐れない人間が、何のための戦いかということに関係なく、その戦死を恐れない勇気と豪胆のゆえに新島の賛美の対象とされるようになったのである。会津藩士の「白骨ヲ原野ニサラスモ顧ミサルノ勇気」に対する感嘆の念を述べた時岡恵吉への手紙には、戊辰戦争の時の長岡藩士を讃える次のような言葉もある。

維新之際、長岡人が頭角嶄然東北ニ於而其気骨ヲ顕ハし、破竹之勢をナし天下を蹂躙した薩長之兵を迎へ、彼之一孤城ヲ以て彼等を支ヘンとせしハ其豪胆思ひ見るべき也、余ハ深く如比気骨ある豪胆家を敬愛する者なり（全四・三五二）

日本に帰ってから新島の中で育っていった彼の理想化された士族像の中核の一つが死も恐れぬような豪胆で元気にあふれた人間ということであったとすれば、もう一つの中核は、社会の指導者として天下国家のことに関わる人間といったものであったといえよう。福沢が一八七七年出版の『分権論』（『福澤諭吉全集』第四巻、再版、岩波書店、一九七〇年、所収）中で士族に与えた「天下の事を心頭に掛ける者」という規定（伊藤彌彦「明治十四年の政変と福沢諭吉」安西敏三ほか編『福沢諭吉の法思想』慶応義塾大学出版会、二〇〇二年、六八ページ）と重なる見方である。

新島はキリスト教によって日本を救うことを標榜したけれども、佐々木豊壽「新嶋襄先生の遺訓」によれば、死の一月前の新島は「現今の信者」に触れ、「彼の人等は活たる神の御言葉に養なはれながら、殆んど死物同様なり」（池本吉治編『新島襄先生就眠始末』七七ページ）と言い、さらに「如比有様にては、仮令《たとい》三千九百万人が皆信者なるも、以て社会を清潔にならしむるに足らず」（同、七八ページ）と言っている。これは彼が次第にキリスト教だけでは十分ではないと思うようになったことの反映とも見られる言葉である。キリスト教だけでは十分でないという思いは一方では、新島を高等な専門教育機関を同志社に加えるための大学設立運動に向かわせるとともに、いわゆる徳育の面でも彼にキリスト教とは必ずしも重ならないメッセージを発信させたようだ。新島自身は「士族」という言葉を表に出さなかったけれども、それは彼の理想化された士族像に基づいた（士族の子弟には）「士族にふさわしく生きよ」、（士族以外の階級の出身者に対しては）「士族になれ」というメッセージだったと言ってよいかも知れない。徳富猪一郎宛の一八八九年五月一二日付の手紙に出てくる「小生ノ最信用致候徳富猪一郎君」（全四・一二九）といった個所からうかがわれるように、晩年の新島が誰よりも信頼し、また自分を理解してくれると思った人間がキリスト教徒ではない徳富猪一郎だったのも、天下国家への関心の有無といったことが、キリスト教信仰の有無といったことよりも比重が大きくなっていたことの反映であろう。

新島が最晩年まで、理想化された士族観に基づくとも言えるメッセージを学生などに送り続けたことは、一八八九年一一月二日古賀鶴次郎宛の手紙にある、

仰願クハ益千里之志を養ひ、我ガ邦家を救ふ之大計を立賜へ、富貴功名ナニモノゾ、願ふ所ハ偏ニ此民を救ひ此民を導き、一日も早く真之文化之域ニ達しコールデンエージ之極点ニ至らしめん事な

り、願くハ日々鋭を養ひ、胆を練り、此大事ニ当るの準備をなし賜ハゞ、生之喜び争《いか》でか之に若くものあらん
（全四・二三二）

とか、一八九〇年一月一六日の横田安止宛の手紙にある、

兎ニ角校中ニ元気ハ盛に相振候様切望致し居候、一夕田中賢造〔道〕氏を聘し九州男子の真想并ニ時世之逆潮ニ立チオル保守党ノ書生中ニ非常ニ元気アル事を語せ度ものなり
（全四・三四五）

といった言葉からもうかがわれよう。

古賀への手紙に士族の強い指導者意識といったものの反映がある。横田の手紙に感嘆の念を込めた言及のある保守党の書生というのは、不平士族の子弟の壮士的若者といったものであろう。紳士の典型のように見えた新島は一見自分と正反対の壮士的人物を好むという一面を持っていた。いずれにせよ、右の二つの引用のような、新島が衷心からの思いを表現した言葉にキリスト教の語彙が全然使われていないのは注目される。彼の思想は彼の受け入れたキリスト教によって変わるところが案外少なかったのかもしれない。

4　洗礼を受けた士族的愛国者

新島が強い感銘を与えることの出来るカリスマの持主だったことは間違いない。しかし、彼のカリスマのもとが何かという問いに対する答えを見つけるのは必ずしも容易ではない。前に触れた植村正久の「新島襄」という文章の、

立派な風采

其の人物の如何んはさて置き、推し出しが好く、愛嬌があって、如何にも紳士らしく見えるのが新島氏人格の特徴の一つである。多くの英雄及び聖徒は風采に於て甚だ不利益な地位に立った。新島はこの点に於て仕合者と言はねばならぬ。或は此の所が彼の最も優れた長所であったかも知れぬ。

（『植村正久と其の時代』第三巻、七一〇ページ）

という言葉などは、キリスト教界の内外で新島が非常に尊敬されているという否定しがたい事実を前にした植村の困惑を反映していると言えそうだ。「或は此の所が彼の最も優れた長所であつたかも知れぬ」という言葉は、植村には新島がそんなにすぐれた人間には思えなかったということの間接的表現と見られよう。

新島は同志社でいくつかの学科を担当したけれども、新島が学科の教師として特にすぐれているわ

けではなかったことは第七章で見た卒業生の回想からも確かであろう。

人当たりの良さ

教場の外での新島の方がはるかに強い印象を与えたようである。個人的に話す機会があった時学生が受ける印象はあたたかい、上から自分の考えを押し付けるのではなく、よく話を聞いてくれる人といったものであったようだ（『創設期の同志社』一四五、二七七ページ）。新島の考えはいろいろな宗教に真理が含まれているという考え（「宗教的多元主義」: religious pluralism）ではなく、キリスト教にしか真理はないという考えだった。これは、説教「初メハ大切、ヨリ終リガ大切」の終わりの、「不信者ヘノ忠告」という部分で「不信者」、つまり非キリスト教徒、を「克々此世ニ出デキタ甲斐モナ」（全二・二二）い人々というように、言っていることからも感じられるし、彼の、

偶像教ハ今日ノ文明ト併行スベカラズ。偽リノ宗教ハ人心ヲ乱リ、人ヲシテ愚ナラシム

（「条約改正ヲ促スノ策」全一・四五一）

という言葉などからも分かる。同じキリスト教でも、カトリックやロシア正教は防いだり、駆逐したりしなければならないと考えていた新島はむしろ狭隘な宗教思想の持主だったろう。しかし、個人的に話す時新島はあまりそういう狭隘さを感じさせなかった。新島とは「非常に親しくして、先生の家にもよく遊びに行った」最初期の学生、中島力造は新島について、「何の宗教でなくてはならない等

と云ふ様に一方に偏する事は無かった」（『創設期の同志社』三五ページ）とまで書いている。しかし、新島の度量の大きさと見えたものの一部はむしろ如才のなさであったろう。新島は仏教に何の価値も認めなかったが、彼を訪ねた仏教の僧を彼の「懇切親愛」によって「感服」させている（大内青巒の弔詞、『同志社談叢』第十号、七二ページ）。

熱誠の人という印象

新島のカリスマを構成した一要素は彼の与えた熱意と至誠にあふれた人という印象であろう。明治一〇年代の終わりごろに同志社で学んだ池田寅次郎は、当時同志社の教師中にいた金森通倫、浮田和民、市原盛宏といった雄弁家に比べて雄弁という点では劣ると思われる新島の演説説教が彼等の演説説教に比べてはるかに強い感銘を与えたことについて次のように書いている。

> 新島先生の演説説教に至ると、諸先生の如く雄辞［弁］と云ふのでは無いが、言々肺腑より出で、語々至誠迸り、学生は咳払ひするものさへ無く、誰も随喜の涙を流した。此一事は到底他人の企及する事の出来無い点であらうと思ふ。（『創設期の同志社』一四四〜一四五ページ）

新島が次の二つの卒業生の回想に見られるように異常なほどよく泣く人だったことも、熱意と至誠にあふれた人という新島の与える印象を強めたものと思われる。

毎朝の集会に度々講堂で先生の話しを聞いたが、先生は非常に情的の人で、然も熱心の余り、何時も話の始めから終り迄泣き通しで語って我々を教育せられた。

（村上小源太の回想『創設期の同志社』六三ページ）

新島先生はいつも朝の会に出席せられた。外国ニ行かれて居た時の外は、必ず出て話をせられたものである。そして其の話がまた涙と共にせらるゝと云ふのだから、非常に感じたものであった。

（松尾音次郎の回想『創設期の同志社』二二六ページ）

天性の演技者？

しかしながら、新島には表も裏もない熱意と至誠の人というイメージからはみ出してしまう人を操る人間という面があったことは私達のすでに見たところである。例えば、ラトランドでも帰国直前の新島は涙を流しての熱意あふれる訴えによって聴衆を感動させ五千ドルの寄付金を得たのであるけれども、その時彼は日本に帰って設立しようとしている学校が聴衆にはキリスト教の伝道者養成所としか取れない訴え方をした。しかし、第七章で説明したように、帰国直後の新島が日本人の知人や友人に日本での学校設立の計画について説明したりそのための援助を求めたときは、明らかに彼はそれを伝道師養成所などではなく一般の日本人のための教育機関として説明している。後年新島が大学設立運動に傾けた情熱から見ても、彼は本当は帰国して「大学」を設立したいと思っていた。しかし、正直にそういうのではアメリカン・ボードの年次大会という場での聴衆からの募金に成功する見込みがないから、彼は伝道者養成所と理解される言い方をしたのであろう。目的を達するためには、本当には思っていないことを涙を流して言える人間であった新島には天性の演技者という一面があったのではないか。

自責事件

新島をめぐるエピソードとして、ラトランドでのアピールなどとならんで有名なのは一八八〇年に起こったいわゆる「新島先生自責の鞭《むち》」のエピソードである。簡単に言えば、クラスの合併に対する不満から一部の学生の集団無断欠席などが起こり、それに対する処置に苦慮した新島が、無断欠席などの校則違反の行為が生まれたのは校長の自分の不徳のいたすところだから、校則違反の生徒でなく自分を罰するとチサの枝ないし杖で自分の手（手のひら＝掌）を、枝が折れていくつかにちぎれるほど強く打ったといった事件である。森中章光編『新島襄片鱗集』九三ページの「「新島先生自責の鞭」としていつも新たなる感激のうちに語り伝へられて今日に及んでいる」という言葉が示唆するように、この自責事件は一昔前までは新島というとまずこの事件が思い起されるほど人々の新島イメージの中核にあるエピソードであった。（この事件については、本井康博氏の著書『新島襄と徳富猪一郎』の第一章「「自責の杖」事件をめぐって」で非常に興味深く論じられているので、この事件そのものに関心のある読者に一読をお勧めする。）私にはこの事件も新島の生まれながらの演技者という一面を示しているように思われる。新島の自分の手を打つのに使ったものは、「杖」と言及されることもあるが、自宅の庭にはえているチサの木から当日の朝「その枝を一本ちぎって朝拝にのぞんだ」（和田洋一『新島襄』二三三ページ）というのが真相であろう。普通は持ってこないチサの枝を持っていたということは、この自責という行為がとっさにやったことではなく、前からやるつもりで準備していた演技的行為であることを示唆する。そして、「杖」が折れていくつかの破片になるほど力をこめて手を打ったこと（つまりみんなが見ているに耐えなくなるほどの強さで）、止める人が出ても手を打ち続けようとしたことなどはみな自分の行為の効果を高めるための演技と解釈できる。本井氏が前述の著書の二六ページに引かれているこの事件に対する徳富猪一郎の評、「芝居も芝居、大芝居」はよくそのことを見抜いた言葉だったといえよう。本井氏の引かれた言葉は北垣宗治「新島研究に関して望むこと」から取られているけれども、この文章は北垣宗治『新島襄とアーモスト大学』に再録されている。それを見ると、一九五二年五月二一日に同志社での講演のあと徳富猪一郎は懇談会での教職員からの自責の鞭の場面に居合わせて、「どういうふうに感じられましたか。」という質問に答えて、

ああ、新島先生の病気がまたでたわい、と思いました。

（『新島襄とアーモスト大学』三三三ページ）

と答えている。その後に出てくる、「ああ、芝居も芝居、大芝居。けれども役者がちがう。先生は役者が四枚も五枚も上でした。」（同）と関連づけていまの言葉を解釈すると、徳富猪一郎は新島には非常に巧みな常習的演技者という一面があることを見ていたということになろう。これは本書で私達が見てきたことと一致する。

ラトランドでのアピールなどからうかがわれるのは、新島の場合は、熱涙と人を操るための計算が

共存出来たということである。彼はあるいは自分の演技に陶酔出来る人、自分の演技に酔っていつの間にかそれが演技であったことを忘れてしまう、といったタイプの人だったのかも知れない。『同志社時報』第八八号（新島襄永眠一〇〇周年記念増刊号）（一九九〇年）に掲載された文章の一つで筆者が「新島は、理解しやすい人間ではない」とか、「その行為には謎が多すぎる」（木下尚一「ハーヴァードで出会った新島先生」『同志社時報』同号、一五二ページ）と書いていられるのを、私は率直な感想として興味深く感じた。新島を理解しにくい人間にした最大の理由は彼が演技をする人間であったためではなかったか。

愛国者の顔

新島がアメリカに向いたときも、日本に向いたときも比較的変わりなく見せたのは、愛国者としての顔である。二度目の欧米旅行の頃から欧米人向けに英語で書いた文章の中にも、新島の愛国心の表白が目立ってくる。例えば、スイス旅行中の一八八四年八月六日に心臓発作を起こして死ぬかもしれないと思ったとき書いた英文の遺書には、「これを読む人は、私の愛する祖国、日本のために祈って下さい」（Hardy. p. 269）とあるし、ヨーロッパへ向かう途中の船中で書いたハーディー夫妻宛の一八八四年四月二七日付手紙にも、「私の心は絶えず私の深く愛する日本に飛んで行きます」（全六・二二八）とある。新島はアメリカ人向けの「日本におけるキリスト教主義高等教育のためのアピール」にも、

アジアの最も美しい国、日本よ。（全七・三六四）

以下、自分の愛国心を吐露する言葉を入れている。

新島は日本人に向かっては一層自分の愛国心を隠さなかった。欧米人中有数の知日家チェンバレンがやがて「愛国だけが日本人に残された唯一の理想と言ってもよいかもしれない」(Basil Hall Chamberlain, *Things Japanese*, 4th ed. London: John Murray, 1905, p. 271) と評するように、愛国心の強いことは明治の日本人にとっては大きな美徳であったし、キリスト教徒は、外国の宗教を信ずるものとして愛国心の欠如を疑われがちだっただけに、新島はなおさら愛国心の大切さを強調したのかも知れない。同志社に教員や理事として在職した清水泰次郎は勤めはじめるとき、新島に「同志社の目的」を尋ねた。それに対して、「唯日本を救ふと云ふより外何物も無いと、先生は答へられた」(『創設期の同志社』、一六八ページ）と清水は回想している。ただ、愛国心だとか国家思想が強いということは当時の日本においてめずらしいことではなかった。同志社に来た熊本バンドの人々も概して強い愛国心や国家思想の持主だった。さらに、新島の死後の日清戦争や日露戦争を経た時期になるとある意味で日本は愛国者でいっぱいになった。確かに新島の中心的メッセージであったと思われる、愛国者たれ、というメッセージをよりよく理解するために、彼の愛国心の特徴を考えてみよう。

抽象的な愛国心の対象

まず、新島の愛国心の対象となった祖国日本はずいぶん抽象的にとらえられていた、と言えそうだ。愛国心は多くの場合、生まれ育った国の風土、歴史、文化的伝統などに対する愛着によってはぐくまれるものであろうが、新島の愛国心はそういう具体的なものとの結びつきが薄かった。新島が日本を救うための活動の場とした同志社もそのことを反映していた。

まず、すでに第九章第一節でもちょっと触れたように、新島のいた頃の同志社の教育が具体的な「日本」を非常に軽視する西洋一辺倒のものであった。このことは、

桓武天皇以来永き皇宮たりし平安の城の辺に在りながら、都の歴史を探《さぐ》る〔も〕ぐらず、接する文物に何の感をも持たなかったと云ふのは、かゝる方面に先輩の導きが無く、学生の精神を一方にのみ引きつけたからである。〔中略〕我々は一から十迄ハワイかカリホルニヤの様な未開地に在って学んで居る様な気がして、同志社の空気は日本国の空気宗祖以来歴史的の都の空気を呼吸して居るとは、どうしても思はれ無かったので有る。

（『創設期の同志社』九六〜九七ページ）

という湯浅一郎の回想からもうかがわれよう。

新島のいた頃の同志社においては、日本の学校でありながら、そもそも教授用語が英語であった（第九章第一節参照）。こういう日本の言語や文化の軽視ということは女学校でも同じだったことは、

普通科に入学致しましてからは英語が主で、日本のものは極めて僅でありました。

（『創設期の同志社』三七四ページ）

という内田政の回想からうかがわれる。

このような日本文化を軽視した同志社の中にあって、一部の学生にとって日本の文化的伝統への橋渡しとなったのは、池袋清風という歌人が学生としていて希望者に和歌を教えてくれたことであった。岸本能武太はこのことを「同志社の西洋一辺倒の偏破〔頗〕な教育に対するアンチドートとして大変な貢献であったと信ずる」（『創設期の同志社』、三〇ページ）と高く評価している。しかし、新島は池袋清風による和歌の指導に価値を認めなかった。小野英二郎の回想中に次の言葉がある。

今一つ同志社の学風で見逃す事の出来ないのは、池袋清風で和歌の奨励をした。岸本〔能武太〕、新原〔俊秀〕等はその弟子であった。新島先生はこれは嫌ハれた。或る時先生ハ、和歌が流行するのは困ると云ふ様な事を云ハれた。（『創設期の同志社』三〇八ページ）

外国人に実権　新島がいる頃の同志社はまた宣教師である外国人教師に実権がある学校であった（第七章参照）。だから校長である新島の言葉も外国人教師によって無視されることがあった。内田政は自分自身の経験を例に挙げて、

校長先生の言はれる事さへ通らなかった位でありましたから、当時の宣教師が如何に勢力がありましたかは推測する事が出来ます。（『創設期の同志社』三七六ページ）

と書いている。

勢力のある外国人教師への反感が引き金となって一八八六年には九人の学生の同盟退校事件まで起こっている。この時の同盟退校者の一人、青木要吉はその動機を、

グリーン博士始め外国人が跋扈して、日本人の意見は更に用ゐられぬ乱れた学校に教育されて居りたく無いと云ふのが、当時最高級五年生の私共の考へであった。（『創設期の同志社』二一三ページ）

と説明している。彼らの残した「退校願書」（『同志社百年史――資料編一』六四二～六四五ページ）は一八八六年三月一〇日付だが、日付から見て同盟退校直前の同志社の内情を示すと思われるのが「同志社生徒某より投書」（新島襄宛　一八八六年三月七日）（『同志社百年史――資料編一』六四五～六四六ページ）である。「校内苦情ノ風説」を集めたこの「投書」には、同志社で外国人教師があまりにも勢力を持っていることに対する生徒の、日本人としての反感の現れと解釈出来そうな項目がいくつかある。

（1）西洋教員ト日本人生徒ト不和ナル事
（2）就中グリーン氏ヲ蛇蝎視スル事

とか、

（13）大切ナル教授法ヲ西洋教師ノ手ニノミ委子米国風ニナス傾向アリ日本教員ハ之ヲ駁セズ却ッテ賛成スルコトアルハ尤モ生徒ノ不平アル所ナリ
（14）西洋教師ノ来校ハ無用日本ノ大学卒業生ヲ雇込ムカ下村氏ヲ呼返ス事［後略］

（同書、六四五ページ）

などがそれである。新島が校長をしていた頃の同志社はこのように一面では国家観念とか日本人としての自覚が強ければ強いほど不満を感じさせるような性格の学校だった。「蘇峰自伝」の「米国化せる同志社への不満」と題する一節には、例えば、次のような言葉が見える。

予が同志社に至って第一癪にさわったのは、宣教師の態度であった。何やら彼らが傲慢無礼であるかのごとく感じた。［中略］第二は学生の中に頻りに宣教師ことにその夫人等に向って、胡麻をする輩を不快に感じた。彼等は日本男児の真面目を潰す者ではないかと感じた程であった。それから何事もアメリカ、アメリカといい、日本の事を全く忘れているようであるのを、これまた頗る不快に感じた。

（『日本人の自伝』第五巻、五九ページ）

「宣教師学校」に安住

新島は国家観念が強いと言われる人だったけれども、こういう同志社にいながら外国人（宣教師）の「跋扈」や「傲慢」に対する反感とか、同志社のアメリカ一辺倒に対する不満といったものを全然といっていいほど口にしなかった。同盟退校した学生や蘇峰と違って、新島がそういう同志社に安住出来たのは、彼が根からの米国崇拝者、欧化主義者であったこと、そして、恐らく、「米国宣教師の全権の下」（『日本人の自伝』第五巻、五五ページ）にある同志社を受け入れることによって得るものが事業の上でも個人の上でもあまりに大きかったからであろう。彼の事業は、第一にアメリカからの金に依存したものだったし、アメリカン・ボードから自国に派遣された宣教師として新島はアメリカから来る金によって生活していたからである。

福沢諭吉は同志社開校の翌年の一八七六年に発表された「字を知る乞食」という文章で、外国人から来る金に頼って衣食しながら日本のキリスト教化を計るような人間を痛烈に批判している（『植村正久と其の時代』第一巻、五二三～五二五ページ）。その文章の中に次の言葉がある。

然るに彼の乞食生は己が身にこそ乞食をすれども他人の世話を焼くことは又非常なり日本の人民を導て道徳の門に入れんと云ひ、日本の衆生を救ふて耶蘇の宗旨に誘はんと云ひ、日本人の迷ひには困ると云ひ、日本人の不徳には恐るゝと云ひ、兎角日本の事のみに忙はしくして其有様は恰も日本人の為に極楽の桂庵、道徳の口入れする者の如し　　　　（同、五二五ページ）

新島と違って、福沢は自分の事業を進めるために他人から金を募るといったことをしない人だった（西田毅「新島襄と福沢諭吉――「自治自立」と「独立自尊」の間」学校法人同志社編『新島襄――近代日本の先覚者』二〇九ページ)。日本人から金を募ることさえ断固拒否した福沢にとっては、新島のように外国人の金に頼って事業をするなどということは、日本人の独立心をそこない日本の独立を危うくするもってのほかのことと映ったのではないか。新島は国家思想の強い人、愛国者といっても一切そういうことが気にならない人だったように見える。

要するに新島は欧化主義時代の愛国者だった。新島が校長をしていた頃は確かに宣教師があまりにも勢力をふるうことが一部学生に反感を抱かせることもあった。

欧化主義の時代

しかし、大多数の日本人が日本が欧米に比べて遅れていると思っていた時期であるから、宣教師はそれでも同志社に学生を引きつけるためのいわば目玉商品だったのである。これはN・G・クラーク宛の一八七九年一一月一三日付の手紙で、新島が同志社の教員会議での合意事項として「宣教師は普通科の生徒を教えることを継続すること、なぜならこれが同志社に第一級の学生を引きつけ、彼らをキリスト教の影響下におく手段であるから」(全六・二〇六)と書いていることからもうかがわれよう。同盟退校事件が起きた頃でも同志社学生には英語が出来る出来ないということで人間の価値を判断するような傾向があった。このことは十分な英語力がないため諸科目を原則として日本語で学ぶいわゆる邦語神学生がなまじ英語を少し学ぶためにその英語が出来ないことが露顕して馬鹿にされることを述べた「同志社生徒某より投書」中の次の言葉からも分かる。

邦語神学生ガ英字ヲナスヨリ一年生ノ小児カラマデ軽蔑誹謗セラル丶事

（『同志社百年史――資料編一』六四五ページ）

三十五歳で邦語神学生になった池袋清風が英語が出来るようになりたいという見果てぬ夢を持ち続けたことは『池袋清風日記』から感じられるが、彼は親しくしていた教師のグリーンのうちで、グリーンの子の「三歳のラジヤ」がすでにちゃんと英語で話すのを聞き、さらにグリーンのうちの子守女が前年に生まれた歩き出したばかりの我が子を指して、

此赤子ニシタ早クモ日本人ニハ日本語、父母兄弟ニハ英語ヲ用フルヲ知レリト。

（『池袋清風日記――明治十七年　上』一一〇ページ）

というのを聞いた。池袋は、自分はこの赤ん坊にも及ばない、まして自分より二〇歳も若い一四、五歳の生徒に及ぶわけがない、ただ英語を学びたいという昔からの志はあるものの年だけとっていく（同）といった感慨に沈んだ。こんなのも西欧が日本人にとって万事について模範、基準とされた欧化主義の時期らしいエピソードであろう。

新島の晩年、キリスト教が伸びたのも、同志社の学生数がふえたのも、大学設立運動に対して日本国内で予想外の支持が得られたのも、みな欧化主義の時代ということと関係があった。同志社女学校の卒業生（田中竹）の回想にある同志社を参観に来た「伊藤公、井上侯等の名士」が、

料理は女中がして呉れます、子供は乳母が育てます、あなた方は唯英語を学びなさい、そして西洋文明に一日〳〵接して行く事が目下の急務でありますと説かれました。

（『創設期の同志社』四〇三ページ）

という話はよく欧化主義の時期の雰囲気を伝えていると言えるだろう。

現世への強い関心

新島は西洋一辺倒であることがそのまま愛国的であるようなこういうちょっと不思議な時期の精神を体現した愛国者だった。新島は説教で「己の霊ヲ天国ニ入ラシムル、是最上ノ目的ヲ達セリト云ベキナリ」（全二・一九）というように、人間にとっての究極の目的は死後天国に入ることである、と取れることをいうこともあったけれども、彼は概して現世への関心の強い人間だった。だから、キリスト教がなぜ必要かということもこの現実の世界との関連で説明することが多かった。例えば、「文明ヲ組成スルノ四大元素」とか「文明ノ元素」という題の講演でもそうである。新島は文明国、文明社会を作るためになくてはならない元素として「智識、財産、自由、良心」（全一・三八七、三八九）の四つを挙げる。良心は道徳心とも言いかえられるが、「道徳心ハ何ニヨリ得ベキ、宗教ニヨル」（「文明ノ元素」全一・三九一）という言葉が示すように、文明の不可欠の要素である道徳心を与えるものとして宗教の必要が説明されている。「梅花女学校ニ於ケル女子教育」（全一・四一九〜四二二）という講演で、新島は、はじめに世間の人々の疑いを晴らしたいとい った意味のことを言う。疑いというのは、キリスト教徒が女子教育に従事するのは、教育を名として生徒を網にかけ、彼らをキリスト教徒にするのをねらっているのではないか、という疑問である。新島の答えは分かりにくいが、改宗そのものが目的というより、真の目的は社会改良である。しかし、社会改良の基礎として「智徳併行ノ教育」がなくてはならない、そこで道徳心を養うものとしてのキリスト教が出てこざるをえない、ということのようだ。新島は、「我ガ学校ヨリ基督教ヲ抜出シタナレバ其ノ結果ハ他ニアラズ、人殺、強盗、姦淫、飲酒、放蕩、虚喝、其他百般ノ悪事顕出シテ社会ノ良民ヲ蚕食シ、良風俗ヲシテ腐敗ニ至ラシムベシ」（全一・四二〇）という「米国ノ或ル教育家」の見解を引用している。

新島の価値観においていかにも宗教的と感じさせるようなものの比重は比較的小さかったように思われる。彼はいわゆる宗教的安心立命にそれ自体としてたいした価値を認めなかった。このことは、例えば、彼の一八八〇年の文章「人種改良論」からの次の引用からもうかがわれよう。

国家ヲ欧亜ノ二大洲ニ振興セシムルノ念慮モナク、何ノ出来事モ皆是ハ天命［ト］云、天命ニ任セ遠大ノ策モ立テズ、国体ノ改良モ計ラズ、日々ニ国勢モ衰頽危急ノ場合ニ至ルモ安心シテ天命ナドト云、更ニ進歩ヲ計ラザル等ノ宗教ハ其害タル甚シキナリ　（全一・三五九）

道徳学としてのキリスト教

新島にとってはキリスト教は何よりも「道徳学」であった。くりかえし「智徳併行の教育」の大切さを説いた新島は一八八〇年の講演「学問之説」（全一・三四九〜三五四）ではそれと同じ趣旨のことを学問について言っている。学問には、「智ヲ養フノ学」と「徳ヲ養フノ学」の二種類がある。日本では、明治維新以前は「道徳ノ学問ニ止マリ芸術技芸ハ更ニナシ」（全一・三五三）で、いわば「一足の学問」だった。維新後はというと、反対に、「学問ハ唯学術技芸ノミ限ト見做シ、古聖人ノ道徳学ヲ廃シ」たけれども、その結果は日本の学問が依然として「一足の学問」であることに変わりない。「学術技芸」は進んだけれども、古聖人の道徳学を廃した結果、「浮薄ノ風起、廉恥ノ風地ヲ払テ空しく、現今実ニ流涕長太息スルニ至ノ弊風ヲ生ジ学問ハ唯々糊口利己主義ニ流レ、天下ハ如何ナルトモ深ク憂ヘザルノ極ニオチイレリ」（全一・三五三）といった嘆かわしい状態になった。「一本足の学問」ではだめで「二本足并立」の学問でなければいけない。

新島はここでは徳川時代に儒教（「古聖人の道徳学」）が果たした重要な役割を認めているわけである。しかし、西洋からいろいろな「智ヲ養フノ学」が入ってくるようになった今それと儒教とを合わせてうまく「二本足并立」の学問になるかというと、父兄の力の強かった徳川時代に「大ニ功ヲ奏」した儒教（「孔孟ノ道」）も今は「深ク人ノ心ニ入ラ」ないようだ。新島は結論として、西洋から「理学トカ人権トカ自由トカ」が日本に入ってきて学者に影響を与えているこの時代には、「此理学ノ此民権、此自由ノ行ワルヽ西洋之国ニアル道徳ヲ求メザルベカラズ　其道徳学ハ何ゾ、耶蘇教也」（全一・三五四）と言っている。

新島の育てようとした人間

一八七四年四月三〇日付のアメリカン・ボード宛の手紙では儒教の教えに満足出来なくなったことを言明した新島であるけれども（全六・一三六）、一〇年の海外生活を切り上げ日本に帰ってからの新島は、だんだん儒教を見直したようだ。それは「人種改良論」の中の、「支那古聖人ノ道ハ実ニ結構ナル教」（全一・三六〇）という言葉からもうかがわれよう。それから、もう一つ新島が見直したのが、前にも触れたように、武士の間に培われてきた特有の気象、態度、価値観といったものである。しかし、明治維新後の改革によって武士というものがなくなってしまった。そのことについては同じ「人種改良論」で新島は次のようにコメントする。

我日本ハ武士ノ職廃セリ、随テ廉恥ノ風地ニ落ツ、別ニ此気象ヲ養生スル方ヲ求ムベシ

（全一・三五七）

儒教の教えも武士の価値観もあの世などというものに関心を向けることの少ない現世中心的なものと言ってよいだろう。キリスト教を第一に道徳学としてとらえた新島がキリスト教に期待したのはその力によって、江戸時代に儒教の教えと武士としての生活によって培われた道徳心や気象と似た道徳心や気象を持った人間が生まれてくることだったようだ。

同志社という、それを宗教学校、伝道師養成所と見なしがちな宣教師が勢力をふるう西洋一辺倒の

学校を自分の第一の事業とし、自身多くの点で全く欧化主義者でありながら、自分の望ましい人物像のイメージを過去から取ってきて、儒教と武士の生活で育まれたと信じたそういった人間に近い人間（例えば、「人種改良論」に出てくる「鉄膓男子ヲ作リ出ス事」（全一・三七五）という言葉が指すのもそういった理想的人物像であろう）をキリスト教の助けで作り出すことを願った新島は非現実的な夢を見ていたといえるかもしれない。

「良心を手腕に運用する人物」

「同志社大学設立の旨意」の中に同志社教育の目指したものを示す言葉として、「良心を手腕に運用するの人物を出さんことを勉めたりき」（全一・一三二）という言葉がある。新島が良心の大切さを強調した人間だったことは、一八八九年一一月二三日付の横田安止宛の手紙といった私信にも、「益良心之全身ニ充満シタル丈夫ノ起リ来ラン事ヲ望テ止マザルナリ」（全四・二四五）と言った言葉が現れることからも分かる。新島は同志社の学生がそういった「良心之全身ニ充満シタル丈夫」となって世の改革者となることを望んだようだ。当時普通科の学生だった古賀鶴次郎宛の一八八九年一一月二日付の手紙に、

今ヤ満天下腐敗矣、之カ為ニ涙を灑く者幾人カある、君等宜しく改革家となりて此不潔なる天下を一掃し賜へ、決而名利ニ汲々たる軽薄児之轍を踏ミ賜ふ勿れ（全四・二三二）

という言葉がある。

これらは印象深い言葉であることは確かだ。しかしながら、具体的な内容の乏しい言葉とも言える。また、それらの言葉を発した人間が本当に良心的な生き方をしたことを保証するわけでもないであろう。「良心を手腕に運用する人物」という表現が最初に出てくるのは、徳富蘇峰が執筆した『国民之友』第十八号掲載の「私立大学」という文章中であるから（河野仁昭「新島襄の大学設立運動（三）」『同志社談叢』第十一号、一一〇～一一一ページ）、この言葉は新島ではなく蘇峰の言葉なのかも知れない。平民主義をとなえ、藩閥を批判してきた蘇峰が、一八九七年に第二次松方内閣の内務省勅任参事官に就任したことによって「変節漢とか、藩閥への降伏者」（「蘇峰自伝」『日本人の自伝』第五巻、一二五ページ）と思われたことはよく知られている。だからこれらの新島に帰せられる言葉が、単なる美辞麗句を越えたものだったと人に受け取られるためには、新島がそのことを自分の生き方によって証明する必要があったといえるかも知れない。新島が一八九〇年一月に四七歳の若さで急死したことは、新島からその機会を奪ってしまった。

未完の物語

内村鑑三は一八九九年一月に「悪口の言ひ初め」という文章を発表した。その中に次の言葉がある。

◎駄目だ、駄目だ、駄目だと云ふ奴が皆んな駄目だ、宗教家だとか、精神家だとか称へて事を為す時には、世の俗人と同じく法方と策略とのみ講じて、信仰と精神とを顧みざるものは皆駄目なんだ、コンナ者に改革も何も出来るものか。

◎ナニ、精神一発何事か成らざるだ、君は其通り自分で信じて居るのか、ナゼソンナラ政治家共の門を叩くのだ、ナゼ金持ちの補助を頼むのだ、僕は策略家の精神談は大嫌ひだ。

（『内村鑑三全集』第六巻、二九八ページ）

この文章の初出は内村が主筆をしていた『東京独立雑誌』一八号（一八九九年一月五日発行）だが、一八九九年一月五日というのは同志社社員が綱領削除問題に関連して連袂辞職してから八日後のことである。そして、すでに一部を引用した「俗と神とに並び事へんとせし同志社の、今日の非運に迫りしは決して怪しむに足らず」で始まる同志社についての内村のしんらつな批評の文章が載ったのが一八九九年一月一五日発行の『東京独立雑誌』一九号である。そのせいか、私はいま引用した「悪口の言ひ初め」の部分を読むと、ひょっとしたら内村はそれを新島を念頭に浮かべながら書いたのかも知れないと感じる。新島は、上の引用した「満天下腐敗」といった言葉からも分かるように、日本を「駄目だ、駄目だ」という人間だったといえよう。同時に新島は政治家の門を叩き、金持ちの補助を頼んだ人だった。新島の一見印象的な言葉も、内村が大嫌いだと言った「策略家の精神談」の類いだったのだろうか。

そのような解釈を誘うように思われることもなくはない。一つは「満天下腐敗」とか「不潔なる天下」とかいう言葉は強い響きを持っているとしても、具体的な政治批判や社会批判ではないから誰を怒らせることもないということである。当時の有力な政治家や財界人から援助を受けたことと関係があるのか、政府や政府に近い人々を批判したようにとれる言葉は新島の書いたものの中にはあまり見つからない。

さらに、「富貴功名ナニモノゾ」（全四・二三二）といった言葉からうかがわれるように、富や名誉を軽視することを標榜したにもかかわらず、実際には新島は、同時代の日本のキリスト教界の人々との比較では、おそらく外の誰よりも経済的にも、名誉という点でも成功者であった。微禄の藩士の子として生まれた新島がなし遂げた社会的上昇は、例えば、晩年健康が悪化した新島が、上京した機会を利用して、まるで自分自身が上流階級の一員であるかのように、東京大学教授ベルツ（全五・三〇一、三〇五、三四五、三四八参照）、陸軍軍医総監橋本綱常（全八・四三九および全五・三〇〇、三〇三、三四四参照）といった当時上流階級の人々の間で最も頼りにされていた名医の診断を受けていることにも象徴的に示されているように思われる。ベルツの診断を受けるに当たっては、新島は森有礼に一八八八年四月二〇日に紹介を頼んでいるが（全五・三〇〇）、現職の文部大臣の紹介の威力か、三日後の四月二三日には早くもベルツの来診があった（全五・三〇二）。新島が経済的に恵まれていたことについては、第九章第二節ですでに触れたので、ここではこの世的功名ということについて一言書こう。新島は一八八九年にアマースト大学から名誉法学博士の学位を受けている。さらに、彼の死んだときは、「板垣、後藤、大隈、井上の諸伯を始め、朝野の知己朋友は何れも吊詞を送り、電信織るが如く大磯電信局にては三名の技手専ら之に従事せしも猶ほ其繁忙に堪へざる程なりしと云ふ」と池本吉治編『新島襄先生就眠始末』一一～一二ページにあるが、これほど広く社会から偉人扱いされて死んだキリスト者は明治期には外にないのである。

富や名誉を軽視するような言葉に新島の本当の価値観が現れているのか、それともそういった言葉は隠れ蓑に過ぎず、彼の本当の価値観は別であったのかは、判断に苦しむ問題である。例えば、名誉学位を受けたことを例にとろう。この件に関して新島が書いたハーディー夫人宛の手紙（全六・三六二）に出てくる「私は自分がそれ［名誉学位］を受けるに全く値しない人間だと思いました」とか「私はその時はそれを辞退しようと思っていました」といった新島の言葉に重きを置けば、新島は名誉などということには無欲な人間だということになろうし（コラム42「名誉学位」『現代語で読む新島襄』二五七ページ参照）、「余の博士を辞退したのは徹頭徹尾主義の問題である」（「博士問題の成行」三好行雄編『漱石文明論集』二三九ページ）と、最後まで文学博士号を固辞し続けた夏目漱石とは違って、新島が友人達の意見を聞いたすえ結局は名誉学位を辞退しなかったことに重きを置けば、名誉欲に駆られ、それを満足させる生き方をしながら、しかも無欲な人間という評判も維持しようとたくみに立ち回った偽善者（そのことを新島がどこまで自覚していたかどうかは別として）といった解釈も出てこよう。ある意味では常に権力、財力、特権を持つ人間達（新島の時代においては欧米人もこの範疇に入りそうだ）に近づき続けた新島の場合は、後者のような解釈も全く排除し去ることは出来ないのである。

残された疑問

いずれにせよ、新島があと二〇年、せめて一〇年生きていたら彼の実像がはるかに鮮明になったと思う。欧化主義の時代が終わって、キリスト教にとっても同志社にとっても困難な時期になったことにはすでに触れた。新島が生きていたら彼はどのようにそのような状況に対処しただろうか。内村鑑三は一八九九年に英文の「キリスト教を捨てた著名な日本人」という文章（『内村鑑三全集』第六巻、四五九〜四六四ページ）を発表した。その中で挙げられている一五人のうち六人までは同志社で学んだ人間である。もっともこれらの同志社関係者が全部キリスト教を捨てたといえるかは疑わしい。中には活動領域を伝道からより世俗的な領域に変えただけの人もあろう。現世での活動を重視する人間だった新島にもこのような方向展開は考えられなかっただろうか。同志社とアメリカン・ボードが対立するという状況で彼はどちらに組しただろうか。新島も同志社に学生を引きつけるための大きな障害となっていた徴兵猶予が認められていない問題を解決するため、綱領の一部削除に同意しただろうか。新島は一八九〇年に公布された教育勅語などに基づいた徳育を重視する別のタイプの智徳並進の教育をどのように評価しただろうか。キリスト教と教育勅語の精神は両立しないといったキリスト教への攻撃に対してどのように対処しただろうか。新島の死後一八九五年から一八九七年まで同志社補習科で学んだ山川均は多くのキリスト教徒が「平気で神と天皇とにかねつかえているのを見て、私は教会のキリスト教なるものの信仰を疑うようになった」（「ある凡人の記録」『日本人の自伝』第九巻、三〇六ページ）と書いているが、生前の講演や説教で「我輩ハ敢而政府ニ抗スルモノニアラズ　常ニ国ノ良民タラン事ヲ求ム」（全一・四五四）と言ったり、「愛国ノ精神ト基督ノ愛ト、何ノ齟齬スル所アルヤ」（全二・五九）と言っていた新島もそういうキリスト教徒の一人となっただろうか。一八九〇年の新島の死はこういう問いを答えのない架空の問いにしてしまった。その結果は私達の新島像にはいつまでたっても焦点を結ばないぼやけたところが残ることになったのである。

新島精神

確かなのは、それがどこまで新島の本当のえらさによるのか、どこまで自分の理想化されたイメージを（決して事実そのままを書いたとは言えない「同志社設立の始末」などを通して）売り込む彼の巧みさによるのかは別として、新島の残した印象は、しばらくの間一種の新島崇拝を同志社で生きて働く力とするに十分なだけの強烈さを持っていたことである。生前の新島に会ったことは一度もなかった山川均は彼の同志社在学時代について次のように書いている。

新島先生がなくなってから数年を出でなかったから、まだ追憶の新たな新島先生によって、学生も教師も、しっかりと結びつけられていた。何か問題があるごとに、新島精神と、新島先生の教訓や逸話やエピソードが、必ず引合いに出された。こういう空気のなかで、私は、まだヤソ教が何だかを学ばないうちに、いつのまにか新島先生の崇拝者になっていた。

（「ある凡人の記録」『日本人の自伝』第九巻、二九二ページ）

新島の遺産としての「新島精神」が単純にキリスト教精神といったものと同一視出来ないのは、新島の記憶がまだ新たな頃「新島精神」に特に引きつけられたのがどうやら士族精神を強く残存させているような地方からやって来た士族の子弟の中に多かったように思えるからである。山川の「ある凡人の記録」の同志社在学時代についての部分からまた引用してみよう。

ある土曜日の夜、遠足からかえると、予備校の公会堂にアカリがついているので、はいってみると、私たちよりは二つ三つ年上らしいがちかごろ補習科にはいって来たばかりの、丹波の国の豪傑が演壇に立って熱弁をふるっていた。同志社の学生はいまや昔日の新島精神を失い、とうとうとして時流を追い、酒をのみ煙草をすうて恬として恥じざる者がある、その上予備校の二年にもなると、コテだとかビフンだとかいって得意になっている軽佻浮薄な徒輩がいる……同志社の校風いまいずくにありや、というわけだった。コテとはポテ（ポテト）、ビフンとはビーフのことで、この豪傑はまだ補習科でＡＢＣをはじめたばかりだったので、コテやビフンと聞きちがえていたらしい。

（『日本人の自伝』第九巻、二九七〜二九八ページ）

山川によれば、豪傑は「左の手でヘコ帯をつかみ、アゴを後ろに引き、肩をいからせて、斜になって歩くもの」で、「特産地は九州で、特に熊本と鹿児島とが本場だった」（同、二九八ページ）という。

伝統の力

新島は晩年になるに従って自分について士族的イメージを投影することが目立ってきたようだ。死去の月に作った、

廿三年の春を迎へて

一月五日
○石かねも透れかしとてひとすじに
　　射る矢にこむるますら雄の意地
（「漫遊記事」全五・四〇八）

という和歌もその例である。晩年の新島が豪傑の「特産地」に寄せた特別な親近感は、同志社の卒業生で助教を勤める「鹿児島人なる山路一三」を徳富猪一郎に紹介するために書いた一八八九年七月二日付の手紙にある、

同志社ニ取リ而も彼地方之壮士之入リ来る事ハ甚好ましく、殊ニ九州男子之気風を校内ニ吹かしめ近畿之婦［女］子風ハ全ク搏滅致し度候
（全四・一七〇）

にも現れている。

以前に言及した植村正久の新島論の結論とも言えるのは次の言葉であろう。

新島は日本伝道の一大預言者たるべき人であったが、洗礼を受けた企業的豪傑として畢ったのである。
（「新島襄」『植村正久と其の時代』第三巻、七一二ページ）

植村の「洗礼を受けた企業的豪傑」という規定の中で重みのあるのは、「洗礼を受けた」（つまり、キリスト教徒になった）という部分より「企業的豪傑」という部分であろう。

植村は新島がキリスト教徒であること自体は全然疑問視はしなかったけれども、彼がキリスト教指導者として期待に応えたとは思わなかったのである。植村にならって、別の言い方をさがせば、一〇年の海外生活を通じて極端な欧化主義者となった新島も結局、洗礼を受けた士族的愛国者として終わったと言えるかも知れない。日本の文化や伝統を一度は「異教的なもの」として全面的に否定したはずの新島も、結局は彼の中で無意識のうちにも生き続けた日本の伝統の力で死後も影響力を持つことが出来たと言えそうだ。

参考文献（本書中で直接言及したもののみ）

＊は新島研究上重要なもの。

和書（原則として著者名のアイウエオ順）

青山霞村『同志社五十年裏面史』からすき社、一九三一年。

青山なを『明治女学校の研究』慶応通信、一九七〇年。

新井白石著、宮崎道生校注『新訂　西洋紀聞』平凡社、一九六八年。

安中市誌編集委員会編『安中市誌』一九六四年。

池本吉治編『新島襄先生就眠始末』警醒社、一八九〇年。

伊藤彌彦『のびやかにかたる新島襄と明治の書生』晃洋書房、一九九九年。

伊藤彌彦編『新島襄全集を読む』晃洋書房、二〇〇二年。

井上勝也『新島襄　人と思想』晃洋書房、一九九〇年。

井上勝也『国家と教育——森有礼と新島襄の比較研究』晃洋書房、二〇〇〇年。

石附　実『近代日本の海外留学生史』ミネルヴァ書房、一九七二年。

『内村鑑三集　附キリスト教文学』講談社、一九六四年。

『内村鑑三全集』第一、三、六、一三、三六、四〇巻、岩波書店、一九八〇〜一九八四年。

海老沢有道・大内三郎共著『日本キリスト教史』日本キリスト教団出版局、一九七〇年。

大江志乃夫『木戸孝允』中央公論社、一九六八年。

大久保利謙編『森有禮全集』第二、三巻、宣文堂書店、一九七二年。

『大隈伯昔日譚』一、日本史籍協会、一九八〇年覆刻。

太田雄三『内村鑑三――その世界主義と日本主義をめぐって』研究社出版、一九七七年。

太田雄三『クラークの一年――札幌農学校初代教頭の日本体験』昭和堂、一九七九年。

太田雄三『英語と日本人』講談社学術文庫版、一九九五年。

小川与四郎『新島襄の漢詩――行動による詩人の影を拾う』同志社新島研究会、一九七九年。

小沢三郎『幕末明治耶蘇教師研究』日本基督教団出版局、一九七三年。

小原信『評伝内村鑑三』中央公論社、一九七六年。

片山潜「自伝」『日本人の自伝』第八巻、平凡社、一九八一年。

勝部真長ほか編『勝海舟全集』第一一巻、勁草書房、一九七五年。

学校法人同志社編『新島襄――近代日本の先覚者』晃洋書房、一九九三年。

北垣宗治編『新島襄の世界』晃洋書房、一九九〇年。

北垣宗治『新島襄とアーモスト大学』山口書店、一九九三年。

キリスト教学校教育同盟編『日本キリスト教教育史・人物編』創文社、一九七七年。

現代語で読む新島襄編集委員会編『現代語で読む新島襄』丸善、二〇〇〇年。

河野仁昭『新島襄への旅』京都新聞社、一九九三年。

河野仁昭『新島襄の青春』同朋社、一九九八年。

『小崎全集』第三巻、小崎全集刊行会、一九三八年。

*佐波亘編『植村正久と其の時代』第一、三、五巻、補遺・索引、復刻再版、教文館、一九七六年。

新島を、彼の生きた時代や同時代のキリスト者との関連で理解するために有益な資料を、多く含んでいる。

鶴見俊輔『御一新の嵐』記録現代史日本の百年1、改訂版、筑摩書房、一九七七年。
高橋是清著・上塚司編『高橋是清自伝』上、中央公論社、一九七六年。
同志社校友会編『新島先生記念集』第五版、同志社校友会、一九六八年。
同志社社史資料室編集・発行『池袋清風日記――明治十七年　上・下』一九八五年。
＊同志社社史資料室編集・発行『創設期の同志社――卒業生達の回想録』一九八六年。
　新島についても初期の同志社についても興味深い記述に富む。
同志社社史史料編集所編集・発行、『新島先生遺品庫収蔵目録』上、一九七七年。
同志社社史史料編集所編集・発行、『新島先生遺品庫収蔵目録』下、一九八〇年。
同志社大学人文科学研究所編『熊本バンド研究』みすず書房、一九六五年。
『同志社百年史―資料編一』および『同志社百年史―資料編二』同志社、一九七九年。
『同志社百年史―通史編一』同志社、一九七九年。
徳富猪一郎「蘇峰自伝」『日本人の自伝』第五巻、平凡社、一九八二年。
徳冨蘆花『蘆花全集』第十巻、蘆花全集刊行会、一九二八年。
中浜東一郎『中浜万次郎伝』冨山房、一九三六年。
中村健之介『宣教師ニコライと明治日本』岩波書店、一九九六年。
奈良本辰也編『吉田松陰集』筑摩書房、一九六九年。
＊新島襄全集編集委員会編『新島襄全集』第一～十巻、同朋社、一九八三～一九九七年。
　新島研究の資料として最重要。
ニコライ著・中村健之介訳『ニコライの見た幕末日本』講談社、一九七九年。
根岸橘三郎『新島襄』警醒社書店、一九二三年。

『新修　平田篤胤全集』第十五巻、名著出版、一九七七年。

福沢諭吉「福翁自伝」『日本人の自伝』第一巻、平凡社、一九八一年。

古屋安雄『日本のキリスト教』教文館、二〇〇三年。

藤原正人編、覆刻版『国民之友』第二巻、明治文献、一九六六年。

前島密「鴻爪痕」『日本人の自伝』第一巻、平凡社、一九八一年。

『正宗白鳥全集』第二十五巻、福武書店、一九八四年。

松浦正泰編『同志社ローマンス』警醒社、一九一八年。

松村介石伝編集委員会編『松村介石』道会、一九八九年。

三好行雄編『漱石文明論集』岩波書店、一九八六年。

本井康博『新島襄と徳富蘇峰――熊本バンド、福沢諭吉、中江兆民をめぐって』晃洋書房、二〇〇二年。

森中章光編「新島襄片鱗集」丁子屋書店、一九五〇年。

森中章光編『新島先生書簡集　続編』同志社・同志社校友会、一九六〇年。

山川均「ある凡人の記録」『日本人の自伝』第九巻、平凡社、一九八二年。

山崎孝子『津田梅子』再版、吉川弘文館、一九六八年。

山路愛山著・山路平四郎校注『基督教評論・日本人民史』岩波書店、一九六六年。

湯浅与三『新島襄伝』改造社、一九三六年。

『吉田松陰全集』第十巻、岩波書店、一九三七年。

吉野作造ほか編『明治文化全集』第十一巻、日本評論社、一九二八年。

渡瀬常吉『海老名弾正先生』龍吟社、一九三八年。
＊和田洋一『新島襄』日本基督教団出版局、一九七三年。

同志社関係者によって書かれた新島の中では、出版当初としては異色の先駆的評伝。

洋書（原則として著者名のアルファベット順に配列）

Toku Bälz, ed., *Erwin Bälz: Das Leben eines deutschen Arttes im erwachenden Japan*, 3rd ed., Engelhors Nachf., 1937.

Isabella, L. Bird, *Unbeaten Tracks in Japan*, New York: G. P. Putnam's Sons, n. d.

John W. Burgess, *Reminiscences of an American Scholar*, New York: Columbia University Press, 1934.

Basil Hall Chamberlain, *Things Japanese*, 4th ed., London: John Murray, 1905.

J. D. Davis, *A Sketch of the Life of Rev. Joseph Hardy Neesima*, 2nd ed., New York: Fleming H. Revell Company, 1894.

J. Merle Davis, *Davis Soldier Missionary*, Boston & Chicago, The Pilgrim Press, 1916.

William Elliot Griffis, *A Maker of the New Orient, Samuel Robbins Brown*, New York: Fleming H. Revell Company, 1902.

＊Arthur Scherburne Hardy, *Life and Letters of Joseph Hardy Neesima*, Boston, and New York: Houghton, Mifflin and Company, 1891.

新島のアメリカでの恩人ハーディの息子の書いた新島伝。新島襄全集に邦訳が収められているが、原文でも批判的に検討するに値する。

Joseph Heco, *The Narrative of a Japanese*, rpt. San Francisco: American-Japanese Publishing Associations, n. d.

John Hick, *A Christian Theology of Religions: The Rainbow of Faiths*, Louisville, Kentucky: Westminster

John Knox Press, 1995.

*Charles Lanman, ed., *The Japanese in America*, New York: University Publishing Company, 1872.
ワシントンの日本公使館の秘書をしていたランマンが編集したこの本の第二部は、日本人留学生を扱っているが、その中に名を挙げていないが新島についてのかなり詳しい記述がある。同じ第二部所収の留学生の英語文章も興味深い。

Phebe Fuller McKeen, *"Upright against God": A Sketch of the Early Life of Joseph Hardy Neesima*, Boston: D Lothrop Company, 1890.

Edward S. Morse, *Japan Day by Day*, Boston and New York: Houghton Mifflin Company, 1917.

F. G. Notehelfer, *American Samurai: Captain L. L. Janes and Japan*, Princeton, New Jersey: Princeton University Press, 1985.

Simone Pétrement, *La vie de Simone Weil*, Fayard, 1973.

William S. Tyler, *A History of Amherst College*, New York: Frederick H. Hitchcock, 1895.

研究誌・逐次刊行物

『九州文学』、『宣教研究』、『同志社談叢』、『新島研究』、『同志社時報』、『上毛及上毛人』などに掲載された論文等をかなり利用させていただいたが、その詳細は本文中の出典表示にゆずることにする。

あとがき

一九九〇年発行の『同志社時報』第八八号（新島襄永眠一〇〇周年記念増刊号）、一四〇〜一四一ページには、私の書いた「書けなかった新島襄評伝」という文章が載っている。そこに書いたように、実は私は二十数年前に一度、新島襄評伝を書き出したことがある。それは四〇〇字詰原稿用紙三百数十枚書いたところで主に資料的制約から行きづまり、中断したままになってしまっていた。

思いがけず「ミネルヴァ日本評伝選」の一冊として、新島襄の評伝を書かないかというおたずねを受けた時、私が喜んで書かせていただくことにしたのは、一つには、私が二十数年前に感じた資料的制約をあまり感じないですむ時代になっていたからである。例えば、新島襄自身の書いたものの大半は今では新島襄全集編集委員会編『新島襄全集』全十巻（同朋社、一九八三〜一九九六年）で読むことが出来る。それだけでなく、新島襄研究のための資料として重要な新島遺品庫の資料は同志社大学によってインターネット上に公開され、世界のどこからでも読むことが出来るといった二十数年前には予想もつかなかったような便利な時代になっているのである。

もう一つ、新島襄評伝をやはり書いてみたいと思わせたことは、私が三〇年ほど前から勤めているモントリオールのマッギル（McGill）大学で、日本史の授業の中で、Arthur Scherburne Hardy, *Life and Letters of Joseph Hardy Neesima*（Boston and New York: Houghton, Mifflin and Company, 1891）を学生に読んでもらい、新島について学生と討論した経験である。この新島の死の翌年に出版された彼の恩人の息子による新島伝は、その中に新島自身の書簡などがたくさん収録されているため、新島自身の著書に準ずる扱いを受け、前述の『新島襄全集』にもその邦訳が収録されている。この本は著者ハーディーの序文中の言葉からも分かるように、新島に非常に好意的な著者による新島伝であるが、その中にたくさん収録ないし引用されている新島自身の書簡や日記から自ずと浮かんでくる新島像は、私には著者のハーディーが読者に伝えようとしている理想化された新島像とは大分違うように思われた。私はそれまでに読んだ日本語で書かれた新島についての伝記や研究書からも、それらが全体としてあまりに新島を理想化しているように感じていた。そういう私にとって、新島の名前を聞いたこともない、したがって新島について何の先入観もないカナダの学生たちがハーディーの本から受けた新島の印象について率直な感想を語ってくれたのはとても興味深かった。学生たちの新島に対する反応はもちろん一人一人によって違いがあったけれども、概して言えば新島に批判的な学生が多かった。そして、彼らの多くが、私が新島について疑問に感じたところにやはり疑問を感じているのを見て、私の感じ方もまんざら根拠がないわけではないのだなと思ったのである。

そういうわけで、この本はこれまで多かった新島を（私の目には）理想化しすぎているように見える見方に多少チャレンジするような意図をもって書かれている。この本に展開されている私の見方を含めていろいろ違った見方の対話の中から、より真実に迫った新島理解が生まれることを期待したい。

私のように日本研究のための便宜に富むとも言えないカナダの大学にずっと勤めている者が本書を書き上げることが出来たのは、上に述べたように、『新島襄全集』全十巻の刊行とか、新島遺品庫の資料のインターネット上の公開などによって、新島研究のための資料が見やすくなったことに負うところが大きい。そのことに尽力された同志社大学関係の方々などに感謝の意を表したい。また、本書が出来るまでいろいろお世話いただいたミネルヴァ書房編集部の方々、特に田引勝二氏と堀川健太郎氏にも心から感謝したい。私がカナダ在住のこともあって、編集部の方々にやっていただくことが人一倍多かったように思われる。中でも、本書に使われた図版（写真）については、その選定、書中の配置、掲載許可を得る手続きなど、すべてミネルヴァ書房編集部にやっていただいた。このことには特に感謝の意を表したい。

本書を、原稿のワープロによる清書を進んで引き受けてくれた愛する妻の浩子に献げる。

二〇〇五年一月

モントリオールにて　　太田雄三

新島襄略年譜

（この略年譜では主として本文中に触れたことのみを取り上げた。）

和暦	西暦	齢	新島襄関係事項	一般事項
天保一四	一八四三	0	1・14（陽暦2・12）江戸安中藩邸内に生まれる。	
弘化五	一八四八	5	習字を始める（学問修行の始め）	
嘉永六	一八五三	10		ペリー来航
七	一八五四	11		ペリー再び来航。日米和親条約締結、下田、箱館開港。イギリスなどとの和親条約が続く。
安政三	一八五六	13	1月オランダ語を学び始める。	
四	一八五七	14	このころ漢学の進歩が認められて藩の学問所助勤になる。	
五	一八五八	15	7月上旬このころ安中藩家老尾崎直紀に手紙を書いて、儒家について勉強する件について助力を求める。	日米修好通商条約締結。続いて同年からの翌年にかけてフランス、イギリスなどとの通商条約も締結される。
万延元	一八六〇	17	11月幕府の軍艦操練所に入学して航海術や数学を	

			学ぶ（文久二［一八六二］年まで）
文久 二	一八六二	19	11・12に江戸を出発して木造帆船快風丸での玉島への往復航海に参加する（翌年1・14まで）。
三	一八六三	20	英語学習を本格的に始める。E・C・ブリッジマン（裨治文）の『聯邦志略』を読んでアメリカに対する興味が目覚める。漢訳の聖書抜粋という類いの本を読んでキリスト教への強い関心を持つようになる。
元治 元	一八六四	21	3・12快風丸に同乗して函館に向かう。4・21函館に到着。5・5ロシア正教会の司祭ニコライの家に住み込む。6・14アメリカ船ベルリン（Berlin）号に乗り込み日本脱出。7・9上海でアメリカ船ワイルド・ロウヴァー（Wild Rover）号（船長はテイラー Horace S. Taylor）に乗り移る。
慶応 元	一八六五	22	（この年から陽暦による）7・20ボストン港に入港。その後二カ月あまり、船番として船の掃除などをする。10・11「脱国理由書」をハーディーに渡す。船番の仕事から解放されて上陸し、ハーディー夫妻の世話になることになる。10・31マサチューセッツ州アンドーヴァーのフィリップス・アカデミー（Phillips Academy）に入学する。

二	一八六六	23	夏休みをテイラー船長の故郷のチャタムで過ごす。12・30アンドーヴァー神学校附属教会で洗礼を受ける。	海外渡航解禁
三	一八六七	24	7月下旬～8月夏休みをチャタムで過ごす。9月マサチューセッツ州アマーストにあるアマースト大学入学。10月脱国以来はじめての家信を受け取る。	
明治元	一八六八	25	7月～8月徒歩旅行をする。	明治新政府生まれる
二	一八六九	26	夏休みの後半をまたチャタムでテイラー船長の家族と過ごす。12月テイラー船長、東ボストン港で事故死。	
三	一八七〇	27	7月アマースト大学卒業。理学士（Bachelor of Science）の称号を受ける。マサチューセッツ州ヒンズデイルのフリント牧師の家で夏休みを過ごす。9月アンドーヴァー神学校入学	
四	一八七一	28	2・25安中藩士時代からの先輩、飯田逸之助に手紙を書き、帰国のことやアメリカへの帰化の件を相談する。3・15ボストンでワシントン駐在の日本の外交官、少弁務使森有礼にはじめて会う。5月中旬森有礼にアマーストによばれ、二日間ともに過ごす。将来日本でアメリカの制度に則った学校の設立に当	

五	一八七二	29	たってくれないかと聞かれる。3・7岩倉使節団のワシントン到着後電報で召喚され、ワシントンに着く。3・8田中不二麿文部理事官に会い彼の教育調査に協力することになる。3・22岩倉使節団副使木戸孝允とはじめて親しく話す。5・11田中文部理事官に随行してアルジェリア号でイギリスに向かう。5・21最初の訪問国イギリスのリヴァプールに到着。7・16この日イギリスを立って、九月はじめまでにフランス・スイス・ドイツ・ロシア・オランダ・デンマークを歴訪。その後はドイツのベルリンで田中文部理事官のための仕事を続ける。	
六	一八七三	30	1月文部理事官随行を辞任。8月中旬ドイツを立ち、フランス、イギリスに立ち寄る。9・2リヴァプールからサマリア号でアメリカに向かう。9・14ニューヨーク着。9・17アンドーヴァー神学校に復学。	キリスト教禁制の高札撤去される
七	一八七四	31	7・2アンドーヴァー神学校卒業。9・24ボストンのマウント・バーノン教会で按手礼を受ける。10・9ヴァーモント州ラトランドで開かれたアメリカン・ボードの年会で日本での教育機関の設立を訴え	

			て五千ドルの寄付金を得る。10・31コロラド号でサンフランシスコ出航。11・26横浜到着。11・28人力車で両親のいる安中に向かう。12・26に東京に出る。友人に勧められて、日本人の資産家の間で学校設立のための募金活動をすることを考える。	
八	一八七五	32	1・20船で横浜を立ちアメリカン・ボードの宣教師の根拠地の一つである大阪に向かう。1・27木戸孝允に会って学校設立に対する援助を求める。11・29同志社英学校開校。	
九	一八七六	33	1・3山本八重と結婚。9月熊本洋学校のL・L・ジェーンズのもとで学んだ学生たち（熊本バンド）が同志社入学のために京都に到来する。	
一一	一八七八	35	4月寺島宗則外務卿に書簡を送って同志社経営に関する弁明をする。	
一三	一八八〇	37	4・13新島が自分の掌を打つ自責事件起こる。	
一六	一八八三	40		12月改正徴兵令発布
一七	一八八四	41	2月上京して徴兵令上の特典を得るために奔走。2・10伊藤博文を熱海に訪ね「五時より十時」まで閑話。3月同志社でリバイバルが起こる。4・1～2京都の商工会議所で専門学校設立についての会が	

			開かれ、大学設立運動が軌道に乗り始める。4・6神戸から英国船で二度目の欧米旅行への途に就く。8・6スイス旅行中サンゴタール峠の手前で心臓発作を起こし、ようやくたどり着いた峠のホテルで英文の遺書を書く。
一八	一八八五	42	12・12横浜に帰着。12・14富田鉄之助を訪問して仙台に学校を設立する件について相談。
一九	一八八六	43	3月同志社英学校五年生九人が同盟退校する。5月〜6月学校設立の件で仙台訪問。10月宮城英学校（一八八七年に東華学校と改称）開設。
二一	一八八八	45	4・12大学設立運動のための知恩院での大集会で「私立大学ヲ設立スルノ旨意、京都府民ニ告ク」と題する演説をする。4・20森有礼文部大臣を訪問してベルツへの紹介を依頼。4・22井上馨の自宅で出京中の新島を迎えて明治専門学校（大学設立運動）に関する集会が開かれる。5・17前日に帰国した内村鑑三に手紙を出して、北越学館就職を勧める。5・18陸奥宗光の送別宴を催す。6・29ベルツの診察を受け、「回復ハ期スベカラス」と言われる。7・2妻八重を通して医師難波一から、心臓病は治

			らないこと、いつ急死するか分からないことを宣告される。夜、生涯を回顧した文を「漫遊記」中に書く。7・19大隈重信外相官邸での明治専門学校についての集会で出席の政治家・財界人から三万一〇〇〇円の寄付の約束を得る。10月〜11月北越学館で起った騒動（いわゆる北越学館事件）に関連して当事者たちから手紙を貰う。11月「同志社大学設立の旨意」及「同志社大学義捐金募集取扱広告」が『国民之友』をはじめとする多数の雑誌や新聞に掲載される。11・23〜28組合教会臨時総会が開かれる。一致教会との合同問題は懸案として翌年の総会に持ち越される。	
二二	一八八九	46	5月神戸で開催の組合教会総会で教会合同問題を討議する。組合教会と協議するためにこの総会に派遣された一致教会代表は総会解散後に神戸に到着するという行違いがある。11月下旬大学設立運動のため前橋に行くが、そこで胃腸カタルにかかる。12月中旬東京に戻る。12・27休養のため大磯に行き、百足屋に投宿。	2月大日本帝国憲法公布
二三	一八九〇	47	1・11胃カタルにかかる。1・21遺言を口述。1・	

23急性腹膜炎症で死去。1・27参列者四千人という告別式のあと若王子山墓地に葬られる。

（この年表作成に当たっては『新島襄全集』第八巻、年譜編を参考にさせていただいた）

福地桜痴　山田俊治
中江兆民　田島正樹
田口卯吉　鈴木栄樹
陸　羯南　松田宏一郎
竹越與三郎　西田　毅
宮武外骨　山口昌男
吉野作造　田澤晴子
野間清治　佐藤卓己
北　一輝　宮本盛太郎
北里柴三郎　福田眞人
田辺朔郎　秋元せき
南方熊楠　飯倉照平
寺田寅彦　金森　修
石原　純　金子　務
J・コンドル　鈴木博之
小川治兵衛　尼崎博正

現代

昭和天皇　御厨　貴
高松宮宣仁親王　後藤致人
吉田　茂　中西　寛
マッカーサー　柴山　太
重光　葵　武田知己
池田勇人　中村隆英
和田博雄　庄司俊作
朴　正熙　木村　幹
竹下　登　真渕　勝
*松永安左エ門　橘川武郎
鮎川義介　井口治夫

松下幸之助　米倉誠一郎
本田宗一郎　伊丹敬之
井深　大　武田　徹
幸田家の人々　金井景子
*正宗白鳥　大嶋　仁
*川端康成　大久保喬樹
松本清張　杉原志啓
安部公房　成田龍一
R・H・ブライス　菅原克也
金　素雲　林　容澤
柳　宗悦　熊倉功夫
バーナード・リーチ　鈴木禎宏

イサム・ノグチ　酒井忠康
川端龍子　岡部昌幸
藤田嗣治　林　洋子
*井上有一　海上雅臣
手塚治虫　竹内オサム
山田耕筰　後藤暢子
武満　徹　船山　隆
美空ひばり　朝倉喬司
植村直巳　湯川　豊
西田天香　宮田昌明
安倍能成　中根隆行
G・サンソム　牧野陽子
和辻哲郎　小坂国継
青木正児　井波律子
矢代幸雄　稲賀繁美

石田幹之助　岡本さえ
平泉　澄　若井敏明
前嶋信次　杉田英明
竹山道雄　平川祐弘
保田與重郎　谷崎昭男
佐々木惣一　松尾尊兊
*瀧川幸辰　伊藤孝夫
福本和夫　伊藤　晃
フランク＝ロイド・ライト　大久保美春
大宅壮一　有馬　学
清水幾太郎　竹内　洋

*は既刊
二〇〇五年四月現在

木戸孝允　落合弘樹
井上　馨　高橋秀直
松方正義　室山義正
北垣国道　小林丈広
大隈重信　五百旗頭薫
伊藤博文　坂本一登
井上　毅　大石　眞
桂　太郎　小林道彦
林　董　君塚直隆
高宗・閔妃　木村　幹
山本権兵衛　室山義正
高橋是清　鈴木俊夫
小村寿太郎　簑原俊洋
犬養　毅　小林惟司
加藤高明　櫻井良樹
田中義一　黒沢文貴
平沼騏一郎　堀田慎一郎
宮崎滔天　榎本泰子
浜口雄幸　川田　稔
幣原喜重郎　西田敏宏
関　一　玉井金五

広田弘毅　井上寿一
安　重根　上垣外憲一
グルー　廣部　泉
東條英機　牛村　圭
蔣　介石　劉　岸偉
木戸幸一　波多野澄雄
乃木希典　佐々木英昭
加藤友三郎・寛治　麻田貞雄
宇垣一成　北岡伸一
石原莞爾　山室信一
五代友厚　田付茉莉子
安田善次郎　由井常彦
渋沢栄一　武田晴人
山辺丈夫　宮本又郎
武藤山治　阿部武司・桑原哲也
小林一三　橋爪紳也
大倉恒吉　石川健次郎
大原孫三郎　猪木武徳
河竹黙阿弥　今尾哲也

イザベラ・バード　加納孝代
林　忠正　木々康子
森　鷗外　小堀桂一郎
二葉亭四迷　ヨコタ村上孝之
巌谷小波　千葉信胤
樋口一葉　佐伯順子
島崎藤村　十川信介
泉　鏡花　東郷克美
有島武郎　亀井俊介
永井荷風　川本三郎
北原白秋　平石典子
菊池　寛　山本芳明
宮澤賢治　千葉一幹
正岡子規　夏石番矢
P・クローデル　内藤　高
高浜虚子　坪内稔典
与謝野晶子　佐伯順子
種田山頭火　村上　護
斎藤茂吉　品田悦一

＊高村光太郎　湯原かの子
萩原朔太郎　エリス俊子
原阿佐緒　秋山佐和子
高橋由一・狩野芳崖　古田　亮
竹内栖鳳　北澤憲昭
黒田清輝　高階秀爾
中村不折　石川九楊
横山大観　高階秀爾
橋本関雪　西原大輔
小出楢重　芳賀　徹
土田麦僊　天野一夫
岸田劉生　北澤憲昭
松旭斎天勝　川添　裕
中山みき　鎌田東二
ニコライ　中村健之介
出口なお・王仁三郎　川村邦光
島地黙雷　阪本是丸
＊新島　襄　太田雄三

澤柳政太郎　新田義之
河口慧海　高山龍三
大谷光瑞　白須淨眞
李　方子　小田部雄次
久米邦武　髙田誠二
フェノロサ　伊藤　豊
内村鑑三　新保祐司
＊岡倉天心　木下長宏
徳富蘇峰　杉原志啓
内藤湖南・桑原隲蔵　礪波　護
岩村　透　今橋映子
西田幾多郎　大橋良介
喜田貞吉　中村生雄
上田　敏　及川　茂
柳田国男　鶴見太郎
厨川白村　張　競
辰野　隆　金沢公子
矢内原忠雄　等松春夫
薩摩治郎八　小林　茂
シュタイン　瀧井一博
福澤諭吉　平山　洋

親鸞　末木文美士
恵信尼・覚信尼　西口順子
道元　船岡　誠
叡尊　細川涼一
*忍性　松尾剛次
*日蓮　佐藤弘夫
一遍　蒲池勢至
夢窓疎石　田中博美
宗峰妙超　竹貫元勝

南北朝・室町

後醍醐天皇　上横手雅敬
護良親王　新井孝重
北畠親房　岡野友彦
楠正成　兵藤裕己
新田義貞　山本隆志
足利尊氏　市沢　哲
佐々木道誉　下坂　守
円観・文観　田中貴子
足利義満　川嶋將生
足利義教　横井　清
大内義弘　平瀬直樹
日野富子　脇田晴子
世阿弥　西野春雄
雪舟等楊　河合正朝
宗祇　鶴崎裕雄
*満済　森　茂暁
一休宗純　原田正俊

戦国・織豊

北条早雲　家永遵嗣
毛利元就　岸田裕之
*今川義元　小和田哲男
武田信玄　笹本正治
三好長慶　仁木　宏
上杉謙信　矢田俊文
吉田兼倶　西山　克
山科言継　松薗　斉
織田信長　三鬼清一郎
豊臣秀吉　藤井讓治
前田利家　東四柳史明
蒲生氏郷　藤田達生
伊達政宗　伊藤喜良
支倉常長　田中英道
北政所おね　田端泰子
淀殿　福田千鶴
ルイス・フロイス　エンゲルベルト・ヨリッセン
*長谷川等伯　宮島新一
顕如　神田千里

江戸

徳川家康　笠谷和比古
徳川吉宗　横田冬彦
後水尾天皇　久保貴子
光格天皇　藤田　覚
崇伝　杣田善雄
春日局　福田千鶴
池田光政　倉地克直
シャクシャイン　岩崎奈緒子
田沼意次　藤田　覚
林羅山　鈴木健一
中江藤樹　辻本雅史
山崎闇斎　澤井啓一
*北村季吟　島内景二
ケンペル　ボダルト・ベイリー
雨森芳洲　上田正昭
前野良沢　松田　清
平賀源内　石上　敏
杉田玄白　吉田　忠
上田秋成　佐藤深雪
木村蒹葭堂　有坂道子
大田南畝　沓掛良彦
菅江真澄　赤坂憲雄
鶴屋南北　諏訪春雄
良寛　阿部龍一
滝沢馬琴　高田　衛
山東京伝　佐藤至子
平田篤胤　川喜田八潮
シーボルト　宮坂正英
本阿弥光悦　岡　佳子
小堀遠州　中村利則
尾形光琳・乾山　河野元昭
*二代目市川團十郎　田口章子
与謝蕪村　佐々木丞平
伊藤若冲　狩野博幸
鈴木春信　小林　忠
円山応挙　佐々木正子
*佐竹曙山　成瀬不二雄
葛飾北斎　岸　文和
酒井抱一　玉蟲敏子
オールコック　佐野真由子
月性　海原　徹
西郷隆盛　草森紳一
*吉田松陰　海原　徹
徳川慶喜　大庭邦彦
和宮　辻ミチ子

近代

明治天皇　伊藤之雄
大久保利通　三谷太一郎
山県有朋　鳥海　靖

ミネルヴァ日本評伝選

企画推薦
梅原　猛
ドナルド・キーン
佐伯彰一
角田文衞

監修委員
上横手雅敬
芳賀　徹

編集委員
石川九楊
伊藤之雄
猪木武徳
今谷　明
今橋映子
熊倉功夫
佐伯順子
坂本多加雄
武田佐知子
竹西寛子
西口順子
兵藤裕己
御厨　貴

上代

卑弥呼　古田武彦
日本武尊　西宮秀紀
雄略天皇　吉村武彦
蘇我氏四代　遠山美都男
推古天皇　義江明子
聖徳太子　仁藤敦史
斉明天皇　武田佐知子
天武天皇　新川登亀男
持統天皇　丸山裕美子
阿倍比羅夫　熊田亮介
柿本人麻呂　古橋信孝
聖武天皇　本郷真紹
光明皇后　寺崎保広
孝謙天皇　勝浦令子
藤原不比等　荒木敏夫
吉備真備　今津勝紀
道　鏡　吉川真司
大伴家持　和田　萃
行　基　吉田靖雄

平安

桓武天皇　井上満郎
嵯峨天皇　西別府元日
宇多天皇　古藤真平
醍醐天皇　石上英一
村上天皇　京樂真帆子
花山天皇　上島　享
三条天皇　倉本一宏
後白河天皇　美川　圭
小野小町　錦　仁
藤原良房・基経　滝浪貞子
菅原道真　竹居明男
紀貫之　神田龍身
慶滋保胤　平林盛得
＊安倍晴明　斎藤英喜
藤原道長　朧谷　寿
清少納言　後藤祥子
紫式部　竹西寛子
和泉式部　ツベタナ・クリステワ
大江匡房　小峯和明
式子内親王　奥野陽子
建礼門院　生形貴重
阿弖流為　樋口知志
坂上田村麻呂　熊谷公男
＊源満仲・頼光　元木泰雄
平将門　西山良平
平清盛　田中文英
藤原秀衡　入間田宣夫
空　海　頼富本宏
最　澄　吉田一彦
奝　然　上川通夫
源　信　小原　仁
守覚法親王　阿部泰郎

鎌倉

源頼朝　川合　康
源義経　近藤好和
後鳥羽天皇　五味文彦
九条兼実　村井康彦
北条時政　野口　実
＊北条政子　関　幸彦
北条義時　岡田清一
曾我十郎・五郎　杉橋隆夫
北条時宗　近藤成一
安達泰盛　山陰加春夫
平頼綱　細川重男
竹崎季長　堀本一繁
西　行　光田和伸
藤原定家　赤瀬信吾
＊京極為兼　今谷　明
兼　好　島内裕子
重　源　横内裕人
運　慶　根立研介
法　然　今堀太逸
慈　円　大隅和雄
明　恵　西山　厚

刊行のことば

歴史を動かすものは人間であり、興趣に富んだ人間の動きを通じて、世の移り変わりを考えるのは、歴史に接する醍醐味である。

しかし過去の歴史学を顧みるとき、人間不在という批判さえ見られたように、歴史における人間のすがたが、必ずしも十分に描かれてきたとはいえない。二十一世紀を迎えた今、歴史の中の人物像を蘇生させようとの要請はいよいよ強く、またそのための条件もしだいに熟してきている。

この「ミネルヴァ日本評伝選」は、正確な史実に基づいて書かれるのはいうまでもないが、単に経歴の羅列にとどまらず、歴史を動かしてきたすぐれた個性をいきいきとよみがえらせたいと考える。そのためには、対象とした人物とじっくりと対話し、ときにはきびしく対決していくことも必要になるだろう。

今日の歴史学が直面している困難の一つに、研究の過度の細分化、瑣末化が挙げられる。それは緻密さを求めるが故に陥った弊害といえるが、その結果として、歴史の大きな見通しが失われ、歴史学を通しての社会への働きかけの途が閉ざされ、人々の歴史への関心を弱める危険性がある。今こそ歴史が何のためにあるのかという、基本的な課題に応える必要があろう。評伝という興味ある方法を通じて、解決の手がかりを見出せないだろうかというのも、この企画の一つのねらいである。

狭義の歴史学の研究者だけでなく、多くの分野ですぐれた業績をあげている著者たちを迎えて、従来見られなかった規模の大きな人物史の叢書として、「ミネルヴァ日本評伝選」の刊行を開始したい。

平成十五年（二〇〇三）九月

ミネルヴァ書房

《著者紹介》

太田雄三（おおた・ゆうぞう）

1943年　生まれ。

東京大学助手を経て，1974年からカナダのマッギル（McGill）大学で日本史を教える。

現　在　マッギル大学史学科教授。

著　書　『内村鑑三』研究社出版，1977年。

『クラークの一年』昭和堂。1979年。

『英語と日本人』初版，ティービーエス・ブリタニカ，1981年，再版，講談社，1995年。

『〈太平洋の橋〉としての新渡戸稲造』みすず書房，1986年。

『E. S. モース』リブロポート，1988年。

『ラフカディオ・ハーン』岩波書店，1994年。

Basil Hall Chamberlain: Portrait of a Japanologist, Curzon Press Ltd, 1998.

『喪失からの出発　神谷美恵子のこと』岩波書店，2001年

ほか。

ミネルヴァ日本評伝選

新《にい》島《じま》襄《じょう》

――良心之全身ニ充満シタル丈夫――

2005年4月10日　初版第1刷発行　〈検印省略〉

定価はカバーに
表示しています

著　者　太　田　雄　三

発行者　杉　田　啓　三

印刷者　江　戸　宏　介

発行所　株式会社　ミネルヴァ書房

607-8494 京都市山科区日ノ岡堤谷町1
電話（075）581-5191（代表）
振替口座 01020-0-8076番

共同印刷工業・新生製本

ISBN4-623-04296-0

Printed in Japan

人名索引

さ　行

た　行

な　行

は　行

ま　行

や　行

ら・わ行

事項索引

た　行

な　行

は　行

ま　行

や　行

ら　行

わ　行